读客中国史入门文库

顺着文库编号读历史,中国史来龙去脉无比清晰!

大宋风云

白切玉 著

穷则独善其身,达则兼济天下。
「范仲淹们」就是儒家精神的典范!

中原出版传媒集团
中原传媒股份公司
河南文艺出版社

图书在版编目（CIP）数据

大宋风骨 / 白切玉著. -- 郑州：河南文艺出版社，2024.6

ISBN 978-7-5559-1700-7

Ⅰ.①大… Ⅱ.①白… Ⅲ.①中国历史－宋代－通俗读物 Ⅳ.① K244.09

中国国家版本馆 CIP 数据核字 (2024) 第 082762 号

大宋风骨

著　　者	白切玉
责任编辑	梁素娟
责任校对	殷现堂
特约编辑	周诗佳　刘芬　乔佳晨
策　　划	读客文化
版　　权	读客文化
封面设计	陈　晨
封面插画	张　遥
出版发行	河南文艺出版社
印　　刷	三河市中晟雅豪印务有限公司
开　　本	880mm × 1230mm 1/32
印　　张	11.5
字　　数	247 千
版　　次	2024 年 6 月第 1 版　2024 年 6 月第 1 次印刷
定　　价	49.90 元

如有印刷、装订质量问题，请致电 010-87681002（免费更换，邮寄到付）
版权所有，侵权必究

推荐语

白切玉在"B站"上的视频《千秋一面（北宋仁宗、英宗篇）》，依托扎实丰富的史料，以重要历史人物、历史事件为线索，通过众多生动有趣的历史故事，串联起仁宗朝、英宗朝一幕幕波澜壮阔的历史，细致入微地剖析了北宋历史的发展，引人入胜。如今白切玉在视频基础上加工成书，内容更加精彩严谨，必定会带给读者不一样的阅读体验。喜欢"嘉祐生宣"，关注北宋仁宗朝历史的读者，一定不要错过这样一本好书。

——刘云军（河北大学宋史研究中心副教授）

庆历新政作为宋代历史上一场具有重要意义的政治改革，整场改革的进程，以及"庆历君子"们的生前身后，确是不为普罗大众熟知。作者作为坚持历史普及的视频制作博主，除了具备扎实的史料功底，更难能可贵的是能够坚持客观中立的态度去面对这一段历史，同时还能够以平实委婉的语言将本人的观点清晰地展示给读者。普罗大众眼中的宋代历史往往承受了过多的非议和偏见，让历史知识更加通俗易懂、易于接受，既是史学工作者的责任，也是广大史学爱好者的心声。从这个意义上来说，这部通俗历史读物是一次良好的尝试，值得我们用心品读。

——星纪（辽史研究者，任教于河北大学宋史研究中心）

序　言

庆历新政虽然只持续了一年零四个月，但主导这个事件的新党领袖范仲淹以及新政的影响力并不只局限于宋仁宗朝，还贯穿了此后的北宋甚至南宋。

如今我在互联网上所做的事情，正是以自己的所知所学来讲解整个两宋的历史，希望能以自己的绵薄之力和浅薄的智识为大家还原真实的两宋历史。

很多朋友都向我提过一个问题，为什么在网上做科普宋代历史的视频，要从宋初的真宗朝和仁宗朝开始说起？

其原因有二。第一，我讲宋史，其实是为了给后续讲岳飞做铺垫，因为我们现在的舆论对岳飞有着太多的误会，往往会把宋朝妖魔化成一个没有价值的朝代。那么与此相对的，自然会有不少人觉得守护宋朝的岳飞既迂腐又愚忠，因为他浪费了一生去保护一个黑暗到没有任何优点的朝代。但历史上的宋朝其实与中国古代的其他王朝一样，都是既有优点，又有缺点的。而且作为那个时代的中原王朝，它的文明，它的贡献，无疑都可称为中古时代最亮眼的成就。

岳飞的背后，是一个值得守护的朝代。

那么在讲岳飞的故事前，我必须去做的就是以学界最前沿的宋史研究论点为基础，为观众构建一个历史上真实的宋朝。我们需要摒弃旧有的刻板印象，实事求是地讲述宋代的优点和缺点，进而才能更真切地描绘岳飞奋战一生的得与失，以及他为何能成为著名将领。

第二，宋朝第三位皇帝宋真宗和第四位皇帝宋仁宗统治的时期，正是宋朝由乱而治，将整个时代的文明逐渐推向巅峰的时期。

宋太祖和宋太宗时期的制度建设仍留有许多五代的遗风，常被戏称为承接五代的第六代。而自宋真宗朝开始，宋朝才真正迎来了制度建设和完善的时期，因此宋真宗时期也被认为是北宋制度得以建立并完善的开端。

本书所讲的宋仁宗朝的庆历新政，就是紧接着宋真宗朝后，真正在宋朝实现文化复兴的历史时期。宋仁宗朝实在是诞生了太多值得被史书大书特书的人物，如范仲淹、狄青、欧阳修、包拯、晏殊、苏轼、曾巩，等等。

宋朝上承武人为祸的晚唐、五代，即使到宋真宗朝，仍然保留了大量五代的遗风，武将不愿服从朝廷的命令，屡屡为了贪功而擅自行事；文人缺乏社会责任感，只求自扫门前雪；社会经济虽然蓬勃发展，却缺乏组织，松散混乱。

正是在这样的情况下，被后世誉为天下楷模的范仲淹横空出世，以己身为薪火，直面时代的种种黑暗。

他青年时敢于抗辩贪赃枉法的上司，入朝时不惧摄政监国的太后，为言官后又弹劾公权私用的宰相。正如他在《灵乌赋》中所言，"宁鸣而死，不默而生"。

范仲淹自知这样的做法，放在任何朝代都是取死之道。已有学者考证，宋太祖所谓"不得杀士大夫及上书言事人"的誓言，完全属于后世的历史想象。北宋虽有这样的政治潜规则，但这个规则并未在范仲淹年轻时形成，范仲淹当时那样做是很危险的。也正是这样，他决定以自己的牺牲来唤起那个时代读书人的责任心。

事实上，范仲淹的决绝确实让他成了那个时代的楷模，韩琦、富弼、尹洙、余靖、蔡襄、欧阳修等青年俊杰，都是在追逐范仲淹的过程中成长起来的。成就了最为后世史书所津津乐道的时代士风，也为日后的庆历新政和古文复兴运动谱下了序曲。

而最有趣的是，虽然范仲淹做好了牺牲自己的准备，但他遇到的皇帝是宋仁宗。宋仁宗并不反感范仲淹，虽然他不能接受范仲淹的所有建议，但依然敬重他、善待他。

范仲淹主持的庆历新政虽然仅短短一年零四个月便草草收场，但范仲淹在西北抵御西夏时，给北宋的陕西边防留下的珍贵财富，为日后的宋神宗朝和宋哲宗朝全面反攻西夏埋下了伏笔。

而范仲淹本人，虽无法在政治上真正达成诉求，却仍然在北宋士林的高度赞誉下，走完了他那波澜壮阔，足以光照青史的一生，范公千古！

比之被宋高宗害死的岳飞，范仲淹是幸运的，因为他遇上了那个时代最好的君主。岳飞追求的崇高理想，守护的时代文明，又无不是经范仲淹之手，传承了范仲淹那个时代的璀璨光芒。

讲范仲淹与庆历新政，是为了更好地开讲北宋仁宗朝的故事；而讲好北宋仁宗朝的故事，是为了日后更好地讲述那"尽忠报国"的岳鹏举。时代虽有不同，但两代人的理想与目标是共通的。

先天下之忧而忧，后天下之乐而乐。

2023.9.28

目 录

一　名臣的前奏：神童晏殊的晋升与抉择 …… 001

二　忧乐为天下："天下楷模"范仲淹的养成 …… 011

三　权力场的变数：范仲淹与摄政刘太后的博弈 …… 022

四　皇帝的亲政：宋仁宗召回范仲淹 …… 031

五　未来的名臣：青年韩琦与富弼的仕途磨砺 …… 037

六　忧君也忧民：范仲淹的直谏与实干 …… 044

七　北宋士风的新篇章：范仲淹不是一个人在战斗 …… 052

八　西夏建国：李元昊的称雄建国之梦 …… 064

九　失利的阴影：宋军兵败三川口 …… 072

十　宋朝的反攻：从韩范守边到张亢建功 …… 081

十一　重铸边防秩序：种世衡与种家将的诞生 …… 099

十二　契丹人的背刺：主忧臣辱下的富弼使辽 …… 105

十三　关中最后的攻防：种世衡用间与定川寨之战 …… 118

十四　宋夏和议：内政外交的牵制与纷扰 …… 130

十五	泣血传火：范仲淹力主庆历新政	144
十六	功臣难封：《岳阳楼记》背后的政治博弈	163
十七	君权的底线：明君贤臣难再共治	184
十八	新政的失败：欧阳修《醉翁亭记》背后的自我救赎	194
十九	动乱中的星火：文彦博讨平王则起义	210
二十	范仲淹之死：以一生持正换江山之固	221
二十一	从逃犯到宰相：狄青的升迁之路	234
二十二	西南的变局：侬智高与其家族的崛起	242
二十三	武曲星闪耀：狄青平定侬智高	250
二十四	枢密使风波：争斗从不只在文武	262
二十五	狄青之死：英雄传奇落下帷幕	276
二十六	群星璀璨：欧阳修的科举改革与两宋第一榜	289
二十七	宋仁宗的一生：为人君，止于仁	300
二十八	宋英宗继位：事关皇位继承的权力博弈	319
二十九	濮议之争：皇权与相权的攻防战	329
三十	烽烟再起：李谅祚再挑宋夏战争	340
三十一	继承拓边的遗志：韩琦的横山战略与宋神宗继位	348

一

名臣的前奏：
神童晏殊的晋升与抉择

我们国家地大物博，历史悠久，人杰地灵，因此自古以来神童也是屡见不鲜。先秦的甘罗，三国时的蔡文姬、曹冲，南北朝的高澄，唐代的李贺，明代的李东阳、杨一清等，都是世间闻名的神童。

现在把时间回拨到北宋初年。

北宋朝廷为了更好地培养国中神童，设置了专门的选拔程序。首先会安排童子们参加由皇帝主持的童子科展示文采，其次由中书省复试，定下成绩，最后合格者会被安排到秘阁中读书。其中最出色者，会被授予"秘书省正字"的职位。

我们第一篇的主人公晏殊，便是这些童子中的佼佼者。

晏殊，抚州临川（今江西抚州临川区）人，自幼聪颖，七岁时便能起笔作文章，与人讨论学问，才名闻于乡里。

景德初年，名臣张知白受命安抚遭逢大旱的江南，得知晏殊的才名，便向朝廷举荐当时只有十四岁的晏殊，第二年晏殊参加了殿试以神童登科。

在那年殿试中，与晏殊同时面圣的还有来自河北大名府（今河北邯郸大名县东北）的神童——十二岁的姜盖。

二人都极具才华，晏殊当场写就诗赋各一篇，姜盖则是连作了六篇诗文。然相较之下，宋真宗更看重晏殊的"属词敏赡"，对其极为推崇。

官家那么喜欢小晏同学，大臣们不发挥点给皇帝添堵的传统艺能，不免少了些什么。在场的宰相寇準便适时站了出来，以晏殊出身江左为由，想要压制晏殊让姜盖上位。

自澶渊之盟后，寇準威望日隆，宋真宗对他也一直极为礼敬。但偏偏这一次，宋真宗不想退让了。于是转身言道："朝廷取士，惟才是求，四海一家，岂限遐迩！如前代张九龄辈，何尝以僻陋而弃置邪！"朝廷取士，唯才是举，天下本是一家，像前代的贤相张九龄，何时因为他出身偏远之地而将他摒弃呢？纵使如寇準那般的滔滔口才，此刻也被真宗反问得接不下去了，不再多言。最终未及弱冠的晏殊被赐予进士出身，而姜盖同学也被赐予学究出身以示认可。

这件事表面上看，是"惟才是求"的真宗驳斥了带有地域偏见的宰相寇準，为晏殊伸张了正义。然而深究起来，其中却有很多疑点。

首先，古人碍于时代、地域局限，大多数时候都有地域偏见。像在宋初，北宋以华北平原为根基征服了南方，由此北人对南人自带一种征服者的姿态。寇準虽屡有轻视南人的举动，但在朝堂上这么难为一个孩子，还是有失风度。若要深究，寇準的好友，同样是童子科出身的福建人杨亿就是南人。而曾被寇準极力举荐的苏州人丁谓，也是南人。

为什么大家都是南方人，寇"直男"非要针对晏"正太"？

有这样一条记载，或许可以让我们看到事情的一些真相。

殿试两日后，宋真宗再次召见并复试晏殊的诗、赋、论。不想这次看到考题后，晏殊却突然表示，陛下这次出的题，他早就私下练习过了，不忍欺君，故而言明。宋真宗听后，不但不责怪他，反而爱其淳直，对晏殊的诚实大加赞赏。后来又擢任他为秘书省正字，让他进入秘阁读书。从表面上看，这是则既赞美晏殊淳直品格，又君臣相得、足以称道的故事。但若是细究，却有着不同的味道。

晏殊何以能提前获得真宗的试题？既然这次试题晏殊可以获得，那么之前殿试的试题，晏殊又是否有机会获得？出身普通人家、没有任何背景的晏殊，是如何获得这些资源的？

联系起寇準的敌意，让我们不得不把怀疑的目光望向一个人——参知政事王钦若。王钦若，字定国，临江军新喻（今江西新余）人。封建王朝中，乡党间相互扶持，从来都是官场的第一选择。同为江西人，晏殊这么一个初出茅庐的新手实在有太多的理由可以投到王钦若这个朝中重臣的门下。因此在寇準眼里，比起政敌王钦若的老乡晏殊，与自己同样出身大名府科场的姜盖，明显更容易争取。再加上王钦若确实有科场索贿的前科，又联系起晏殊后来的自白，其中蹊跷尽在不言中。

这件事从表面上看，是个古人"地域黑"的故事，但内在表达的或许是寇、王两派的激烈交锋。

晏殊与姜盖两个少年初入官场，便被迫卷入了这场斗争中，实在身不由己。

然而面对这样的处境，初出茅庐的小晏同学仍然用独特的方式打破了政治的桎梏。他以自己的淳直坦荡逆天改命，向宋真宗表达了自己内心的真诚，避免了卷入政争，成为消耗品的厄运。

晏殊这些表现给宋真宗留下了非常好的印象，宋真宗由是越发注重对晏殊的培养。因为担心晏殊淳直的性格被复杂的社会环境污染，宋真宗还专门安排了名儒陈彭年教导晏殊。特别巧合的是，陈彭年是晏殊的同乡，也是抚州人。

当时天下太平，没有大事发生，因此群臣私下里喜欢聚会宴饮、吟诗作对，号为"燕集"。有一次朝廷召开宴会，聚群臣、百姓数百人坐于楼下，与天子同乐。便是这般热闹的场合，宋真宗也还要询问晏殊的动态。宋真宗在宴会上本想听听关于晏殊的才子韵事，却得知他从不游乐，只是闭门读书，于是大赞他的定力，称"如此谨厚，正可为东宫官"。

晏殊受命任职东宫官，进宫朝见宋真宗，宋真宗当面说明了任命他为东宫官是因为他的"谨厚"。晏殊却答道："臣非不乐燕游者，直以贫，无可为之。臣若有钱，亦须往，但无钱不能出耳。"自己不是不喜欢燕游嬉乐，实在是因为没钱，乐不起。如果自己有钱，肯定也跟着他们一起游乐，只是没钱出不了门。宋真宗再次大加赞赏，夸他诚实懂事，还特地下诏褒奖他："殊少年孤立，力学自奋，人鲜及之。加以沈谨，造次不逾矩……周密至此，信其禀赋本异也。"晏殊从小自立自强，拥有着常人所没有的勤奋。再加上为人谨慎沉静，懂得把握分寸……周密至此，一定是有着超越常人的天赋。

宋真宗对晏殊的喜爱并不只是简单地停留在朝廷文件上。晏殊刚入朝那年才十四岁，按照礼制，十五岁以下的少年或者老弱病幼都不能参加朝廷大礼。只因晏殊好奇问了一句能否前往旁观，宋真宗怜其意，当即便同意了。

除了公事，在日常生活上宋真宗也是极力关心晏殊的。晏殊生病时，宋真宗便马上安排宦官带御医前去看望。晏殊的父母在数年内接连去世，宋真宗因为对其的喜爱和推崇，两次"夺服起之"，继续让他在中央留任。

关心喜爱之余，宋真宗也是百分之百信任晏殊的。平素宋真宗向晏殊征求意见，都是将内容写在方寸大小的纸上给他，然后晏殊写好建议后又连同纸张一起寄回，使得宋真宗更加推崇他的谨慎，也愈加信任他。

关于小纸条还有一个乌龙事件，从中也可以看出宋真宗对晏殊的信任。有一次，传书之人竟误将小纸条传到了中书省的公案上，闹得政事堂诸公一脸问号，这乌龙堪比上课传小纸条直接传到了教导主任的手里。当然这则故事也能从侧面表明，小纸条这事只是少数重臣才有的特权。宋真宗对晏殊的信任，即使两府诸公亦未可比。欧阳修后来在晏殊的神道碑中写道，"得公所进稿，类为八十卷，藏之禁中，人莫之见也"。足见其谨慎周密，深受真宗、仁宗两朝皇帝之器重。

然而受皇帝恩遇至此，晏殊却并未恃宠而骄。他依然谨小慎微，从不在人前炫耀。少年得志并未让他像神童前辈杨亿那般锋芒外露，反而养成了周密谨慎的个性，其政治天赋可见一斑。

在这样的成长环境下，并非高门出身的晏殊，被养出了天然的雍容气质。

有宋一代，虽出现了大量名垂后世的文人士大夫，但这些文人又和士族时代不同，其中相当一部分年幼时家境贫寒，到了中年时才金榜题名改写人生。为了完成阶级上升，他们的思维方式常带着强烈的目的性和实用性。这也导致很多文人虽有才气却唯独没有富贵气，即便喜欢在诗词中镶金戴玉的王珪，也曾因匠气太足而被同时代的其他文人吐槽为"至宝丹"。

偏偏晏殊"虽早富贵，而奉养极约"，又"从不言金玉锦绣，而惟说其气象"。在秘阁中读书使他随时都能参阅大量的典籍，宋真宗的安排使他不用像普通士人那般为求功名而钻研经营。所以他心中对富贵的理解从来是"楼台侧畔杨花过，帘幕中间燕子飞"的庭院雅致，抑或是"笙歌归院落，灯火下楼台"的随性自然。

宋真宗一朝，晏殊官运亨通，年纪轻轻便待在开封做京官，甚至能位至号曰"清贵显官"的知制诰，这君臣间的佳话眼看便要继续下去了……

偏偏宋真宗的身体一天天地衰弱了下去，常年的病痛让宋真宗逐渐失去了控制朝堂的能力，他把朝政交托给了刘皇后暂行代理，此举得到了以丁谓和钱惟演为首的大臣们的支持，同时也遭到了支持皇太子的寇凖一派的反对，将其视为乱政。

两派的斗争日趋激烈，弄得原本病重的宋真宗焦头烂额。宋真宗深爱着刘皇后，同样看重寇凖的忠诚，他希望在两方势力间找到平衡点，维持朝堂的和睦，但是偏偏病痛常常让他丧失记忆，难以在当时复杂的环境中做出判断。恰在此时，寇凖向宋真宗提出让皇太子监国的建议，并说丁谓、钱惟演"佞人也，不可以辅少主"。

宋真宗同意，并命杨亿起草诏书。最后因寇準喝酒失语而泄露了计划，受到丁谓等人的弹劾。好在最后有宋真宗和太子的维护，寇準只是降职"留用察看"。事情看似到此结束了，没想到却面临着更大的危机。与寇準联络的太监周怀政，因为担心受到处罚，竟然打算发动政变，逼宋真宗传位，恢复寇準宰相的职位。这一事件使得寇準一方最后完全落败，丁谓一党强烈要求罢免寇準。

宋真宗无可奈何，终于在这危难关头，召见了那个他最信任的人——晏殊。当时晏殊正担任知制诰，负责草拟诏命，从职责上说并不能参与讨论宰相任免的事。但他与宋真宗常年通信密切，又何曾不谈论朝中大事？晏殊读罢对寇準任免的制书，又看着病重在床的宋真宗，心中五味杂陈。

自周怀政政变失败后，刘皇后早已控制了禁中，丁谓党羽亦成气候，晏殊若是在这样的环境下公开支持寇準，无异于向刘皇后和丁谓宣战。更何况，他与这位曾经打压自己的名相并不亲近。

他看着宋真宗，这位对自己关怀备至，一路提拔自己的皇帝，如今正虚弱地躺在床上，用求助的眼神望向自己，晏殊最终还是选择了保持沉默。

他没有寇準的刚毅，没有王曾的信念，也没有丁谓的深谋。晏殊所凭借立身的也始终只能是周密而已。即使保护寇準是宋真宗的愿望，晏殊终究还是选择了逃避。

　　臣掌外制，此非臣职也。

当夜退出后，晏殊又担心自己身涉其中遭人怀疑，反被寇準牵累。干脆在宫城内的学士院睡了一晚,以完全摆脱嫌疑。晏殊曾因为处事周密而被宋真宗看中,如今却又把这种周密用在了此处,多少有些讽刺。

第二日朝廷下达了对寇準的处置:虽加官晋爵,但削去一切权位,寇準被彻底边缘化了。因为晏殊的这次沉默,丁谓与钱惟演占据了上风,他们首先是利用宋真宗记忆失常擅改制书,把寇準在内地州城任职改成了去偏远的雷州任职。其后,丁谓更肆无忌惮地直入宫城,再次趁着宋真宗虚弱时矫诏,任命自己为宰相。

任相的制书需要专门的官员起草。翰林学士刘筠察觉出其中的猫腻,拒绝奉诏。丁谓一党无奈之下又找来晏殊,晏殊这一次却没有拒绝。

待到晏殊写完制书,正巧在枢密院的南门遇到刘筠,晏殊慌忙地从他身旁走过,连作揖行礼都忘了,可见他心中隐含的愧疚。

曾经的他是风华正茂的天之骄子,是王朝未来的宰相。如今却沦落成了一个明哲保身的政客,他的心中或许还有理想,但这份理想早已失去了光明和坦荡。

过了一年多的时间,乾兴元年(1022)二月二十九日,宋真宗病逝。

在之后的岁月中,晏殊虽没有太大的作为,但在群臣争议刘太后的摄政方式时,晏殊以"垂帘听政"的提议,平息了各方势力的争端,更确定了之后刘太后的女主治政,其政治手腕也日趋成熟。并且凭借这次提议,晏殊也完成了对刘太后本人的示好,从而成功过渡到了新的政治势力之下。

乾兴元年七月壬辰,丁谓在刘太后和王曾的联手打压下失势,贬黜外放。晏殊并没有受到牵连，在天圣三年（1025）时，更是位至枢密副使，进入宰执群体。只是随着时间的推移，晏殊的学生宋仁宗赵祯也逐渐长大了，朝中关于刘太后还政于宋仁宗的议题也甚嚣尘上。

当时的权力虽然都掌握在刘太后手里，但谁都能明白，年轻的宋仁宗更有可能笑到最后。这次应该选哪边？

晏殊马上给出了答案。

天圣三年，刘太后想要任命张耆为枢密使，却遭到了晏殊的激烈反对。处事周密、性情平和的晏殊竟然直言刘太后是在"私徇非材"，招致了刘太后的不满。

在从幸玉清昭应宫时，晏殊更反常地因为一些小冲突，愤怒地用笏打掉了一个侍从的牙齿，堂堂一国宰执失态至此，自然遭到了御史的弹劾。由是晏殊被罢免外放知宣州（今安徽宣城宣城区），不久后又改知应天府（今河南商丘）。曾经因为宋真宗的关怀，他从来都没有外放，如今却为了远离政治旋涡，主动选择了外放。

无可奈何花落去，似曾相识燕归来。

如今我们再读他的千古名句，谈到了他的无奈，谈到了他的洒脱，却很少提及他的难堪。亦不知这位起于田里却富贵天成的未来宰相，每每回首前半生的际遇，回想起宋真宗的恩遇，又有何感触？

知应天府的晏殊或许正处于人生中的第一个低谷，也许连他自己都不会想到，这次低谷却偏偏是他未来人生的转折。

因为未来的他，不再只是一个随波逐流的词臣，他将为北宋王朝网罗到一大批名垂青史的千古名臣——富弼、韩琦、欧阳修、梅尧臣、孔道辅、王安石……

他的周密也不再只是独善其身的权术，而将成为这些名臣身后的护盾。

二

忧乐为天下：
"天下楷模"范仲淹的养成

提起仁宗朝，我们首先想到的往往不是宋仁宗本人，而是在他统治的四十多年中，所涌现的那些历史名人。

在这些名人中，不但留下了诸如庆历新政、北宋诗文革新运动等影响后世的历史大事件，也有着如朋党之争、边境战乱、财政重压、自然灾害等诸多时代危机。这些名人中，如包拯成了后世演义中清正判官的典范；晏殊、欧阳修、苏轼则遗泽后世，留下了"北宋背诵天团"的赫赫威名。

当然，不管是仁宗朝的内政名臣、外战名将，还是宋仁宗本人，若要把他们联系起来，找到他们思想价值的源头，有一个人必然是绕不开的。

他就是范仲淹。

范仲淹，字希文，苏州吴县（今属江苏苏州）人。这位谥号"文正"的宋代名臣，却没有晏殊早年那般的幸运，他有着一段颇为坎坷的成长经历。

范仲淹出生于宋太宗端拱二年（989），他是徐州（今江苏徐州）武宁军节度掌书记范墉的第五子。范仲淹出生后的第二年范墉便去世了。范仲淹的母亲谢氏并非范墉的发妻，甚至有人认为她连正妻也不是。在范墉过世后，范氏宗族只接纳并收养了范墉前妻陈氏所生的次子范仲温，谢氏孤苦无依，带着范仲淹改嫁当时在苏州为官的朱文翰为妻，范仲淹也改名朱说。

其后谢氏母子跟着朱文翰宦游各地。朱文翰为人忠厚，视范仲淹如己出。他不但请好友、作为宋仁宗老师的崔遵度教导小范琴艺，更亲自传授其学问，帮小范明确了高远的志向，还在澧水之心留下了"书台夜雨"的佳话。

宋真宗大中祥符二年（1009），朱文翰解职回到老家淄州长山（今山东邹平长山镇）。家中顿时失去了生活来源，范仲淹便跟着家人一同开始经商。只是范仲淹喜好学问，个性淳直，并不适应商场之事。继父朱文翰知晓范仲淹的志向，并不责怪他，又安排其前往长白山醴泉寺攻读。范仲淹知道家中生活不易，便只带了少量的粮食上山。他将米粒煮成粥，于冬日夜晚凝固后，又切成四块，每顿拿两块就盐和野菜而食。

寺中高僧很欣赏这位后生，常常与他交流学问，并在生活上接济于他。范仲淹在此过程中接触了不少佛学思想，无奈招来了寺中小和尚的嫉妒，一些小和尚常常捉弄、戏耍于他。

范仲淹为了避开寺中喧嚣，又自觉独学无友、孤陋寡闻，先后两次外出游学，结识了关中隐士王镐、才子王洙、道士周德宝等人，并与他们一同谈论学问。也是在这期间，范仲淹亲历了关中大旱，看到了官场的腐败虚伪和社会底层的黑暗与苦难。

也许正是这一阶段的经历，让范仲淹立下了"不为良相便为良医"的目标。当时医者在社会上的地位并不高，很少有士人以此为志向，因此有很多人询问范仲淹，大丈夫把"入相"作为志向，理所当然，因何把"良医"也作为目标？

范仲淹回道："如果要治理天下造福百姓，当然是做宰相最合适。但现在既然没法做宰相，如果要造福苍生，当然是做良医最为合适。如果真能成为良医，上能疗君亲之疾病，下能救贫民之困厄，中可以保身长年。身在民间却可以造福黎民苍生的职业，没有比成为良医更合适的事情了吧。"

我们生在现代社会，自然明白医务人员的辛勤付出以及医学对于人类社会发展的无上贡献。但活在千年前的封建时代，年轻的范仲淹已经能超越同时代的偏见，看到行医的本质，并进而立下志向，实在是很难得，同时也显露了他淡泊名利、志在拯救苍生的初心。

在醴泉寺求学三年后，范仲淹的继父朱文翰去世，并不知晓自己身世的范仲淹回乡为父亲办理丧事。因为看到同族子弟中有终日游手好闲、挥霍无度之辈，正直的范仲淹上前劝说，不料这些朱姓子弟不但不以为意，反以范仲淹的身世为由反唇相讥："我自用朱氏钱，何预汝事？"

范仲淹大为惊骇，后从旁人的口中得知自己乃姑苏范氏之子，父亲是母亲后来改嫁的。以这种方式知晓自己的身世，范仲淹自然深受打击。他回到家后哭泣着向母亲告别，许诺要在十年内金榜题名，振兴家门。然后连醴泉寺也不去了，直接带上琴和剑，离开淄州前往应天府的应天书院求学。

联系范仲淹后来为人处世的风格，我们可以看出，小范同学自小便是一个善良且正直纯粹的人，在他的成长中，那些有过一定社会阅历的长辈，不管是他的继父、醴泉寺的高僧，还是关中的隐士都能看到他的这些宝贵品质并予以帮助。但是在他的同辈、同学乃至后来的同僚中，却多有对他保持敌意的人。不管是嘲讽他出身的同辈兄弟还是醴泉寺的那些小和尚，在他们眼中，范仲淹不过是一个经商无能、不事生产的无用之人。或许再加上范仲淹本身过于耀眼的高尚品格，更容易给同辈人带来压力。这种压力是很容易催生恶意的，之后这些恶意又渗透在生活的每个角落里，日积月累。

至于范仲淹为何会选择应天书院，这里有一个缘故。

五代十国时，社会战乱频繁、轻视学术，却有一个叫戚同文的儒生为了传承师门衣钵而与时代逆行。他拒绝当时政权的招揽，以德行教化乡里，从而得到远近学者的归附。宋州的将军赵直非常佩服他，便出钱资助他置办学院。

北宋建立后，社会逐渐回归稳定，便有更多才俊仰慕戚同文的德望，前来求学。到了宋真宗年间，宋州先升格为应天府，再升格为四京之一的南京。城中富户曹诚"以金三百万"将戚同文的旧舍扩建为书院，更请来戚同文的孙子戚舜宾主持。当时戚家已声名显赫，有多人在朝为官。朝廷也认可戚家的名望，命"端明殿学士盛公侍郎度文其记，前参预政事陈公侍郎尧佐题其榜。由是风乎四方，士也如狂"。四方求学之士皆慕名而来。

对于想要自立门户的范仲淹来说，应天书院自是最理想的去处。然而失去了家门的支持，他的求学生活也变得越发清苦。史书中对他当时状态的描述是"出处穷困""布素寒姿"。但范仲淹并不以此为扰，而是夜以继日地发奋苦读。为了抓紧时间，觉都顾不上睡，稍有倦意就用冷水洗脸，肚子实在饿得不行了，就喝一些粥汤充饥。

当时南京留守的儿子同在应天书院读书，他将范仲淹的故事告诉了父亲，南京留守也被范仲淹所感动，当下送了一堆佳肴过去，表达了对寒门才俊的关怀。

然而范仲淹竟然对这些美食佳肴无动于衷，任由其发霉。留守之子对此不解，颇有些责怪范仲淹枉费了他们家的一片好意。范仲淹察觉是自己忽略了人情世故，马上道歉解释道："非不感厚意，盖食粥安已久，今遽享盛馔，后日岂能复咦此粥乎？"不是我不明白你们的厚意，只是我喝白粥已久，如果今天突然吃了太美味的东西，以后就再没法忍耐白粥的清淡了。

大中祥符七年（1014）正月，宋真宗率众臣来到应天府圣祖殿祭拜先祖。对于宋真宗来说，应天府是个旅游地点，但对于全国百姓来说，皇帝永远都是参观的景点。所以当时的画风自然变成，宋真宗参观应天府，全应天府市民参观宋真宗，大街小巷中人潮汹涌。那么身处如此万人空巷的环境下，范仲淹是什么状态呢？

嗯，他继续在书院看书。

等到宋真宗起驾回宫，身边看宋真宗回来的同学好奇范仲淹是如何养出这般心智的，范仲淹给出了一个无比直接的答案："异日见之未晚。"翻译一下就是，皇帝就在那里，我想看的时候，自然会去看。

范仲淹那真的是言出必行，在应天书院努力学习了五年后，终于决定以朱说之名，上京赶考！果然一发中的，在二十七岁这年金榜题名。

这届殿试中，日后的名臣范仲淹遇到了当时的名臣寇準，然科场上的寇準与往常一样，又发动了被动技能——地域黑，强行压制殿试第一名——出身江西的南方才子萧贯，反让山东人蔡齐为状元。同为南方人的小范看到北方人老寇的操作，倒也没啥反感，对于寇準过往的功绩，依然推崇备至。

除了见到寇準，这次殿试还有个意外收获，那就是让范仲淹结识了一生中最重要的朋友——滕宗谅。

不久，金榜题名的范仲淹释褐为广德军（今安徽广德）司理参军，但是在上任前，范仲淹决定先做另一件事，带着母亲回苏州范家，认祖归宗。

这是他出生后第一次回故乡，心中自然无比期待，然而现实却无比残酷。范氏族人忌惮范仲淹的进士官身，担心他会回来争产业，于是横加责难，不认可他回归本姓。即使范仲淹再三保证自己只是认祖归宗，绝不染指产业，他的族人也没有同意。无奈的范仲淹只能将此事搁置，先行前往广德军赴任。

作为司理参军，范仲淹需要参与当地的刑狱诉讼，未曾料到的是，他遇到的第一个上司广德军知军却不是一个看重是非的人。为此，初生牛犊不怕虎的范仲淹常常与上司争辩，然而官大一级压死人，知军自然少不得欺压范仲淹。每次争辩完，范仲淹都会将吵架内容写在自己住处的屏风上，等他调任之时，屏风上早已写满了字，没有一丝空隙。

天禧元年（1017），范仲淹因为治狱廉平，调任亳州（今安徽亳州）担任节度推官。可能是因为常年的苦难积累严重消耗了他的心力，曾经的范学霸竟然在亳州任上"无所适从"。本想着金榜题名后便可改变人生，不想吃了那么多年苦，到头来什么都没改变。

不过正直如范仲淹，他不是一个人在奋斗。亳州通判杨日严扶住了这位快要倒下的青年。在亳州任上，通过杨日严的悉心指导，范仲淹逐渐恢复了状态，也逐渐适应了官场生活。对于范仲淹的刚正不阿，杨日严多做肯定和鼓励，这无疑给予了范仲淹极大的信心。

在此期间，范仲淹对于官场规则的体悟越发深刻，马上便通过奏请上疏，借助朝廷的力量让范氏宗族接纳了自己。从此范仲淹正式回归本姓，认祖归宗。回归本族的范仲淹并未以怨报怨，而是用自己的大德让范家真正接纳了自己。同样，他在未来也报答了淄州（今山东淄博）朱家。

天禧五年（1021），范仲淹调任泰州（今江苏泰州）西溪盐仓监，此时三十三岁的范仲淹早已适应了官场生活，然而朝廷仍没有发现他的才华，他的升迁依旧非常缓慢。

英雄或许会怀才不遇，但绝不会忘记自己的责任。

泰州下属的海陵和兴化两县原本土地肥沃，岁收丰足。不想海堤因多年失修而毁坏，当地又地势低洼，每每遇到风涛，潮水便会直抵城下。长此以往，田地被海水浸泡，渐渐盐碱化，妨害农业生产，百姓深受其害。

范仲淹知晓情况后，马上亲往考察，然后建言江淮制置发运副使张纶，请其修复海堤以纾民困。张纶当即请奏升任范仲淹为兴化令，主持修复工程，同时征调通、泰、楚、海四州民夫四万余人开工筑堤。

所谓有人做事，就会有人抬杠。果然有异议者反对范仲淹，称如果造海堰堵住潮水，那么时间久了，潮水又会积潦成灾，引发新的问题。这话听着似乎有些道理，但仔细一想，基本就和"生病吃药有副作用，药吃多了会引发新毛病，所以病再重也别吃药"意思差不多。张纶久经官场，自然不会被绕进去，当下驳斥道："涛之患十九，而潦之患十一，获多而亡少，岂不可邪？"海涛浸泡田地是十有八九会发生的灾患，而积潦之患并不频繁，搁置次要问题先解决主要灾患，有什么不可以的？

于是在张纶的支持下，天圣三年，范仲淹开始带人修筑海堰于西溪之东，计长一百四十六里（一说二百余里），高一丈，阔二丈，用砖石包砌，截海水于外，护良田于内。然而工程还没开始几日，又遭逢了极端恶劣的天气，暴风雪牵动海浪，顷刻间淹没了上百民夫。一时间流言蜚语甚嚣尘上，有人更造谣说死亡民夫数千人。

在此混乱之中，范仲淹始终亲临一线指挥工程，后来的千古名臣早已经历千锤百炼，再不会轻易倒下。当时担任泰州军事推官的他逆着凶险的浪潮，安抚惊慌失措的军民官吏，重新恢复了现场的秩序。而在他的身边，好友滕宗谅也始终陪伴在旁。正是在这"同护海堰之役"的共事阶段，二人引为终生的至交。

然而此番事故造成的非议仍然引来了朝廷的重视，朝廷派遣淮南转运使胡令仪和中使共同前往调查，似有停止修堰、罢免范仲淹的可能。

当胡令仪到达现场，了解了整个施工过程后，深深理解了范仲淹等人的不易。于是他转而上奏力保修堰继续，工程终于得到恢复。

但是命运之神似乎仍想考验范仲淹，当一切围绕海堰工程的问题都得以解决时，又一个噩耗传来——母亲谢氏去世了。

范仲淹虽然从小饱受挫折，但始终有母亲和继父给他满满的爱，这或许也是支撑着他一路走来的力量。当年因被朱家子弟言语羞辱而感泣辞母，求学入仕，为的便是能建功立业，让一生飘零的母亲过上好日子。好不容易，人到中年的范仲淹终于立下了功业，找到了同道，但他的母亲却永远离去了。子欲养而亲不待，范仲淹的悲痛，我们可从他五年后写的《求追赠考妣状》中窥见一斑。

> 窃念臣襁褓之中，已丁何怙，鞠养在母，慈爱过人……又臣游学之初，违离者久，率常殒泣，几至丧明。而臣仕未及荣，亲已不待……夙夜永怀，死生何及！

为了替母亲守孝，范仲淹必须卸任官职，回家丁忧。那么修堰是否就要半途而废？

不，范仲淹并不会就此放弃。他马上将这段时间的修堰心得和复堰之利汇总成书，交与张纶。张纶深受感动，也上表三请，愿亲为总役，于是朝廷任命张纶兼任权知泰州主持工程，最后终于完成了海堰的修筑。有二千六百户流亡百姓得以回归，州民感恩张纶，为其修建生祠，张纶和胡令仪也因此升迁。

而范仲淹因为丁忧在家，又脱离了后来海堰的修筑，并没有得到什么封赏。他自己本也是淡泊名利的个性，在往后书文中也常将修复泰州海堰的功劳全部归于张纶。

然而百姓是不会忘记对自己有恩的人的，史载："兴化之民，往往以范为姓。"

英雄滋养光明，百姓传播光辉。

当地百姓将这条堤堰取名为"范公堤"，通、泰、楚三州百姓均为范仲淹立下了生祠。凭此功绩，淡泊的范仲淹终于还是声名鹊起，并且得到了另一个人的关注。

这个人就是晏殊。

天圣六年（1028），知应天府的晏殊征辟守丧于此的范仲淹入应天书院，掌学主教。根据记载，此时的范仲淹又恢复了当年在书院里当学霸的状态，常常为工作夜宿学院，训督学者皆有法度，勤劳恭谨也必然以身作则。由是四方学者都愿意追随他，后来学院中在文学上颇有成就的学子，大多是他的学生，其中就包括日后的一代大儒孙复。

当时的晏殊正处于人生中的第一个低谷，然而即使处于人生低谷，还能让他遇到这么一位千古少有的英杰，也算是"因祸得福"了。

真是人比人气死人，晏殊和范仲淹虽然都生在平凡人家，但晏神童三十岁前几乎没遇啥挫折，一路顺风顺水地做到了枢密副使。而范仲淹则是历经挫折，到头来还只是个绿袍小官。

晏殊看重范仲淹的才华，敬重他的品格，当下便举荐范仲淹应学士院试。天圣六年，宋仁宗召范仲淹入京，除秘阁校理。

宋代建昭文馆、集贤院、史馆，总名为崇文院，又于崇文院中堂设秘阁，由宰相、副相担任三馆大学士，并在其中设官，谓"馆职"，皆称"学士"，"其下，检讨、校理、校勘"，品级虽低，然"地望清切，非名流不得处"。一旦进入馆职，便能常常见到皇帝，得闻国家机密大事，可谓官场晋升的最快通道。

这样的恩遇，让范仲淹对晏殊无比感激，从此以后范仲淹便以师礼对待比自己小两岁的晏殊，并贯彻终身。

天圣六年末，四十岁的范仲淹收拾行李，进京赴任。此时的他，已经不再为能否"为良相"而迷茫，他的心中早已立下了更远大的志向。

先天下之忧而忧，后天下之乐而乐。

三

权力场的变数:
范仲淹与摄政刘太后的博弈

宋仁宗天圣六年末,在晏殊和王曾的共同举荐之下,四十岁的范仲淹赴京上任,成为秘阁校理。

秘阁馆职向来由宰相总领,办公之处又靠近皇帝,政治资源得天独厚,自然是官员升迁的要道。

自从泰州修护海堰之后,范仲淹逐渐得到了天下士林的瞩目,他在家守母丧时,曾上了一封万言书给朝中宰执,文中言及吏治、选举、教育、礼制、国防、地方治理等诸多领域,可见当时的范仲淹虽未及高位,但在基层兢兢业业十多年,已然对国家治理有了一套自己的理论,这也为后来的庆历新政埋下了伏笔。

王曾读罢此文,见而伟之,他与举荐范仲淹的晏殊一拍即合,才有了范仲淹后来的际遇。身后有宰相王曾和帝师晏殊的支持,范仲淹的仕途会一帆风顺吗?

事情马上就出了变数。

天圣七年(1029),朝廷的权力仍掌握在摄政太后刘娥的手中。皇帝宋仁宗虽然已经成年,但并没享有完整的皇权。刘太后享国日久，内心膨胀，逾越礼制的举动越发频繁，偏偏宋仁宗又是个难得的孝子，经常主动率领百官礼拜刘太后。

这样的局面让王曾深感不安。为了限制刘太后的野心，维护皇帝的权威，王曾不止一次地抵触刘太后，哪怕得罪这位看重和提拔自己的太后，也要恪守朝廷秩序。

天圣七年正月，三朝老臣曹利用因与刘太后不和而遭到贬黜，王曾进言为曹利用辩解，再次引起刘太后的反感。于是在当年六月，因玉清昭应宫遭天雷焚毁，兼任玉清昭应宫使的王曾受到连累，被外放知青州（今山东青州）。

范仲淹刚进中央上班没几天，支持自己的宰相便被外放。对于普通人来说，皇帝、太后、宰相之间的斗争就和神仙打架一样，能避则避，少去掺和。但范仲淹从来不是普通人，他对高层政治的权力争夺并不感兴趣，然而谋划天下秩序，他有着自己的恪守。

天圣七年十一月，刘太后希望宋仁宗在冬至之时率领百官于会庆殿向自己祝寿。人子向母亲祝寿，本是人间常理，但若是以皇帝的身份在公众场合率领百官向皇太后礼拜，会损害天子的权威。唐亡以后礼崩乐坏多年，如今好不容易建立起来的新秩序又将受到挑战。

深感忧虑的范仲淹也不多话，直接一封劝谏奏疏上交给了皇帝，不想禁中将奏疏按下不表，没了下文。这样的挫折范仲淹自然不放在眼里，没过多久他再次上疏，这次他没有再上奏皇帝，而是直接上疏给了摄政皇太后刘娥本人。

晏殊得知范仲淹此举，大惊失色。他将范仲淹召至自己府中，当面诘问。在晏殊的眼中，范仲淹并没有担任言官之职，却惹出了这么大的动静，实在是有沽名钓誉的嫌疑。况且晏殊举荐他为清贵馆职，乃为国取士、养士。范仲淹这封奏疏一上，不但会引起皇太后的反感，可能连晏殊自己也会被牵扯进去。

毕竟从宋真宗末年开始，晏殊为了保住仕途就一直在玩"走钢丝"的游戏，这高难度游戏好不容易快见真章了，突然被队友范仲淹这么一搞，难免动气。

晏殊的诘问让范仲淹颇感委屈，他本以为晏殊是自己的伯乐，应该是明白自己的，没想到却是如此看待自己。当面之下，他也没有过多争辩，而是回家后写了一篇三千多字的《上资政晏侍郎书》给晏殊。

> 轻一死，以重万代之法。
> 不敢以一朝之责，而忘平生之知，报德之心，亦无
> 穷已。

范仲淹在文中切实阐明了自己的平生之志。他认为礼法如果不正，则可能在未来重演外戚干政的闹剧，所以自己为了维护万代之法，可以献出生命，并不是在沽名钓誉。而他对晏殊的知遇之恩，与他的报国信念一样，一直都记在心里，且无穷无尽。

晏殊看完此书，深感惭愧，马上对范仲淹表达了自己的歉意。一国宰执愿意放下身段，主动向自己的门生认错，其心胸也是难得。晏殊虽然常常在朝廷纷争中选择明哲保身，但其本性却是豁达大度、知礼知节的。

只是晏殊虽理解范仲淹，但刘太后却不愿意让他再待在朝中

了。范仲淹倒也不恋权位，自求外放，出为河中府（今山西永济）通判。临行之时，数位秘阁同僚为其送行，此时的范仲淹已然初备天下人望之属，秘阁同僚们盛赞他："范公此行，极为光耀！"而这份光耀，也被另一个人——宋仁宗赵祯牢牢地记住了。

天圣七年的宋仁宗已经二十岁了，成年的他对于朝政早就有了独立思考的能力，但是刘太后却未有一丝一毫还政的意愿。中国历史上那些皇太后摄政的时代，常常伴随着一对矛盾，就是太后与幼帝之间的矛盾。毕竟用得着老妈摄政的皇帝，除非活不到亲政，不然基本都要经历一个青少年叛逆期的过程，所谓"躁动的十七岁"，普通人家的子女都难免出现顶撞父母的情况，何况是皇家！

远的不说，就说北宋倒数第三任皇帝宋哲宗，亲政后第一件事就是把他祖母太皇太后高氏重用的那批老臣全贬黜到岭南吃荔枝去。相较之下，宋仁宗当然是比他这位名义上的曾孙要温柔多了，继位后几次率百官礼拜刘太后他都积极参与，刘太后不还政，他也泰然处之，所以《宋史》才赞其"恭俭仁恕，出于天性"。

然而刘太后的一些举动，还是消磨着宋仁宗的安全感。

天圣六年以前，宋仁宗除日常跟随刘太后一起听政和经筵以外，也常能在资善堂议政中见到大臣并交流政事。从天圣二年（1024）开始，便常有宋仁宗对政事发表意见的记载。但在天圣六年以后，资善堂议政偏偏被取缔了，宋仁宗与外朝的接触频率也随之被严重压缩。而那些原本能约束刘太后的老臣，如冯拯、张知白、鲁宗道等也先后去世，亲近仁宗的大臣如王曾、李迪、蔡齐、晏殊等又被外放。

与之相对，刘太后大权在握的同时又给予身边的内侍极大的权力。其中如张怀信、张怀德、皇甫继明、杨怀敏、任守忠、江德明之辈，更是为了讨好刘太后修建资圣浮图，督造过程中对民夫各种鞭挞盘剥。除此之外，这些内侍对于朝臣也常行欺压之事，如杨怀敏之辈甚至逼死三朝老臣曹利用，他们的权势一度让朝野上下为之侧目。

内侍的坐大，也使得一些朝中大臣在这个过程中放低了自己的底线，对刘太后尽行谄媚之事。如殿中丞方仲弓之流，竟上疏乞求刘太后效仿武则天建立刘氏宗庙；向来被誉为"为国伟臣"的程琳，竟然也献《武后临朝图》于刘太后。

早在鲁宗道在世时，刘太后曾试探性地问他："唐武后何如主？"鲁宗道当下就把话堵了回去："唐之罪人也，几危社稷。"而如今这些老臣大都不在了，刘太后终归按捺不住膨胀的野心，于明道元年（1032），不顾晏殊、薛奎等大臣的反对，仍旧穿上"少杀其礼"的天子冕服，拜谒太庙。

同年二月，宋仁宗的生母李宸妃去世。知晓内情的人都惧怕刘太后的权威，不敢提及此事，因此直到刘太后去世，宋仁宗都不知晓内情。

但有一人——宰相吕夷简还是看出了其中隐含的祸端。

二月某日的朝奏，宰相吕夷简突然当着宋仁宗的面询问刘太后："闻有宫嫔亡者？"刘太后察觉不妙，先是回道："宰相这是要干预宫中的事情吗？"等到宋仁宗离开，刘太后又独自追问吕夷简："吕卿为何要离间我母子的感情？"

吕夷简答道："太后他日难道不想保全刘氏全族吗？"刘太后听明白了吕夷简的意思，但早已膨胀的野心和作为最高统治者的自尊遮蔽了她的双眼，双方经过内侍传话再三讨论后，刘太后仍然不肯纳谏。

吕夷简终于不再忍耐，于是正色对传话的内侍罗崇勋说："宸妃为天下诞育了皇帝，却没有按照应有的礼仪下葬，等到皇帝知晓真相后，必然会追究清算你们今天的罪责！到时候别怪我吕夷简没有提醒你们！"这么一番决绝的话直接把罗崇勋说蒙了，他马上把此话转告给了刘太后，刘太后终于被点醒，最后以皇后礼下葬了李宸妃。

可以说刘太后在最后的执政岁月中，吕夷简一直担当着皇帝与太后之间调和者的角色。不同于王曾那些老臣，吕夷简主政一改与禁中阉宦的敌对立场，至于刘太后的那些僭越举动他也从来不置可否，这无疑满足了刘太后的很多欲望，也回避了冲突。然而一旦刘太后直接触碰到宋仁宗的利益，吕夷简便会马上挺身而出，以示忠心。譬如上文提到的为宋仁宗生母李宸妃争取厚葬之礼，再譬如刘太后收养荆王之子赵允初于宫中，惹人非议。吕夷简为此力劝刘太后，终于让她把赵允初送回了荆王府。

那么围绕着这一切权力的博弈，我们把焦点挪回到本篇的主人公——摄政太后刘娥本人的身上。

这一时期她是否已经完全站到了宋仁宗的对立面呢？

很明显，答案是否定的。

史书中明确记载，刘太后对于宋仁宗的培养是非常用心的。从小就把他养在自己的宫中，不管是道德价值观的培养熏陶，还是经、史、子、集乃至个人学识的教育训练，都是非常严格的。

宋仁宗自小体弱，"苦风痰"，刘太后便禁止宫中食海鲜。反而是杨太妃私自藏了些美食给宋仁宗吃，这其实也是一种教育上的分工，刘太后扮演严母的角色，杨太妃则扮演慈母的角色。宋仁宗心下凛然，便称刘太后为大娘娘，称杨太妃为小娘娘。从中我们可以看出刘太后在操劳国事之余，对宋仁宗的培养上也是百分之百的用心。

而对于宋仁宗的婚姻问题，她更是主动安排了已故中书令郭崇的孙女郭氏嫁给宋仁宗为后。其实宋仁宗本心是看中了外戚王蒙正的女儿王氏和骁骑尉上将军张美的曾孙女张氏。但王氏过于美艳，刘太后担心宋仁宗青春年少，老婆太漂亮的话容易损害健康。而张氏毕竟不如她看中的郭氏亲近，最后宋仁宗只能作罢，娶郭氏为后。

如果只是需要一个傀儡，何必这么费功夫地培养宋仁宗呢？这种甘愿扮黑脸教育子女、为子女健康着想的举动，不正透露着她对宋仁宗真挚的感情吗？毕竟这也是宋真宗唯一的血脉。

当程琳将《武后临朝图》献给刘太后时，她虽多少有些动心，但最终还是将图撕碎扔到了地上，并且说道："吾不作此负祖宗事。"

刘太后出生的时代早已没了门阀士族的政治土壤，她自己更出身贫苦，所依仗的家族势力根基浅薄得可怜。事实上在宋代，不管是摄政太后还是那些出身贫寒的柱国将相，他们大部分的权威都来自皇权的扶持。所以刘太后的治国方略也完全延续了宋真宗的风格，与士大夫"共定国是"。相当一段时间，她都由着士大夫约束自己。

她的治国方略很成功，不但终结了宋真宗后期"天书封禅"的闹剧，也延续了宋真宗时期国家发展的势头。天圣九年（1031），主张宋辽和平的辽圣宗去世，继位的辽兴宗似乎有所异动。刘太后便马上在大将刘平的建言下整备河朔的防御，再辅以外交应对，成功将隐患消弭于无形，澶渊之盟得以延续。

刘太后作为一个真正从底层爬到顶端的传奇人物，早年的苦难经历很难不让她留下遗憾，从而产生挥之不去的执念。譬如说她一而再，再而三地和大臣攀亲戚，又譬如说她始终不愿放下权力。然而不管是刘太后自己，还是以吕夷简为代表的那些大臣，都明白执念终究只是暂时的虚妄，只要能让天下安定，有些虚妄又何妨？政治从来都不是纯粹的东西。

明道二年（1033）三月，刘太后染病，身体每况愈下。焦急的宋仁宗不但召集天下名医入京，更是大赦天下，宋真宗末年以来那些在政治斗争中被贬之人，如寇準、曹利用，乃至周怀政、雷允恭等人也被平反复官，就连在道州（今湖南永州道县）的丁谓也被特许平反。

为了替大娘娘祈福，宋仁宗可谓使尽了浑身解数。权力斗争固然让母子俩产生了嫌隙，但成长过程中刘太后对他的那些关爱，宋仁宗却是切实体会到的。虽然此时的他仍不知道自己的身世真相，但历史上的那些权力争夺又何曾少过亲生母子间的自相残杀呢？宋仁宗为不是生母的刘太后祈福，不正表明母子间那实打实的真情吗？奈何这些努力仍然无法挽救刘太后的生命，刘太后最终还是离开了人世，享年六十五岁。

刘太后临终之时已无法言语，却仍然努力拉扯着身上的衣服。宋仁宗对此不解，幸得参知政事薛奎的解答："太后不想穿着天子的冕服去见九泉之下的先帝。"

宋仁宗领悟，当下便命人为刘太后换上后服，然后入殓。

治理朝政十一年，刘太后很好地履行了对宋真宗的承诺——守护大宋江山，守护宋仁宗。在生命的最后一刻，刘太后终于放下了对权力的执念，安静地闭上眼，也或许有个人正在不远处等着她，等着她再次播鼗而唱。

女主政治的时代就此结束。

四

皇帝的亲政：
宋仁宗召回范仲淹

在刘太后生命的最后几年，虽然宋仁宗已经成年，但刘太后贪恋权力，没有还政，不但将亲近宋仁宗的大臣外放，还穿上了冕服参拜太庙。

有些大臣为了谄媚刘太后，甚至跟风劝刘太后行武后故事，刘太后倒是能恪守底线，全部予以拒绝。但这一阶段围绕皇权传递所发生的事件，仍然在宋仁宗的心中打下不太好的烙印。

明道二年三月，章献明肃皇后刘氏去世，眼看着宋仁宗亲政的时代将要到来，不想刘太后竟然留下了一封特别的遗诏，上书："尊太妃为皇太后，皇帝听政如祖宗旧规，军国大事与太后内中裁处，赐诸军缗钱。"

这里的太妃指的是和刘太后一起抚养宋仁宗长大的杨太妃，遗诏意思即是说，就算我死了，还是要继续支持杨太妃做新一任话事人，接着和宋仁宗分权以及共理国事。刘太后还很贴心地要求发钱给御前军队，连收买人心这事儿都安排了。

其实刘太后这么做不是无迹可寻，早在她摄政晚期，就有大臣问她为何把持权力不放，刘太后就坦白说是自己摄政太久，把宫中内侍的权力培养得太大，这里面水深，她担心宋仁宗赵祯性格软，把握不住。不论这里面有多少是政治托词，但联系刘太后对宋仁宗一贯的严母教育方式，我相信总归是有老母亲放心不下孩子的感情的。

好在满朝大臣都不傻，没人会真的去执行这则遗诏，御史中丞蔡齐马上就建言道："上春秋长，习天下情伪，今始亲政，岂宜使女后相继称制乎？"皇上既已年长，也了解天下大事，如今开始亲政。如何要让两位皇太后连续摄政呢？四月刚刚由陈州（今河南周口淮阳区）通判调回京都担任右司谏的范仲淹听闻这件事后，也马上上疏："今一太后崩，又立一太后，天下且疑陛下不可一日无母后之助矣！"

最后宋仁宗删除了遗诏中"军国大事与太后内中裁处"之语，仍然尊杨太妃为太后，而太后也不再参与国家大事的处理。杨太妃本人也不是恋慕权力之人，又加上宋仁宗感念她多年养育的恩情，她晚年过得还不错，后来于景祐三年（1036）无疾而薨，享年五十三岁。

诸位臣工的建言，及时将一场可能发生的政治地震消弭于无形。

然而紧张的政治气氛并未因此散去，又有一人看准了时机发难，他就是宋仁宗的叔叔——燕王赵元俨。

此前十余年一直佯装疯癫、称病不朝的燕王赵元俨突然将刘太后并非宋仁宗生母，李宸妃才是其生母的真相告诉了宋仁宗，并且还添油加醋地说："陛下乃李宸妃所生，妃死于非命！"这句"妃死于非命"实在太过诛心，直接把天性至孝的宋仁宗推到崩溃的边缘，史载他"号恸顿毁，不视朝累日，下哀痛之诏自责"。亲生母亲一直在默默地守护着自己，自己却终其一生都没能好好地侍奉她，至其死都未能与她相认。自己虽贵为皇帝，但是连亲生母亲都无法守护。而这么多年来，自己侍奉尽孝的，竟极有可能是自己的杀母仇人？相信世界上没有比这更痛苦的事了。

再联系起刘太后这些年揽权僭越之举，她临终的遗诏……当所有的矛盾点汇聚在一处时，宋仁宗的怒火终于被点燃，他马上派兵包围刘氏家族的府邸，一时间人心惶惶。

但凡事还要讲个程序。

燕王赵元俨虽然爆了个惊天大料，但毕竟时间节点掐得过于巧合。刘太后摄政时，他为了避嫌在家装疯卖傻多年，突然就恢复正常并出来举报前任领导，其中的用意也实在是"司马昭之心"了，摆明了是想借宋仁宗之手清算刘太后，好为自己谋权铺路。

从悲痛中清醒过来的宋仁宗也马上察觉到了不对，当然该尽的心意还是要有的。他先是为生母上尊号，追谥其为庄懿皇后（庆历年间又改谥为章懿皇后），然后亲自前往李宸妃停灵的洪福院祭告，调查其死因。也有记载认为宋仁宗并未亲自前往，而是派遣了李宸妃之弟李用和代为前往，说法不一。不过以宋仁宗的至孝天性，似乎前一种说法更符合大家的期待。

众人来到洪福院开启李宸妃的棺木后，看到了李宸妃的遗容，《宋史》载："妃玉色如生，冠服如皇太后，以水银养之，故不坏。"刘太后根本就没有暗害李宸妃，在李宸妃去世后，刘太后更是听取了吕夷简的谏言，以太后礼厚葬了李宸妃。

在亲睹母亲容颜，知晓真相后，宋仁宗的悲痛之情稍稍得到平复，不禁感叹道："人言其可信哉！"随后他马上下令撤离了包围刘氏府邸的军队，回宫后的宋仁宗在刘太后的神御前焚香泣告："自今大娘娘平生分明矣。"其后，宋仁宗越发厚待刘氏家族。

皇室内部的恩怨斗争暂时告一段落，那么前朝的往昔恩怨，宋仁宗是否也能一一摆平呢？

答案是否定的。

宋仁宗亲政后的第一件事，便是把刘太后曾经重用的宰执大臣连带禁中内侍一同外放，然后把那些曾经谏言刘太后还政的大臣召回，以此巩固自己的统治根基。刘太后曾经还担心他搞不定禁中的那些内侍，然而宋仁宗用实际行动告诉她，事情哪有那么复杂，快刀斩乱麻，把可能引起问题的人全换了，不就没有问题了？

当然宋仁宗也不是无差别换人，诸如薛奎、蔡齐这些大臣，仍然得以留任。然而对于吕夷简，却有了变数。对于这位曾数次挺身而出，维护自己核心利益的老臣，宋仁宗本来还是颇为感念的。只是除了对自己的忠心，吕夷简同样是最放任刘太后僭越之举的宰相，对于禁中内侍的乱权，他也常常睁一只眼闭一只眼。

心存疑惑的宋仁宗回到后宫，与郭皇后谈及此事，这位曾依附刘太后入主后宫的皇后，却这么说："夷简独不附太后邪？但多机巧、善应变耳。"难道只有吕夷简不依附皇太后吗？只不过他更善于机巧应变罢了！在郭皇后这番话的推波助澜下，想要确立自己影响力的宋仁宗最终下定了决心。等到宣制之时，吕夷简得知自己也在外放的名单中，觉得很诧异，后来得知是郭皇后的缘故，由是深恨郭皇后。最终吕夷简、张耆、夏竦乃至晏殊等一批大臣被外放，张士逊、李迪等亲近宋仁宗的大臣则被召回重用。

范仲淹也在明道二年四月，被宋仁宗召回开封，除右司谏，出任谏官。宋仁宗对范仲淹抱有极大的期待，不单单让范仲淹从事言官的工作，就连审刑院、大理寺详定天下配隶罪人的刑名，乃至朝政决策商议，都允许范仲淹参与其中。

在这一阶段，范仲淹完成了继晏殊举荐后人生中的第二次飞跃，他开始真正地进入国家的核心统治群体，对整个国家的政治生态有了更全面的认知。

然而这一年并不是一个适合新朝君臣大展拳脚的年份。两宋时期是中国历史上自然灾害的高发期之一，灾害的严重程度又以宋仁宗时期最甚。史载这一年"天下蝗旱"。短短四字，却字字泣血。

宋仁宗先是派御史中丞范讽前往山东赈灾，范讽知人善任，在前任宰相王曾的帮助下，很快便稳定了山东的灾情。而后在范仲淹的再三谏言下，宋仁宗派范仲淹前往江淮赈灾。在此期间，范仲淹巡查了昔日为官的广德军一带，发现当地灾民正在吃一种叫"乌昧"的东西，何谓乌昧？即把蝗虫晒干，去掉翅足，与野菜乌昧草混煮而得的食物。

> 民于饥年艰食如此，国家若不节俭，生灵何以昭苏！

范仲淹将乌昧和自己的谏言一同上奏于宋仁宗，宋仁宗深受触动，将乌昧宣示后宫、宗室、外戚。后世对宋仁宗节俭的生活作风多有夸赞，想来也和范仲淹等大臣的谏言多有关系。诸大臣的积极谏言让这位年轻的皇帝早早地接触到了民间的疾苦，虽然只是冰山一角，却已然让这位天性仁恕的皇帝与百姓共情了。

在范讽、王曾、范仲淹等人的努力下，灾情终于得到缓解，等到大家复盘的时候，突然发现在此次赈灾过程中，有一个人严重失职：宰相张士逊。

宰相张士逊曾经久历地方，直到五十岁后才得以升迁高位。刘太后摄政时，他也始终支持宋仁宗，敢与刘太后相争。不管是从能力、资历还是成分来说都是最适合宰相的人选。奈何此番旱灾，张士逊竟然给不了半点建言之策。这样失职的表现让头疼国事的宋仁宗不禁怀念起了长袖善舞、八面玲珑的吕夷简。

于是，在明道二年十月，经归朝的御史中丞范讽的弹劾，宋仁宗将张士逊罢相，召回吕夷简，再次拜吕夷简为相。

五

未来的名臣：
青年韩琦与富弼的仕途磨砺

宋仁宗天圣五年（1027）丁卯，东京开封府的大街上一如既往地人潮涌动，熙熙攘攘。一个迷茫地看着前方的少年，正随着同伴浑浑噩噩地走在大街上。少年名叫狄青，不久前因在家乡犯了罪而被发配到了开封城充军。为了生计，他只能忍受脸上的刺字之辱，加入拱圣军，成了一名军卒。

那年头，身居行伍可不是什么受人尊敬的职业。狄青本人识字，在家乡担任乡书手，虽算不上全村的希望，好歹也是十里八乡的俊后生。可如今他却背负罪责，走上了这条看不见未来的道路，仿佛人生还没开始就结束了，心境不免低落。

偏偏同时同刻，正有一行人马自皇宫方向唱名而来，带头骑马那人正是刚夺得当年科举魁首的状元郎王尧臣，周遭传呼甚宠，观者如堵。

狄青身旁的伙伴看到这般情景，不免唏嘘道："彼为状元而吾等始为卒，穷达之不同如此！"他人做状元而我们却是低微的军卒，人的际遇竟是这样不同！

同伴的感叹反而激起了狄青心中的豪情，他不以为然地笑道："不然，顾才能如何耳！"看着这个没学历、没背景还留着案底的少年竟然口出狂言，同伴们尽皆失笑。毕竟谁能想到，狄青这样的起点，日后竟能位至两府重臣，名传千古！当然，此时的狄青还不知道自己的未来，后来提拔他的宋仁宗此时也不知道狄青的存在。

天圣五年的这次科举是宋仁宗即位以来第一次自主主持的临轩策士，被刘太后压了那么多年，终于可以自己做主，宋仁宗自然格外用心。北宋经三代养士，人才济济，天圣五年放的榜也确实堪称群星璀璨。

王尧臣、韩琦、文彦博、包拯乃至后来在宋夏战争中智计频出的吴育都在这一科中金榜题名。

然而其中最为宋仁宗所看重的则是名列一甲第二名的青年才子韩琦。把韩琦和狄青放一起讲，人们难免会联想起那个"东华门外，以状元唱出者，乃好儿"的段子，仿佛这两人是水火不容的死对头。奈何这句话的出处是一本叫《默记》的宋人笔记。宋代文人的野史笔记很多，不乏一些具备珍贵研究价值的内容，但很不巧，《默记》这本则属于特别"放飞"的那种，其文字的含金量基本和今天的各种八卦、小道消息差不多。何忠礼先生在《中国古代史史料学》中即认为该类笔记的价值更多的还是体现在还原当时时代的风俗风貌上。而且如果落实到《默记》中对狄青的描写，和历史上狄青的个性有很大出入，也很难谈得上正面。其实狄青人生中几次重要的升迁，都离不开韩琦的提拔。

回到天圣五年的王尧臣榜，看着这批由自己亲自选拔出来的俊杰，宋仁宗自然是多了几分底气。然而除了那时还是军卒的狄青，这一榜还遗漏了另一颗明珠——富弼。日后他将与文彦博并称王朝双璧，与韩琦引为至交的富弼，却在这一榜中名落孙山。

与很多位极人臣的千古名相一样，富弼同样有着极具传奇色彩的童年。

早在他七岁那年，便受到过名相吕蒙正的称赞，吕蒙正认为富弼日后的名位不下于自己，而功勋更是超越自己。其后富弼于书院中日夜苦读，晚上睡觉用硌脑袋的枕头缩短睡眠时间，冬天感到困了就用冰雪洗脸，夏天用冷水沃面，联想起昔日的范学霸，果然学霸都是不爱睡觉的。

十九岁那年，富弼跟着为官的父亲富言前往泰州海陵，结识了在泰州任仓监的范仲淹。范仲淹一见到富弼就十分惊奇，特别看好这个年轻人，并给予了极大的肯定。

古代大部分读书人出仕前的求学生活都是非常清苦的，面对茫茫学海，每天都在复习自己的渺小。尤其到了成年之后，自己不事生产，创造不出任何价值，往往更容易陷入低落的情绪。这时如果能有一个像范仲淹这样的长辈及时点拨并给予鼓励，真的就太好了。很明显，这次相识让富弼成了范仲淹一生的追随者。而这份来自长辈的关怀富弼也一直铭记于心，后来范仲淹去世，富弼为他写的祭文，开头便是"某昔初冠，识公海陵。顾我誉我，谓必有成"。

得到范仲淹鼓舞的富弼更加明确了自己的志向，也更加坚决地继续着自己的科考之路。

然而理想很热血，现实很残酷，他最后还是落榜了。看着韩琦、文彦博等人的背影，富弼难免挫败感十足。

刚满二十岁的韩琦被授将作监丞，通判淄州。进士及第的文彦博则以二十二岁的年纪被授大理评事，知绛州翼城县（今山西临汾翼城县）。而二十四岁的富弼在这一年中除了落榜，并没有留下什么有意义的记载。

天圣七年，在开封蹉跎了一年多的富弼似乎再也找不到留下的意义，选择了西归家乡洛阳，却有一封来自友人的信件追上了他，来信者正是范仲淹。

原来这年宋仁宗为了尽可能地选拔天下才俊，竟然又复置了选拔特殊人才的制科，范仲淹得闻后马上写信给富弼，力劝他参加这次制科考试。

富弼心中虽然没底，但在范仲淹的一再鼓励下，还是硬着头皮前往应试。

除了写信给富弼，范仲淹还把富弼写的文章拿给同在开封的晏殊看。虽然此时的富弼是个落榜生，但晏殊对富弼还是极为看重的。晏殊不但把富弼的文章推荐给了王曾，还把自己的女儿嫁给了富弼。

宋时宰执为了延续家门荣耀，常有"榜下捉婿"的传统，然而此时的富弼并无功名在身，这么一位表面上是负资产的青年书生，晏殊也愿意将他招入门下，这当中固然有范仲淹推荐的成分，但晏殊本人的慧眼和魄力，也是值得肯定的。

皇天不负有心人，终于在天圣八年（1030）六月，富弼以茂才异等的成绩初忝名第，得授将作监丞，知河南府长水县（今河南洛阳洛宁县）。

也是在这一年，晏殊知贡举，主持殿试。王拱辰、田况、蔡襄、石介等才子皆在此榜中第，而其中最为后世瞩目者，则是日后的一代文宗，其时二十四岁的欧阳修。与这些"晚辈"相比，富弼虽然遇到些挫折，但好在没有放弃，仍然逆风而起，追了上来。

而在天圣五年榜中，曾经起点最高的韩琦，却默默停滞了。

天圣八年五月，韩琦的母亲胡氏去世。韩琦的父亲韩国华早逝，韩琦自小就是由母亲和兄长们一同抚养长大。母亲去世，悲伤的韩琦解任，前往濠州三哥韩琚处丁忧。天圣十年（1032）韩琦服丧期满，再度回归朝廷，因得到宰相吕夷简的青睐而迁太子中允，后又改太常丞、直集贤院。

然而到了明道二年，伴随着刘太后去世，宋仁宗亲政，吕夷简与一干为刘太后所重用的大臣都遭到了外放。不知是否受此影响，韩琦于当年六月被派去监管左藏库。这是一个监管钱帛出纳、随时需要清点库中钱财验收凭据的职务，工作内容琐碎而繁重。一般干这种活的人很难有机会做出引人注目的成绩，如果想升官基本就只能靠熬资历了，所以很少有人愿意做这样的工作。

韩琦的朋友们为此抱不平，毕竟以韩琦的才华和科考成绩，就应该担任馆职居清望显位，怎么可以这样蹉跎人生呢？然而韩琦却处之自若，这位日后立二帝、相三朝的柱国之臣，并未为自己的地位卑微、工作忙碌而感到焦虑。

韩琦的这种平静个性从后来的很多日常记载中也能窥见一二。譬如，他看书的时候被帮忙照明的侍卫用油灯烧了胡子也不生气，还担心侍卫受罚而特地去向其长官打招呼。有人奉献的绝宝玉杯，他却花重金买下。后来会客的时候，摆在桌上的玉杯不小心被一个小吏摔碎了，众人皆愕然，韩琦却神色不动，笑着对客人说："凡物成毁,皆有数。"他怕小吏自责,回头又对小吏说:"汝误也,非故也,勿惊。"每个东西的存毁都有自己的定数,你只是失误摔碎,并不是故意的,不用在意。这种佛系平静的心态让韩琦可以不管做什么工作都能踏踏实实、有条不紊,同样也能让他把注意力集中在需要自己发挥的地方。

担任监左藏库后不久,韩琦便发现每当宫中内侍来领取钱帛,因缺少监管流程,内侍常常会有浑水摸鱼,多拿东西的情况。因此韩琦便提出恢复天禧年间的旧制,设置传宣合同司,让内侍领取官物必须凭借合同支领,这样便加强了财务出纳的相互监督。

另外,当时从地方进献到宫中的贡品,按照制度需要宫中内侍进行验收,才算交接完毕。奈何担任这项职务的主管内侍常常等数日都未到场,导致贡品未能及时验收,只能暴露在外经受日晒雨淋。除此之外,负责搬运的衙校很多是从外地来的,没交完差就不能归乡,只能陪着干等,既浪费人力又浪费物资。韩琦看到这个情况,也是二话不说一封奏疏呈上,要求把渎职的内侍予以罢免。宋仁宗答应了他的要求,将那名内侍罢免。不管是对人还是对事,禁中内侍都算是被韩琦深深得罪了一遍。

韩琦的朋友们想不到他平时这么安静的一个人,却能把这么无聊的工作折腾得如此花样百出。而宋仁宗似乎也始终观察着韩琦,适时地给予认可。

景祐元年(1034)九月,韩琦在监左藏库的位置待了一年左右,宋仁宗又将二十七岁的他调为开封府推官,赐五品官服。这位置当年寇準也是在不满三十的年纪做到的,比起年过四十还在穿绿袍的范仲淹,韩琦的升官速度可谓引人注目。虽然年纪轻轻就穿上了红袍，但宋仁宗给韩琦安排的工作却依然充满了挑战。开封府作为首都衙门，同样事务烦琐、案牍如山。

韩琦依然是人群中最平静的那个，不论是加强治安、禁绝游猎扰民，还是减免灾伤及诸县税负，他都能理事不乱。凡案情判决有让人感到疑虑、轻重不当的地方，他也会逐条辨析，并且上奏天子。

韩琦平时对身边的吏员和和气气，但遇到工作上的事，一律严格对待、一丝不苟，以至于吏员每当上交的文牍被韩琦认可，都会由衷感叹："过韩家关矣。"

同时任开封府府尹，以善于吏事、多任剧繁而闻名的王博文，也非常认可韩琦，说他："要路在前，而治民如此，真宰相器也。"

韩琦一步一个脚印，初步具备了成为宰相的器量。也是在这一年，富弼正通判绛州（今山西运城新绛县）；文彦博通判兖州（今山东济宁兖州区）；而欧阳修则一直走在文学之臣的路上，在京城刚刚上任馆阁校勘；狄青仍在军中基层摸爬滚打。这一年，范仲淹与吕夷简的恩怨尚未发展成党争；西北的李元昊已经接过了父亲的权柄，开始对北宋边境进行袭扰。

景祐初年的朝堂看似宁静，实则暗流汹涌。血色的朝日自云间升起，映染天幕，赤红的天际不知是象征初生者的朝气，还是预示未来的悲剧。

宋仁宗看着他所选中的良弼们逐渐成长，终于走出他亲政后最重要的那一步——台谏。

六

忧君也忧民：
范仲淹的直谏与实干

宋仁宗的第一任皇后郭氏，是已故中书令郭崇的孙女，北宋开国大将之后，摄政太后刘娥亲自挑选入宫的。凭借刘太后的威权，郭氏为后九年，颇为跋扈，与宋仁宗相处得并不愉快。刘太后去世后，郭皇后仍不改专横的脾气，终于引起宋仁宗反感，被废后，成了权力过渡阶段的牺牲品。

范仲淹等言官虽极力反对，却也无法劝阻宋仁宗废后的决心。

那么郭皇后被废的风波究竟是怎么一回事呢？

明道二年，刘太后去世，宋仁宗外放了一大批曾经被刘太后重用的大臣，其中就包括吕夷简。而给吕夷简外放最致命一击的则是郭皇后。正是因为郭皇后的进言，坚定了宋仁宗外放吕夷简的决心，由是吕夷简深恨郭皇后。而明道二年的蝗旱中，宰相张士逊昏庸怠政，宋仁宗因此将其罢相，无奈只得召回吕夷简。吕夷简此番得以复相，自然不会放过导致他被外放的郭皇后。

偏偏这个时候，郭皇后还真就捅出了娄子。

时间回溯到天圣二年，宋仁宗十五岁那年。当时尚未亲政的宋仁宗对于进宫选秀的秀女张氏有意，想立其为后，但刘太后却看中了和张氏一起进宫的郭氏，最后宋仁宗无奈，只得遵照刘太后的旨意立郭氏为后。

郭皇后仗着刘太后撑腰，善妒跋扈，"后宫莫得进"。宋仁宗虽十分忧虑，但是因为刘太后的缘故，又不敢发作。而且郭皇后还是个讲究爱情专一的人，实名反对天子雨露均沾，其时当权的刘太后作为过来人，也为了宋仁宗身体着想，选择站在了郭皇后一边。因此帝后矛盾其实早就开始了。

宋仁宗亲政后，没了刘太后的管制，开始宠信尚美人、杨美人，解放自我。仗着皇帝的宠信，尚、杨二人还多次和郭皇后争宠。有一天，尚美人又在宋仁宗的面前说郭皇后的不是，恰逢郭皇后赶来。本来与自己争宠，郭皇后已是深深不忿，却还要被尚氏出言冒犯。向来傲气的郭皇后哪里能忍？便要亲自动手教训一下尚美人，尽显将门风范。

结果一不留意，一巴掌刮伤了挺身上前保护尚氏的宋仁宗的脖子。这下可好，郭皇后昔日的跋扈已经让宋仁宗隐忍很久了，刘太后把郭皇后强塞给自己，本来已经够忍气吞声了，此刻郭皇后竟然如此无礼，往日诸般对刘太后和郭皇后的不满顿时爆发，宋仁宗大怒，立时就要废了郭皇后。

内侍阎文应立刻将这则信息送给吕夷简，吕夷简又叫上自山东赈灾归来的功臣范讽一起，上奏宋仁宗，以"立后九年无子"为由，提议将郭皇后废除。

虽然这个理由引自汉光武帝和唐高宗的故事，但从人伦常理而言，极端的政治事件从来只能算孤例，废后理由依旧不充分。像宋仁宗的嫡母刘太后就没有皇子，宋真宗也并没有将其废除。果然以御史中丞孔道辅、右司谏范仲淹、御史孙祖德为首的一批言官马上站出来，对此表示强烈反对。

吕夷简为了达到废除郭皇后的目的，报往日进言之仇，已经提前通告相关部门拒绝接受台谏的章疏。你们联名闹事，那我直接堵上你们上疏的道路，看你们咋办？那台谏要怎么办呢？不让上疏，那就只能请求觐见了。

孔道辅、范仲淹、孙祖德等总共十位言官一同来到垂拱殿门口跪伏请求宋仁宗召见。宋仁宗不见，派吕夷简出来应对。吕夷简与众言官当庭辩论，结果吕夷简被孔道辅撑得哑口无言，最后只得拱手言道："诸君更自见上力陈之。"言官们见旗开得胜，便扬长而去，等着第二天上朝，上陈宋仁宗。

结果就这一晚上的耽搁，便让吕夷简抓住了时机，请来了宋仁宗的旨意。第二天，众言官刚走到待漏院，就接到宋仁宗的诏书：孔道辅出知泰州、范仲淹知睦州（今属浙江建德），所有言官或贬或处罚，无一幸免。

当时富弼刚刚丁忧期满归来，听到这则消息，也顾不得个人安危，马上上疏宋仁宗为范仲淹辩解：

> 仲淹为谏官，所以极谏者，乃其职也，陛下何故罪之？

范仲淹既然担任谏官，上疏谏言本是他的职责，陛下为什么要降罪于他呢？宋仁宗知道自己理亏，既没有答复富弼，也没有让吕夷简打压他。

原本废后或只是皇帝的家事，郭皇后其人也缺乏应有的政治智慧，把前朝大臣和内朝宦官得罪了个遍，加上宋仁宗与她之间又有太多不愉快的回忆，在内外挑拨下，郭皇后被废是迟早的事，这也是她作为政治工具最终的宿命。

明道二年十二月，宋仁宗正式下诏："皇后以无子愿入道，特封为净妃、玉京冲妙仙师，赐名清悟，别居长宁宫。"

郭皇后被废后，尚、杨二人每夜陪侍宋仁宗，偏偏仁宗又是个忧心国事的皇帝，他继位没多久就把刘太后时期单日临朝的规矩改成了每日临朝。对百官的奏章，也都是事必躬亲。如此充实的工作自然严重透支着宋仁宗的身体，乃至出现了"不豫"，连上朝都是难得的情况。从外朝大臣到后宫的杨太后，大家都看不下去了。于是杨太后劝慰宋仁宗将二人送出宫去，宋仁宗不舍。杨太后无奈，于是强命内侍阎文应将二人送出宫去，否则唯他是问。阎文应再三请求宋仁宗，宋仁宗没辙，只得让阎文应将尚、杨二人带出了宫。

经过这番折腾，宋仁宗也终于从刚亲政后有些盲目的权力热情中清醒过来，恢复到了平素的克己复礼之中。他对参知政事宋绶说："当求德门，以正内治。"当从高德之门迎娶皇后，以归正后宫的治理。

不久后，宋仁宗又看中了一位陈姓宫女，意欲立她为后。这位陈氏虽然出身商户，却颇得杨太后的喜爱，这回有杨太后的支持，宋仁宗是否能如愿呢？结果这事遭到了吕夷简、王曾、蔡齐、宋绶等大臣的一致反对。说到底还是门第问题，宋仁宗这下彻底放手，随便他们怎么折腾了。

经过大臣们一番商议，终于在景祐元年九月，册立开国名将曹彬和西北名将曹玮的后代——真定（今河北石家庄正定县）曹氏为后。

真定曹家作为北宋时期的高门大族，曹皇后自然可谓出自"高德之门"。且曹皇后生性禀柔，体含仁厚，受家门武略熏陶又颇具文化涵养，确为"母仪天下"的懿范。

然而这样的安排看似照顾到了方方面面，却唯独没有考虑宋仁宗的感受。不过这时的宋仁宗对于压抑情感越发熟练，他的克制使帝后之间得以相敬如宾，但也同时隔绝了二人的感情交流。

曹皇后也并不介意宋仁宗的冷遇，她只是平静地在自己的宫殿中栽种庄稼、亲蚕采桑、习练书法。她的政治智慧确实比郭皇后更适合后位，但这种表面的平顺终将遇到波澜。康定元年（1040）的一次宫宴中，宋仁宗遇到了一位舞女，而后将其纳入后宫，此女即是日后的张贵妃。

且说范仲淹因反对废后被外放，宋仁宗心中毕竟还是愧疚的，因此给他选择的贬黜之处倒皆是秀丽灵韵之地。

外放的第一站是两浙路的睦州，这里自古以来就有天下闻名的胜景，而且地方小郡，事务也相对不繁忙，以至范仲淹才来这里做了几个月地方官，就写信给晏殊，盛赞此地的风光："春之昼，秋之夕，既清且幽，大得隐者之乐……其为郡之乐，有如此者。"后来干脆上疏感谢宋仁宗："伏蒙陛下皇明委照，洪覆兼包，贷以严诛，授以优寄。郡部虽小，风土未殊。静临水木之华，甘处江湖之上。"可能有些人会觉得这是范仲淹在做官样文章，但范仲淹之后马上就用实际行动证明，什么叫真情实感。

在睦州，他写下《出守桐庐道中十绝》《赴桐庐郡淮上遇风三首》《桐庐郡严先生祠堂记》《留题方干处士旧居》等作品，学界普遍认为范仲淹在睦州的三个月是他一生中文学创作的高峰期。或许被贬确实让范仲淹心境受挫，但以其千锤百炼之意志，终不会这般简单地自暴自弃，面对睦州的绝美风景，如范公之坚毅，想要重新振作，可谓易如反掌。

在睦州的清闲生活只过了三个月，朝廷调任的命令又来了，这次去的地方是苏州。要知道，苏州不但是江南大郡，更是范仲淹的家乡。有宋一代为了避嫌，很少让官员担任家乡长官，更何况范仲淹是因为冒犯皇帝而被贬官？现在宋仁宗和朝中宰执竟然直接让范仲淹担任苏州知州，这已经表明了宋仁宗的态度。

但是这样的破格任命反倒让范仲淹诚惶诚恐，他立刻上疏希望调任其他地方，朝廷也应允了他的请求。然恰在此时，苏州发生了大规模的水灾，田地被淹没，百姓不得耕种。范仲淹便指挥百姓疏浚五河、兴修水利，导引太湖之水流入大海，还没有完成治水的工作，朝廷就又下诏将他调往明州（今浙江宁波）。江南东路转运使遂上疏请求留下范仲淹治水，得到朝廷许可，范仲淹只用了一年的时间，就治理了水患，灾民也得到了安置。

明道二年，范仲淹官拜右司谏之时，有一个二十多岁的愣头青擅自代表整个洛阳的士人写了封信给范仲淹。这个愣头青名叫欧阳修，他写的这封信叫《上范司谏书》，当时的范仲淹历经泰州修护海堰、应天书院执教、劝谏刘太后还政等事，已然声名鹊起，颇得天下人望。但是欧阳修在信中认为，包括他欧阳修在内，洛阳这边很多士人都是范公的粉丝。大家都觉得如果范公做谏官，一定敢向皇帝谏言。现在皇帝提拔范公，也是希望他勇敢谏言，纠正朝中过错，但是范公做了那么久谏官（几个月），竟然一点"幺蛾子"都没有折腾出来，这让欧阳修等洛阳的粉丝很失望。

> 近执事始被召于陈州，洛之士大夫相与语曰："我识范君，知其材也。其来，不为御史，必为谏官。及命下，果然，则又相与语曰："我识范君，知其贤也。他日闻有立天子陛下，直辞正色面争廷论者，非他人，必范君也。"拜命以来，翘首企足，伫乎有闻，而卒未也，窃惑之。岂洛之士大夫能料于前而不能料于后耶，将执事有待而为也？

范仲淹收到这封有些失礼的"粉丝投稿"信后，非但没有生气，反而还和小欧阳成了忘年交，在史书上留下了初次的交集。此次苏州治水之后，欧阳修再度写信给范仲淹，信中言道："然窃惟希文登朝廷，与国论，每顾事是非，不顾自身安危，则虽有东南之乐，岂能为有忧天下之心者乐哉？……远方久处，省思虑，节动作，此非希文自重，亦以为天下士君子重也。"我认为范公您身在朝廷治理国事，每次都只考虑国家是非，而不顾虑自身安危；如今虽然有东南之地的美景相伴，但这也无法配得上您忧怀天下的心胸！希望您可以保重身心，这不只是保重您范公一人的身体，也是保住天下士人的信念！范仲淹在此期间的作为已然让欧阳修深深地为之钦佩，他的语气也从原来绵里藏针的鞭策变成了发自肺腑的崇敬。

景祐二年（1035）三月，范仲淹因为治水之功，再次奉诏还京，拜为尚书礼部员外郎、天章阁待制，判国子监。很快又转升为吏部员外郎，权知开封府。

两年前因废后之事，范仲淹被贬出京，如今方得回京，围绕后宫的暗流却又席卷而起。

因为废后日久，宋仁宗竟对郭皇后重燃了思念之情，惹得吕夷简与阎文应暗自心惊。恰逢郭皇后染病，宋仁宗派遣阎文应带医官前往诊治。不久，郭皇后暴毙，年仅二十四岁。时人皆认为是阎文应毒死了郭皇后，更有传闻说，郭皇后被阎文应下毒后并未马上死去，阎文应却对外宣称郭皇后已死，将郭皇后强行入棺活埋了。活埋曾经的皇后，传言耸人听闻，阎文应的罪行很快传遍大街小巷。

宋仁宗派人调查，却不能查实其罪行，按照《宋史》的记载，此事似乎不了了之。然而根据富弼日后所作的墓志铭来看，当时范仲淹曾挺身而出弹劾阎文应，说动宋仁宗将阎文应贬至岭南，最后阎文应死在了被贬的路上。富弼作为宋仁宗时代的人，李焘也敬佩其为人，故也将此记载收入于《续资治通鉴长编》之中。

宋仁宗初年的宫廷风波自此平息，而朝堂之上却又风波再起，吕夷简与范仲淹之间的争斗蓄势待发，同一时期，西北的李元昊已然崛起。

七

北宋士风的新篇章：
范仲淹不是一个人在战斗

经历废后风波之后，范仲淹的直言敢谏让吕夷简深为忌惮。吕夷简是宋真宗时颇得重用的大臣，至宋仁宗亲政时，其门生故吏更遍布朝野。不管从政治地位还是朝中人脉来说，范仲淹都与吕夷简相去甚远。那么为何范仲淹能够在这样的情况下对吕夷简形成巨大的冲击呢？二人的交锋又会对宋代士风产生什么影响呢？

事实上，早在范仲淹治理苏州水患时，他与吕夷简之间就有书信往来。范仲淹将治水心得毫不藏私地告知吕夷简，向来重才的吕夷简也爱惜范仲淹的才华，给予了极大支持。

景祐二年三月，朝廷以范仲淹治水之功，将他调回朝中擢为尚书礼部员外郎、天章阁待制、判国子监。距离他上次外放只隔了一年多的时间。范仲淹的此番升迁虽然多得吕夷简的支持，但吕夷简的许多作为范仲淹并不认可。

吕夷简祖上的吕梦奇和吕龟图，早在唐末五代时便身居朝中要职，他的伯父吕蒙正三度为相，家中多有子弟在朝中为官。宋真宗时的名相李沆、赵安仁、王旦等人，要么和他家沾亲带故，要么交往密切，吕家可谓宋初颇具影响力的官僚家族。

含着金钥匙出生的吕夷简，受到这些名臣长辈的影响，早年时也颇能"为天地立心，为生民立命"。宋真宗咸平三年（1000），二十二岁的吕夷简考中进士。之后他久历地方，在河北时上疏劝止了自五代即对河北征收的农具税，减轻了农民负担；在两浙时，民夫多有为运输木材受伤甚至身死者，他当即上疏请求减缓运输；寇准遇责，他不惧艰险上疏辩诬；宋真宗以"天书封禅"掩盖澶渊议和之辱，大肆修建宫观道场，吕夷简也进言劝阻此举劳民伤财，劝罢冬天河运木石，宋真宗赞他有"为国爱民之心"；宋真宗崩逝后，丁谓串通内侍雷允恭弄权，吕夷简又配合鲁宗道和刘太后力挽狂澜，杖杀了雷允恭，贬黜了丁谓。时人有仰慕吕夷简者，赞其"有绝人之材"。宰相王旦也极为看重吕夷简，特地让当时还是知制诰的王曾与他结识。

乾兴元年，因为雷允恭一事，吕夷简以给事中担任参知政事，成为执政。后因辅佐刘太后理政，天圣七年，任同中书门下平章事、集贤殿大学士，正式拜相。然而在正式为相之后，吕夷简的执政风格，却开始日趋保守。刘太后摄政时，他尚能凭借智慧，调和朝中矛盾。但在宋仁宗亲政后，他不但不再进取，反而时常为了保住权位，玩弄权术，打压异己。宰相李迪因为与他政见不和，被他使绊子外放出了朝廷。曾经提携他的王曾，也因为他的处处打压被罢相。

王曾在天圣七年因忤逆刘太后被外放，直到景祐元年八月才得以回归朝廷出任枢密使，虽然于翌年再度复相，但位次却排在了吕夷简的后面。当年吕夷简多得王曾推荐，才得以上位。如今二人位次颠倒，自然平添了许多尴尬。吕夷简虽然表面上仍然尊重王曾，但在处理政事上非常独断专行，由此二人矛盾日积月累、势同水火。后来王曾忍无可忍，直斥吕夷简"纳贿市恩"，宋仁宗让二人对答，吕夷简在宋仁宗面前鼓动唇舌，王曾语屈。宋仁宗无奈，将二人一同罢相，但是不久，吕夷简便又以右仆射的身份入朝拜相。

除了打压异己，吕夷简还内交宦官阎文应，密谋废郭皇后一事可见。对外又拉拢了陈尧佐、王随、章得象、丁度、蔡挺、张方平、王拱辰、高若讷等人，扩充自己的势力。因此很多人为了升迁，曲意逢迎吕夷简，而吕夷简在得意忘形下，也不管官僚考核制度，让一些依附于他的官员无视升迁次序和考核制度，身居高位。这样混乱的升迁和考核制度让一些年轻时期即使有所作为的官员，也逐渐变得因循守旧、墨守成规。

如陈尧佐，年轻时久历地方数十年，上不畏权贵，下爱护百姓，宋真宗时的政绩可做天下官员之表率。尤其在水利方面，贡献颇多，他在当时的官声即使与治蜀名臣张咏相比亦不遑多让。可惜在宋仁宗亲政时，陈尧佐已年过古稀，再没有精力处理繁杂的国事，吕夷简却因与其交好，任命其为宰相，结果陈尧佐面对数次灾异束手无策，最后被罢相，真是自损晚节。

虽然吕夷简滥用亲信，但是他安排宋绶编纂了《中书总例》共四百一十九册，此书汇编了国家行政执法的各种案例，可谓"宰相养成手册"。吕夷简曾一度自满地夸耀道："自吾有此例，使一庸夫执之，皆可为宰相矣！"只要有我这本书在，再平庸的人也可以成为一国宰相了！

可是世上没有一种制度是可以运行十年以上不出问题的。

平心而论，吕夷简的想法确实有可取之处，把国家制度规范化，把过去的治国经验高度总结，编纂成书，确是老成谋国之举。但当时的宋朝开国已将近八十年，很多社会问题已经暴露无遗。宋初虽有德才兼备、儒雅随和的沈伦、李昉、吕蒙正、李沆、王旦等大臣，但他们都功在守成，少有开创。守成固然可以让国家政治维持稳定，但也让官员中多有尸位素餐之辈。再加上这些大臣不少都是大地主家庭出身，功成名就后的人生理想不可避免地就从进取变为了保守。更遑论吕夷简现在的任人唯亲、打压异己，他在完善制度的同时，也在挖制度的墙脚。

此时的大宋需要的并不只是守成，还有革新。

而革新者此时在何处呢？

范仲淹于景祐二年三月被调回京城判国子监，在中央任职的范仲淹很快便接触到官僚体系的各种混乱，吕夷简的所作所为范仲淹自然是看在眼里的。虽然范仲淹此时已经不是言官了，但他当年做秘阁校理时，就敢直谏刘太后，现在遇上吕夷简，当然也不会退缩。

吕夷简也知道范仲淹不好惹，同样时刻关注着他。为了避免直接针锋相对，吕夷简玩了个小花招，于当年八月，将范仲淹安排到权知开封府的任上。

能做首都市长当然是非常难得的机遇，但同样地，做首都市长的难度也是不小的。这地方皇亲国戚扎堆，利益关系盘根错节，当年薛奎治理开封，凭借三朝元老的资历才压制住了这帮地头蛇。皇帝看到这帮人都头皮发麻，更遑论刚由外放调回京师的范仲淹？再加上开封府事务繁多，韩琦做个开封府推官就已经忙到冒烟了，现在范仲淹直接做一把手，直面这么大的挑战，按照一般情况，即使把事情捋顺了，也八成没精力再和吕夷简搞事了。

吕相公不愧是官场老手。摆这一道，既让人觉得他重视范仲淹，让范仲淹才尽其用，又让范仲淹忙于公务，无暇分身。将来如果出了差错，还能顺手使绊子直接将其外放。然而无懈可击的诡计终究是诡计，吕相公"吃瘪"的时刻不日而至。

范仲淹历任地方官，对吏治可以说是得心应手，只在开封府服务了几个月，史书即评价开封"肃然称治"，京城还有歌谣言道"朝廷无忧有范君，京师无事有希文"。范公不愧是后来能名垂千古的贤臣，越是被针对越能激发他的斗志。

所以在景祐三年，范仲淹直接以《百官图》上奏天子，弹劾吕夷简。

《百官图》堪称"京官晋升一览表"，范仲淹几乎把每一个吕夷简违规升迁的官员都画在了图上，并附上原本相关官职的升迁次序，以及为了升迁此人违反了哪些制度，等于直接向吕夷简宣战。

吕夷简也不甘示弱，与范仲淹争辩了起来。

吕夷简："仲淹迂阔，务名无实。"

范仲淹："汉成帝信张禹，不疑舅家，故终有王莽之乱。臣恐今日朝廷亦有张禹坏陛下家法，以大为小，以易为难，以未成为已成，以急务为闲务者，不可不早辨也。"

吕夷简和范仲淹越吵越凶，也不遮掩本心了，直接将"越职言事，荐引朋党，离间君臣"等罪名扣在了范仲淹的头上。恰巧当时又有谣言说范仲淹阴附宗室，与八大王赵元俨有牵扯，面对这些朝野非议，范仲淹再次被降黜出京，出知饶州（今属江西上饶鄱阳县）。

侍御史韩渎也曲意迎合吕夷简，奏请列写范仲淹朋党，以榜文公示朝堂，告诫百官莫要越职言事。范仲淹指摘官员上奏皇帝的行为，本是言官台谏应该做的，作为知府确属越职。可是事情的关键并不在此，这指控完全是为了把水搅浑。

当年晏殊听闻范仲淹直谏刘太后时也曾一度产生误会，认为他是沽名钓誉，不少人还真就觉得范仲淹沽名钓誉。贤明如王曾也被影响了，甚至对韩琦说："向来如高若讷辈，多是择利。范希文亦未免近名。要须纯意于国家事尔。"朝中大部分人都如高若讷一般只看重利益。难得有像范希文这般的君子，却又过于爱慕名声。还是要专注于国事啊！因为这样的氛围，待到范仲淹出京那日，竟然只有李纮与王质两位友人前来送行。

为国谏言却要背负污名？不管是哪个时代的造谣者，都无比肮脏下作。

终于有明白人看不下去了。

集贤院校理余靖虽未结交范仲淹，但素来仰慕其为人，他为官多年才跻身馆职，却拼着大好前途不要，上疏进言道："仲淹秉忠朴之心，怀直谅之节，不识忌讳，有可矜悯。观其临事不苟，言必忤上，竭忠奉国，夫岂私其身哉？……今因进对之际，言大臣前短，纵令谋论疏浅，褒贬过当，断在陛下听与不听耳，安可与逸邪同罪乎？"范仲淹秉持忠朴之心，身怀敢言直谏的节义，忽视应有的行为分寸，使人同情。看他之前行事一丝不苟，虽然经常触怒官家，但是他竭忠奉国，未尝有半点私心。现在进言虽然谈及大臣的短处，纵然有言语偏激、谋论疏浅、褒贬不当的地方，可是陛下应该考虑的是接不接纳的问题，怎么可以把他与谗邪同罪呢？之后，余靖以范仲淹同党的罪名被贬官到均州（今湖北丹江口）监酒税。

范仲淹的好友尹洙向来为人刚正，看到余靖因为上疏为范仲淹辩护，最后却被斥为朋党，也上疏自请以朋党的罪名"愿从降黜，以昭名宪"。余靖与范仲淹并没有交情，尚能为范仲淹上言。如果一定要问责朋党之罪，自己是范公的好友！一定不能苟免，愿和范公一起被降黜，以昭明宪！同余靖一样，很快尹洙被贬为崇信军节度掌书记，监郢州（治所在今湖北钟祥）酒税。

余靖与尹洙二人为了维护公义而同时被贬斥外放，作为吕夷简党羽的右司谏高若讷仍不想放过范仲淹，还要出言攻击范仲淹。此举激起了馆阁校勘欧阳修的愤怒，欧阳修当即写了封信怒斥右司谏高若讷："昨日安道贬官，师鲁待罪，足下犹能以面目见士大夫，出入朝中称谏官，是足下不复知人间有羞耻事尔！"整段话的意思翻译一下就是：我从未见过有如此厚颜无耻之人！高若讷得书甚怒，上疏辩驳，并请求宋仁宗召欧阳修前来，加以诫谕。最后欧阳修坐罪贬官，到夷陵（今湖北宜昌夷陵区）担任县令。

吕夷简一派虽然凭借权威暂时得了上风，但是经过尹洙、余靖、欧阳修等人的前赴后继，他们的慷慨陈词感染了朝野内外，士大夫们也逐渐认识到了吕夷简的真实面目，王曾也深刻意识到吕夷简的霸道，颇为尹、余等人感到不平。

当时正任满回京应吏部铨选的蔡襄也感佩余靖等人的行为，将范仲淹、余靖、尹洙、欧阳修列为"四贤"，又将高若讷名为"不肖"，写下《四贤一不肖》诗抨击高若讷，为京中市民所传唱。

经过这番挫折，以范仲淹为首的一批士人已然连成一线。景祐四年（1037）士大夫们接连替范仲淹辩白，为范仲淹洗刷冤屈。这次抗争已然成了未来"庆历新政"，乃至"嘉祐之治"的序曲。

范仲淹的根基虽然远不如吕夷简，但他所追求的"先天下之忧而忧，后天下之乐而乐"的崇高理想，才是士大夫们的心之所向。有一种说法认为，范仲淹与吕夷简的斗争，早已不只是简单的官场政争，而是在宋朝进入庶民社会后，新崛起的以中小地主和庶民出身为主体的革新派士大夫与那些以大地主出身为主，早已功成名就的保守派士大夫之间的全面对抗。

那么身处如此纷争之中，宋仁宗的态度是什么呢？

在朱熹的《三朝名臣言行录》中，曾记载了一段宋仁宗的自白：

> 屡有人言朕少断。非不欲处分，盖缘国家动有祖宗故事，苟或出令，未合宪度，便成过失。以此须经大臣论议而行，台谏官见有未便，但言来，不惮追改也。

常常有人怪责朕很少乾纲独断，其实并非朕不想做处分，实在是祖宗早有先例。有时候皇帝想当然地定下法令，实际上并不合法度，就会造成过失。现在让大臣们反复讨论制定国策，台谏官发现问题敢于上前纠错，不至于等错误的法令定下造成过失后，再去追悔修改。

今天的人类社会拥有更科学先进的选拔制度，但也没有哪个国家可以确保每代领袖都能雄才大略，更何况是封建时代！"家天下"的特质注定了中国封建时代的皇帝不可能十全十美。

宋仁宗和他的父亲宋真宗一样，很早就明白自己远非雄才大略的皇帝，当然他们也没有事后诸葛亮的上帝视角和优越感，只能用那个时代最可行的方式去弥补自身能力的不足。宋真宗选择了提高宰相的权威来完善制度，宋仁宗则选择了放权于宰相的同时，进一步加强台谏的职能，以完成朝野上下的相互监督。

早在天圣七年，宋仁宗便凭借个人意志任命寇準的女婿王曙为御史中丞兼理检使，让御史台不但可以监察百官，还能处理民间诉讼。

明道元年七月，宋仁宗增设谏院，谏官从此拥有了自己的办公部门，正式成为宋朝的最高监察机构之一。自宋仁宗继位以来，一直在扶持台谏，我们固然可以说这是宋仁宗皇权自保、权术制衡的一环。但有一点我们也要注意到，在言官的选拔上，宋仁宗定下了极为苛刻的要求，必须是德才兼备、享誉朝野的名士，才能成为谏官或者御史，其中的代表人物即有范仲淹。

言官中固然有如高若讷这类上位后选择依附权位的鼠辈，但在范仲淹之后，王安石之前，亦有如王素、包拯、赵抃、范镇等作风刚正、直言敢谏的言官。

即使后来有如王拱辰、宋庠等反对范仲淹庆历新政的言官，但是相互之间的矛盾点也主要聚焦在政见的分歧上，相反这些大臣的私德都是非常不错的，对皇帝也是敢言直谏的。

这也是为何后世评价宋仁宗一朝的氛围，看似慵懒松散，一切运行却始终颇有法度。在平静的表面下，朝廷实际也一直酝酿着足以影响后世的变革，废后风波即是明证。宋史学家王曾瑜先生认为，宋仁宗朝的"谏净废后"事件虽然在宋朝算不得什么大事，但在古代监察制度史上却影响深远。因为它代表了中国古代台谏的职能发展到了一个全新的水平，已经有敢于组织起来反抗相权乃至皇权的平台和力量了。

宋仁宗选择在这次"景祐党争"中与相权一起打压谏权，实际也表现出宋仁宗身上封建独裁者阴暗的一面，即所谓帝王心术。为了确立自身权威，稳固统治，可以适当放权，但这并不意味着谁能完全超越皇权，适时地打压制衡也是必需的。等到一切恢复平静，他马上又能以仁君的姿态出现。

谏院此次虽然受到挫折，但在制度上并没有受到破坏。如范仲淹这般的领袖人物，宋仁宗也给予了极大的礼遇，此次范仲淹再度因言事被外放，去的地方仍然是临近鄱阳湖，号称"鱼米之乡"的饶州。范仲淹也明白宋仁宗的眷顾，自言"薄责落善地"。

等到风头过了之后，为范仲淹说话的蔡襄、富弼等人，再没有受到打压，范仲淹也成了天下士人的榜样，依旧受到宋仁宗的礼遇。反倒是一些想依附吕夷简的官员，譬如泗州通判陈恢，曾上奏请求将蔡襄治罪，却反过来遭到了韩琦的弹劾："越职希恩，宜重贬！"为了谄媚竟然逾越自己的职权擅自言事，这种人应该从重贬黜。

韩琦出身大地主家庭，又曾受吕夷简提拔，单看标签属性，应当属于吕夷简的党羽。然而韩琦并未依附吕夷简，自景祐三年八月，韩琦担任谏官之后，三年时间里先后上七十余疏，其内容涉及宋仁宗的后宫用度、朝中吏治、社会治安、西北边防等。相比吕党为自己谋利，韩琦有自己的主张和志向。

他后来"条陈八事"，"选将帅，明按察，丰财利，抑侥幸，进有能之吏，退不才之官，去冗食之人，谨入官之路"，其政治主张竟然与范仲淹的"条陈十事"之"明黜陟、抑侥幸、精贡举、择官长、均公田、厚农桑、修武备、覃恩信、重命令、减徭役"异曲同工。

范仲淹虽然被外放了，但他留下的思想，早已影响了在沉默中积累的韩琦。

吕夷简经过这次交锋，虽然保住了相位，却也被众多士人斥为奸邪。王曾越发不愿与他共事，多次求去，不受允准，终于二相之间的矛盾再难调和。追随吕夷简的宋绶与跟从王曾的蔡齐也是相互攻讦，招致了宋仁宗的不满，最后四人尽皆遭到罢免。

王曾罢相的同月，丁谓病逝的讯息传来，王曾不由为此发出感慨，当年他与吕夷简联手罢黜丁谓，如今却又和吕夷简势同水火，真是世事难料。一年半后（宝元元年，1038），王曾在郓州（今山东东平）任上去世，享年六十一岁。

吕夷简虽然遭到罢相，但之后继任相位的陈尧佐与王随皆是他的党羽，朝局仍在他的影响之中。而王曾为相时，除了认定富弼有宰辅之才，还勉励韩琦道："如君固不负所职，谏官宜若此。"

吕、王二人的余音似乎还未退出宋仁宗的朝堂。

宝元元年三月，陈尧佐、王随、韩亿、石中立四位相公因难以应对连年的天灾与边境的战事而为朝野所非议。韩琦当即连上四疏，同时弹劾四位宰执"援引亲旧、尸位素餐、紊乱纲纪、朝野非笑"。

吕夷简的党羽纵然遍布朝野，但韩琦的弹劾确实代表着人心所向，宋仁宗接受了韩琦的弹劾。一日之间，四相皆被罢免，"片纸落去四宰执"。

同在宝元年间,富弼回到朝中知谏院,他上言请求宋仁宗解除"越职言事"之禁,得到了允准。富弼与韩琦二人终得共事,自此引为至交。

不畏权势、正直磊落已经成为相当一部分士大夫所推崇的群体行为。

范仲淹虽然没有被召回朝中,但仰慕他的后辈却追逐着他的背影,纷纷联结了起来。

北宋的士风由此开启了新的篇章。

八

西夏建国：
李元昊的称雄建国之梦

党项人建立的西夏王朝从建国到灭亡凡一百八十九年，若从党项人的领袖拓跋思恭占据宥州（治所在今内蒙古），建立夏州政权根基算起，这股势力在历史上活跃的时间则超过了三百五十年。

其间夏州政权与晚唐、五代、十国、辽、两宋、金等朝代势力连番周旋。西夏与他们相比，虽称不上大国，但七十七万平方公里的疆域也绝非小国。而且凭借着农牧结合的生产方式、独立的文化风俗、得天独厚的地理优势、颇具韧性的生存理念，让它在与辽、北宋、金之间的斗争博弈中顽强地生存了下来。哪怕成吉思汗崛起之后，以蒙古政权横跨欧亚大陆的国力，仍然付出相当大的代价，才通过连番血战攻灭了西夏。为了防止西夏之前与宋的战争中，西夏败而反复的情况出现，成吉思汗选择将反抗的党项人全部杀死。虽然仍有一部分归降的党项人活了下来，但这次屠杀仍然导致党项这个民族逐渐衰微，最终消失在了历史的舞台上。

为何这个民族会有这般的韧性，它曾经又有过怎样的故事？

夏州政权在西夏开国皇帝李元昊之父李德明的时代，一直推行与宋辽交好的外交方针，宋夏互市本是极好的事情，但是事事都不可能十全十美。

当时夏州政权卖了一些战马给宋朝，负责的官员没处理好这事，只赚到了非常微薄的利润。李德明一怒之下便要杀了这个官员，身边人怎么劝谏也不管用。当时只有十多岁的李元昊便挺身而出阻止了自己的父亲。

> 以战马资邻国已是失计，今更以贷杀边人，则谁肯为我用者！

以战马这样的重要资源和邻国做生意已经是我们的失策，如今又要为了这样的事情杀我们自己人，以后还有谁愿意为我们所用呢！李元昊小小年纪，格局和远见已经非常人可比了，最后不但劝止了李德明，也让宋军名将曹玮侧目。

曹玮特地派人去画了李元昊的画像过来，一看果然仪表堂堂、英武不凡，心中也不禁担忧，这样的人物将来难免会成为西北边患。曹玮果然一语成谶，在其病逝后不久，夏州政权内部便起了东进宋朝之心。

李元昊曾数度劝说父亲李德明进攻大宋，李德明却说："吾久用兵，疲矣。吾族三十年衣锦绮，此宋恩也，不可负。"我常年对外用兵，早就力不从心。我们一族享受荣华富贵三十多年，这都是宋朝的恩典，不可以辜负。李元昊反驳道："衣皮毛，事畜牧，蕃性所便。英雄之生，当王霸耳，何锦绮为！"穿皮毛做的衣服，以放牧为生，这本来就是我们的生活方式。英雄的人生，当图王霸大业，怎可以为荣华富贵而止足不前？李元昊继承了他的祖父李继迁年轻时的壮志，然而连他自己可能都想不到，自己临终时也会留下与祖父相同的遗言：告诫后代和宋朝和平往来，不要打破平衡。

其实曾经的李德明也想逐鹿天下，对李继迁那封"即使上疏千万次也一定要臣服宋朝"的降表不以为然。然而他马上就被现实狠狠打了脸。

从咸平四年（1001）到景德元年（1004）的三年时间里，李继迁不断与宋朝发生局部战争。咸平五年（1002），李继迁攻破灵州（今属宁夏吴忠），兵威正盛。宋真宗采用张齐贤的谏言布局，拉拢了六谷部的潘罗支还招抚了西北地方大量的部族。这些部族当年因为宋太宗的外力压迫而选择投靠文化上更亲近的李继迁，如今又因为李继迁的穷兵黩武和宋真宗的招抚政策选择归附宋朝。李继迁死后，大量的部众选择归附宋朝，几乎动摇了李德明的根基。

有时候软刀子比硬刀子锋利得多。

短短三年内，光是史料记载的西北番人举族归附宋朝的记载就多达二十四条。在这般绝境之下，李德明最终决定上表宋朝请求归降，当然这不过是权宜之计。李德明同时也在暗中布局，准备暗杀潘罗支。最后李德明仅仅半年内就成功暗杀了潘罗支这样的强势领袖，自此能与夏州政权匹敌的吐蕃六谷部联盟逐渐衰弱。

没过几个月，宋朝这边的形势也发生逆转，宋真宗在河朔的战略布局出现了变故，宋辽间持续一年的景德之役，辽朝主帅已然阵亡，战斗减员近十万人，宋军形势本来一片大好，但河东军主帅王超离奇抗命，导致宋真宗与寇准的计划前功尽弃。曾一度准备收复灵州的宋真宗，在短短几个月内，布局的西北与河朔全部发生变故,再加上景德元年初的大地震,让本就缺乏自信的宋真宗越发怀疑起了自己的天命,最后只能和辽朝签订妥协的澶渊之盟。

曾有学者猜度,澶渊之盟中可能有涉及夏州政权的条款,毕竟它多次袭扰宋朝,最大的底气就是有辽朝的支持(辽朝在990年封李继迁为夏国王)。澶渊之盟后辽宋重归和平,牵扯其中的夏州政权自然也是要关照到的。

以上种种,使得宋真宗一改在位前期的进取政策,最后接受了李德明的请降。但他同样提出了几点要求:第一,李德明需要绝对臣服,礼敬宋朝,并进献贡品表示诚意;第二,归还灵州;第三,派出质子。然而李德明除了第一条接受得很实诚,后面两条全部不置可否。当然宋朝也早已做好准备,马上开始第二轮布局,继续拉拢已然分裂的吐蕃势力,再联合甘州回鹘制约李德明,然后继续实行经济封锁。

李德明在宋朝的有限让步之中有了喘息的余地,但是经济封锁和其他势力的制约,还是让夏州政权的统治不太稳固,因此李德明在稳定了内部后又三番五次向宋朝示好,频繁遣使向宋朝进献贡品。所谓"君子可欺以其方",宋真宗又是个天性自卑的守成皇帝,这一下也就对夏州政权放松警惕,解除了部分经济封锁。

宋朝对夏州政权解除部分经济封锁之后,在西境这边原本制约夏州政权的甘州回鹘和吐蕃也出了变故。甘州回鹘可汗夜落纥虽然多次击败李德明,并且与宋朝贸易往来,形成资源互补,然而其地处四战之地,又不与宋朝接壤,最后还是引来了辽、夏州政权与归义军(河西走廊地区一支主要由汉族人组成的地方政权武装)的联合进攻,辽圣宗先后对甘州回鹘进行了五次征伐,终于使其力量衰弱。吐蕃势力在潘罗支死后也越发不稳定，李立遵和温逋奇两个对立教派的领袖同时拥立赞普后裔唃厮啰建立宗哥联盟，几股势力内斗频仍。李立遵因为得不到宋朝的支持竟然出兵劫掠宋朝边境，最后虽然在三都谷被宋将曹玮打得大败，但也导致北宋"联蕃制夏"战略的反复。古人是没有上帝视角的，这样的情况让宋朝的联蕃制夏政策又逐渐演变成了"联夏制蕃"。

大中祥符元年（1008），绥州（今陕西绥德县）、银州（今陕西米脂县西北）、夏州（今属陕西）三州干旱，发生大规模饥荒，宋朝短暂开放了边境的粮食贸易，帮助李德明赈灾。双方的友好交流无疑有利于李德明的政权巩固，兴灵地区也将近三十年有耕无战，从而得到了长足的发展。

从后人的角度来说，宋朝的这些决断不免天真，然而李德明却真实体会到了来自中原文化的仁义，后来刘太后也延续了宋真宗的外交政策，所以不管李元昊劝了李德明多少次出兵侵宋，都被李德明拒绝。只是此一时彼一时，李元昊后来还是给宋朝边境造成了极大的麻烦，不得不说宋真宗确实给宋仁宗留了一个麻烦。

天圣六年，李元昊率兵攻陷甘州（今甘肃张掖），甘州回鹘可汗出逃，李元昊凭借战功成功坐稳了李德明继承人的位子。甘州回鹘衰落后，隶属甘州回鹘的沙州回鹘人大量逃至唃厮啰和归义军处，导致归义军中沙州回鹘的势力增强，从而架空了归义军的领袖曹氏一族的力量。归义军末代节度使曹贤顺被沙州回鹘政变杀害，其弟瓜州刺史曹贤惠只得率领所部人马投靠李德明，归义军由是为沙州回鹘所替代。

又过了两年，李元昊攻陷西凉府。早在天圣七年，为了稳固统治并为儿子李元昊铺路，李德明便请求与辽朝和亲，得到辽兴宗的许可，辽兴宗最后将宗室女兴平公主下嫁于李元昊。有了辽朝的支持，现在的李元昊又能够独当一面了，老父亲的心愿已了，在宋仁宗明道元年，李德明走到了生命的尽头，终年五十一岁。

李元昊继承了父亲的基业，终于可以一展宏图了。他先是嫌弃宋朝的"明道"年号冒犯了父亲李德明的名讳，单方面将其改为"显道"，再是逼迫境内番民全部秃发，三日过后不遵从者，皆可杀之。然后李元昊又放弃唐朝赐予的李姓和宋朝赐予的赵姓，改姓嵬名氏，名兀卒。我们为了行文方便，还是用李元昊称呼他。

李元昊确实是个很有格局的人，他本身文武双全、才华横溢，故而自视有天命在身，足可开辟乾坤。李元昊在位期间，文化上任用党项大臣野利仁荣仿造汉字创造了西夏文字，尊为"国字"，即史书上说的"蕃书"。政治上重用杨守素等汉人大臣，仿照中原王朝的礼仪制度建立了一套完整的封建统治机构，中书、枢密、御史台、三司无一不足。夏州李氏三代统治者长期重用汉人官员管理地方行政，如今进一步完善官制，可以说巩固和推进了党项社会内部的封建统治和进程。北宋明道二年，李元昊又将兴州（今宁夏银川）升格为兴庆府，扩建宫城，初备一国之都的气象。李元昊的这一切作为都是为了提升治下百姓的民族文化独立性和认同感，以备未来与北宋乃至辽朝的全面对抗。

然而这一系列大刀阔斧的改革，却引发了政权内部的不稳定。昔日李德明的亲宋政策让不少党项贵族与北宋官僚交好，李元昊的舅舅卫慕山喜便是其中的代表。李元昊这一系列的改革激起他们的不满，矛盾终于到了不可调和的地步。反对李元昊的党项贵族联合密谋，决议暗杀李元昊。不料机密泄露，李元昊果断派人将组织密谋的卫慕氏全族逮捕，尽皆沉入黄河中；李元昊的母亲卫慕氏被鸩杀；他的妻子也出身卫慕氏，当时因怀有身孕而免于一死，被幽禁于宫中，但不久之后因宠妃野利氏进谗言，李元昊一怒之下残忍地将卫慕氏母子处死。

李元昊固然雄才大略，但他的冷血刻薄同样令人发指，这种违背人伦的宫廷纷乱势将伴随其一生，直至将他本人吞噬。

解决了内部矛盾，接下来最重要的就是稳定大后方，防止腹背受敌，才能和北宋以及辽朝一争高下。

景祐二年，与党项政权并雄于西境的河湟吐蕃发生变故，宰相温逋奇发动政变将唃厮啰囚禁，意图取而代之。不料唃厮啰利用赞普后裔的权威逃脱险境，然后迅速集结军队反攻，将温逋奇诛杀，平定了叛乱。与亲近党项的李立遵和温逋奇不同，唃厮啰自从败于曹玮之手后，便一直主张联合北宋，如今唃厮啰终于大权在握，自然成了党项最大的威胁。

李元昊早在明道元年便已经派遣大将苏奴儿率两万五千士兵攻打河湟吐蕃境内的猫牛城（今青海西宁北），苏奴儿兵败被俘，李元昊又亲自率军来攻，以诈和骗开城门后，便大肆屠城。此次吐蕃内乱，李元昊又乘机来攻，唃厮啰见李元昊兵威正盛，便顿兵后方，先引李元昊深入，再派军阻断李元昊归路。双方在宗哥河一带鏖战二百余日，李元昊终因粮草不济而惨败，这一战奠定了吐蕃与党项之间的势力分布，只是次年唃厮啰家族便发生分裂，无力再与李元昊争雄。

李元昊此次对战吐蕃虽然失败，但是他也乘此机会，再次向西扩张，将衰弱的甘州回鹘和刚刚兴起的沙州回鹘攻灭，一举占领肃州（今甘肃酒泉）、瓜州（今甘肃瓜州县）、沙州（今甘肃敦煌）三州。至此在李元昊的手中，夏州政权治下的版图扩大了一倍，完全占据了河西走廊这一最重要的地域。

凭借这样的国力基础，李元昊对全国进行军事总动员，他设立名曰"铁鹞子"的精锐骑兵，配备良马精甲，人数三千，总为十队；又让五千贵族子弟组成卫戍军拱卫禁中，名为御园内六班直，由自己亲自统领；在对外战争中擒获的俘虏则组成擒生军，充作战争炮灰，总人数达到十万；而国中各部落，年十五以上六十以下每二丁择取一人为正军，给马、骆驼各一，称长生马驼，每二正军，合用随军杂役一人；再加上负责炮兵的泼喜军等诸多兵种类目，总兵力竟达到五十余万。虽然这个数字中一半以上都是凑数的，但拥有战斗力的士兵仍不下十万。同时，依托当时西北地区大规模胡化的客观优势，李元昊治下边境又环绕瀚海，已然拥有了称雄一方的实力。

经过六年的苦心经营，李元昊感到时机成熟，于北宋宝元元年、辽重熙七年（1038），立朝称帝，国号大夏，改元天授礼法延祚，西夏王朝自此建立。

宋夏间的战事也由此开启。

九

失利的阴影：
宋军兵败三川口

1034年，北宋景祐元年，刚刚继承王位一年多的李元昊便一改其父李德明的亲宋政策，对宋朝边地发起了小规模袭扰。要知道这年的李元昊别说全取河西之地建国，连王位都没有坐稳，竟然就这般耐不住寂寞，可见其内心狂傲。

而这些袭扰除一开始依靠出其不意获得了些许胜利外，之后大部分皆以失利告终。主要是因为宋朝经过四朝经营，也确实在西北一带笼络了不少番人部落作为屏障，当时李元昊尚未对部族内部的军力完成整合，因此这些番人部落对其的牵制作用还是极强的。

这些部落家族中，最为后人所熟知的当数麟州（今陕西神木北）杨氏（我们熟知的杨家将）、府州（今陕西榆林府谷县）折氏、丰州（今内蒙古鄂尔多斯准格尔旗）王氏、绥州高氏和金明寨李氏，正所谓"四大天王有五个"，这是常识。这五个家族中除了杨家为汉人并已经迁入中原，其余四家都是世代镇守边地的番人家族，且与西夏皆为世仇。其中除高氏在宋太宗时代离开了祖地绥州，势力稍弱，王、李二家可都是治下人口不下十万的豪族。折家人口虽不多，但都是精兵，论功业可称五家之冠。

宋太祖虽然结束了五代乱世，为中原地区重铸了秩序，但对于严重胡化、存在文化隔阂的西北之地，他也是有心无力的。直到宋仁宗时，当地仍时常有数千人规模的番人动乱，因此这些番人首领的下属也常有诬告家主，意图借朝廷之刀行下克上之事发生。宋仁宗倒能对这些番人家族用人不疑，即使亲政时给中枢换血，也不动边地番将分毫，让这些家族感恩戴德，多有立下战功者。

北宋宝元元年，李元昊在兴庆府建立西夏政权，希望以天子之身与宋朝平等外交，遭到宋朝的拒绝，两国关系全面恶化。李元昊当即出兵，把第一个目标设定为延州（今陕西延安）方向。

金明寨为延州的门户，下辖三十六寨，由部都监李士彬镇守。李士彬能征善战、勇猛过人，曾多次击退来敌，军功卓著，号为"铁壁相公"，但其人有勇无谋，常常欺凌下属，不得人心。李元昊知道这一情况后，意图用反间计除掉李士彬。他诈写书信给李士彬，相约反宋，信件很快被延州守将获得。看到信件内容，不少人想借题发挥，扳倒人缘不好的李士彬。幸而鄜延路副都总管夏随识破了李元昊的计谋，点明李士彬与李元昊有世仇，若要勾结不可能这般明目张胆。之后又宴请安抚李士彬，李士彬颇为感动，当下出击，击退了西夏军，斩获颇丰。

反间不成，李元昊又采取诈降之策，他让部下主动投降到李士彬麾下，越来越多的党项部众投靠到自己的麾下，李士彬犯了难，将情况上报给延州知州范雍。好谋少成的范雍以为党项部众真心来投，不仅赐其金帛财物，还安排其到各个寨中驻守。其后李元昊又派遣衙校贺真到延州诈降，同样取得成功。诈降成功后，李元昊又嘱咐属下若是李士彬来战，要不战而退。李士彬几次交战果然以为西夏人怕他，越发地不把李元昊放在眼里。

一切安排妥当之后，李元昊于康定元年正月再次来攻金明寨。李士彬向来轻视李元昊，也不严加防备，内部又有大量不满李士彬的下属受到诈降奸细的挑拨。最后在多重因素的交织下，不满李士彬的下属和诈降的奸细，与李元昊里应外合，一举攻下了金明寨，李士彬父子被俘后，被割去双耳押解到了西夏。

占领了金明寨后，西夏军顺势包围了延州城，宋军派出儒将刘平、石元孙来援，三川口之战由此开始。

宋夏间的第一场大会战——三川口之战，宋朝派出的主将名曰刘平，有"事后诸葛亮"视角的我们多评价此人有勇无谋，然而在宋夏战争以前，刘平的表现却是可圈可点的。

刘平是宋初猛将刘汉凝之子，宋辽和议之后，武事渐少，新一辈武将基本没有机会上战场增长阅历，宋廷便多有培养将门勋贵、让这些有家学渊源的将门之子成为军中骨干的意图。偏偏刘平是个很有骨气的人，他把家里恩荫的机会让给了弟弟刘兼济，自己则去参加难如登天的科考，结果还进士及第了。

但有时候骨气太多了也会惹麻烦。

去无锡做县尉时，因为他的知县上司对他不太礼貌，刘平一怒之下就痛殴了知县一顿。是的，就是物理意义上的痛殴。部门"一把手"被"二把手"打到需要靠左右抬着才能走，周围的同事都惊呆了，可是刘平却和没事人一样，下班后便买醉去了。

有个叫刘铁枪的盗贼听闻县尉打了知县，县尉还喝得烂醉如泥，以为县中空虚，正是干勾当的好时机，便带着小弟大摇大摆地上县城喝酒。不料刘平只是装醉,听闻刘铁枪一伙入城,马上便组织弓手将其包围,一番激战后,成功团灭了刘铁枪一伙。知县原本被打了一顿,一时之间怒气未消,听闻此消息后竟也不再怪罪刘平,还上奏为他请功。也不知道这县尉和知县是真的闹了矛盾还是演戏给盗贼看。

后来刘平一路升迁,虽然做的是文官,却多有抓捕盗贼和平定边地夷人叛乱的功业。刘太后摄政后,想起了宋真宗朝能文能武的刘平,便让当时已经做到侍御史的刘平转任武职,刘平便以五十岁的年纪开启了武将生涯。

从唐末、五代到宋初,因为士族的灭亡,社会结构发生剧烈变化,从事武职的将军大都出自穷困家庭,没钱读书。再加上当时的时代风气也崇尚武勇,轻视文化,导致国中将帅大把大把的文盲。但若要维持组织管理,又不能不识字,所以这些将帅便会养些文书幕僚帮自己做事。

宋初继承了隋唐以来社会职业分工细化的趋势,文武官职这块也是愈发泾渭分明。再加上五代轻视文化的风气,武人平均文化程度也快赶上"胎教"了。为了解决高级武将文化程度不高的问题,太祖便要求武人读书,但武人的学习能力往往比不过文人。所以到头来文人学武的效率远比武人学文来得快,且从威胁性来说,文人也比武人小太多。

但是论及上阵杀敌,振奋士气,文人又确实远不如武人,这样朝廷对统兵大将的期许便从简单的武人学文和文人学武上升到更高的要求——儒将。

刘平出身将门,又进士及第;能手格盗贼,又能守御边疆;能治理地方，又能任职中央，简直是一员儒将。所以朝野上下当时对他的评价奇高，王曾、李迪、吕夷简、张士逊这些大臣相互间都不对付，但在对待刘平时，却能出奇一致地给予极高的评价。

刘平也不负众望，出任环庆路钤辖没多久，便将来犯的番人部落击退，杀敌数千人。在雄州（今河北雄县）任上时，辽朝辽圣宗病逝，新继位的辽兴宗似有异动。刘平通过大量的谍报工作探知辽朝意图后，积极谏言刘太后采取措施，布置防务，从而化解了边境危机。景祐二年，刘平凭借往年功绩升任武职巅峰的三衙管军，当时有的人甚至认为，凭其文武双全的资历，他日入主枢密院，亦未尝不可。

只是在这未来可期的节骨眼，宋夏战争爆发了。

李元昊攻打金明寨之时，宋廷马上任命刘平担任鄜延路副都部署，即当地军事副长官，三司使夏竦知永兴军兼本路都部署，延州知州范雍兼任泾源、秦凤和鄜延三路安抚使及鄜延路都部署，成为宋夏边境的最高军事长官。

后人多有疑惑宋仁宗为何选范雍这样的文弱老臣守备延州，其实是因为范雍常年在西北任职，政绩卓著，深得西北人心。李元昊还未称帝时，他便上疏"安边六事"，提前预料到李元昊将建国与宋朝对立，如此先见之明深为宋仁宗所倚重。而当时边境负责人中除了刘平和范雍，将门出身的夏竦在后世也颇以品行不端被诟病，但在李元昊起兵后，又偏偏是夏竦率先提出了"陈边事十策"的解决方案。

面对李元昊来势汹汹的攻势，当时朝野上下反倒觉得形势一片大好，多有信口开河之辈，觉得西夏就是一个跳梁小丑，攻灭西夏简直就是易如反掌。只有深入前线的范雍和夏竦知道，西夏当时积累的国力已经不同往日了。且李元昊善于用兵，边境又有沙漠瀚海等地形优势，进可攻退可守，不但不可小觑，还应多加提防。宋朝这边虽然国力也在增强，但是对付西夏也是不可掉以轻心的。况且边防二十余万兵马要分散在两千余里的宋夏边防线上，每一个城寨均分下来的兵力也只有数千人，加上延州一带地处平原，又不能据险而守，非常容易被李元昊逐个击破。范雍和当时的知枢密事夏守赟都认为宋朝仍未做好准备，不适合开战，但是朝中轻视西夏，要求立刻开战的言论仍然甚嚣尘上。

刘平本来就瞧不上李元昊，因此他认为应当将诸路二十余万兵马集结起来，以优势兵力分两路带粮草出塞二百余里，必能一举攻陷西夏的核心据点洪州、宥州等地。刘平的建言听着很像那么一回事，但于实际情况而言，纯粹就是想当然。宋军出塞二百余里，漫长的补给线便是很大的问题，而且孤军深入两百余里，其实是置二十余万兵马于险地。

但刘平的这番豪言壮语却深得朝中主战官员的青睐，大家纷纷谏言与西夏开战，仿佛西夏是在飞蛾扑火，自取灭亡。可是李元昊并不等宋朝这边聊得火热，先是送信于范雍假意求和，意图麻痹宋军，放松警惕。范雍果然中计，立即上疏朝廷，放松了延州一带的守备。李元昊又乘机放出消息要攻打安南、承平寨与保安军两个方向，引宋将石元孙等人率重兵前往相救。前番用计攻下金明寨之后，李元昊此次又顺势率十余万西夏军包围了延州，此时延州城中范雍麾下只有守卒数百人，战况已是十万火急。远在庆州（今甘肃庆阳）驻扎的刘平仓促之下，急调三千兵马前往救援，在路上又会合了长途回援的石元孙等诸路军队，合计马步军万余人。部将郭遵担忧前方战情不明，建议先按兵不动，派出哨骑侦察情况，再做决断，却被刘平以情况紧急为由否决，最后万余兵马奔波到延州附近二十里处驻扎。

李元昊得知刘平靠近，遂派手下假冒范雍部下传信刘平，让其分批开拔。刘平先后派出五十队士卒，皆去而不返回，刘平知其有诈，遂进入战斗状态继续行军，行至三川口时，突然遭遇李元昊主力军队的袭击，西夏大将野利遇乞、野利旺荣兄弟便在李元昊的指挥下发起总攻，双方展开激战。

宋军虽然经过长途跋涉又兵力不足，处在绝对的劣势中，但是将领石斌依然以一当十，和西夏军打得有来有回；都监郭遵勇猛无比，手持铁锏大杀四方，西夏有一将领阵前约战，被他一锏敲碎脑袋；刘平也身先士卒，带领宋军蜂拥向前。无奈西夏军人数众多，双方战至黄昏，宋军后力不支，战阵退后了二十几步，在这个紧要关头，后军军官黄德和贪生怕死，率先领军撤退，致使宋军全军军心涣散。刘平奋力阻止，才重新组织了近千人退守西南山下。郭遵单骑突出重围恳请黄德和回援，黄德和自知理亏，便假意答应了他。郭遵回到刘平身边告知了黄德和的承诺，众人以为黄德和的援军将至，便引军突围。不料黄德和并未前来，宋军被击退数次，刘平和石元孙等将身被数创，渐渐不支。郭遵抱着必死的决心三进三出敌营，杀敌数百人，如入无人之境。只是西夏军人数太多，郭遵坐骑终于中枪扑倒，西夏军一拥而上，将郭遵杀害。郭遵的弟弟郭逵后来继承了郭遵的事业，成为同签书枢密院事，成为北宋成就最高的武将之一。

随着郭遵的战死，宋军军心已散，剩下的近千士卒最终被李元昊击败，刘平、石元孙等将被俘，三川口之战以宋军大败结束。

李元昊原本打算一鼓作气攻下延州城，不料后方起火，府州折家将趁机骚扰西夏空虚的后方，贺兰谷一带也遭到宋将王仲宝偷袭，李元昊自知短期内拿不下延州，只好撤退。

这一战对于李元昊来说，虽然明面上获胜，但以十倍兵力却只和宋军杀了个死伤相当，攻占延州的计划也未成功，只能说是惨胜。但是对于宋朝这边却是冲击十足的，向来被瞧不起的西夏军竟然打败了宋军主力，宋朝不仅损兵折将，还差点丢了军事要地延州，此一战的功过奖惩自然成了朝野关注的重点。

起先黄德和为了逃避责任，诬告刘平和石元孙降敌，宋仁宗闻之大怒，将刘、石二将的家人拘捕，但满朝以夏守赟、富弼、韩琦乃至外放的范仲淹为代表的大臣们纷纷质疑，希望宋仁宗先行调查再做定夺。经过反复的劝谏，宋仁宗恢复理智，释放了刘、石二将的家人，并赐财帛加以安抚，然后又派侍御史文彦博和天章阁待制庞籍前往调查。

经过调查，延州吏民和刘平麾下活下来的将士皆力证刘平并未降敌，乃是力战而死的，从而否决了黄德和对其降敌的指控。黄德和率先引军撤退，导致军心涣散，后又假意应诺驰援，实际并未前往之事也被一一查出，黄德和成了三川口之败的第一责任人，再加上他诬陷刘平、石元孙一事，最终被腰斩于河中府（今属山西），并枭首示众。

刘平、石元孙二人得到平反后，他们的家人也得到了礼遇和除官，仿佛刘平指挥失当就这样被一笔带过了。未曾料想的是，刘平和石元孙虽然不曾归降，却终是没有战死，后来又与宋朝发生了交集，当然这是后话了。

三川口之战告一段落，但宋夏间的战事却并未结束。

宝元二年（1039）末到康定元年初的几个月中，宋仁宗经历了数次人生起伏，首先是他的次子赵昕方在宝元二年八月降世，并且活过了周岁，在他还来不及欢喜的时候，益州路遭遇大旱，暴发饥荒。宋仁宗连忙派韩琦以体量安抚使之职，前往益州赈灾。韩琦只去了数月，便救饥民一百九十余万，迅速稳住了灾情，蜀民赞其"使者之来，更生我也"。益州路饥荒暂解，没等宋仁宗缓过神来，不想康定年初，又传来三川口战败的消息，宋仁宗此刻已经在崩溃的边缘了。

正好结束赈灾，由益州回京的韩琦因为宋夏边境形势吃紧，上陈剖析陕西守备形势的奏疏，宋仁宗随即再次将韩琦任命为陕西安抚使，让其前往宋夏边境。韩琦还顺势举荐了被贬至越州（今浙江绍兴）的范仲淹接替因为三川口之败降职他调的范雍之职。康定元年五月，韩琦以枢密直学士与范仲淹一同被任命为陕西经略安抚、招讨副使，充当安抚使夏竦的副手。

韩、范携手，未知宋夏边境上又会演绎怎样的传奇呢？

十

宋朝的反攻：
从韩范守边到张亢建功

　　李元昊一生总共入侵宋朝边境三十六次，其中动员西夏兵力超过十万的就有四次。李元昊攻略甘州回鹘和沙州回鹘时，皆是攻城略地、开疆拓土，然而对宋的战事虽然有三川口、好水川、定川寨三场胜仗，却神奇地没有巩固住任何新占领地。许多观点在讲到宋仁宗朝的宋夏战争时，基本只聚焦在这三场战役上，按理来说，三场战役全部以西夏的胜利告终，那西夏的军事实力应该是强过宋朝的了，既然如此，西夏入主中原仿佛是顺理成章的事情。可是世上哪有这么多的"顺理成章"，就拿上一篇我们讲到的三川口战役来说，其实就可略微窥见一些端倪了。

　　上一篇我们已经讲到，三川口之战宋军的总兵力虽有二十余万，但是实际参加战斗的也就万余人，万余人对阵西夏主力十万人，最后虽然战败，但是也不能证明西夏军实力就有多强。那么以此类推，为何西夏始终没有入主中原这个问题的答案，是否已经有一个大致的轮廓呢？

　　康定元年，三川口兵败，不但给朝野上下泼了一盆冷水，也导致了新的人事调整。此时担任宰相的是三朝老臣张士逊，张士逊上次罢相是因为明道元年没能力应对好蝗灾，不想这次复相没多久，又碰上了三川口兵败。虽说此次三川口兵败的主要责任还是在枢密院、刘平、范雍等机构和人的身上，但是作为一朝宰辅，面对这样的事情，多少还是要负点责任的。当然宋仁宗这次也给张士逊留足了面子，让他以年老之名致仕，保住了晚节。宰相一走，原来的中书班底也得调整，枢密院中的四个长官全部被罢免外放，知枢密院事夏守赟在此前曾上疏过颇有见地的平边方略，再加上他是武人出身，顺便派去了西北做最高长官，同时被派去西北的还有刚刚三十出头的韩琦，韩琦又马上举荐了身负天下人望的范仲淹。

西北安顿好之后，朝廷这边，威望极高的吕夷简再次复相，晏殊和武人王贻永同掌枢密院。王贻永是宋代少数能手握权柄却不用避嫌的武人驸马，史载其虽然拥有才干，却处事低调，远离朝堂纷争，也是个情商、智商双高的角色。

对于重用范仲淹镇守西北，宋仁宗还是照顾了一下吕夷简的情绪，询问了他的意思，不想吕相公的回答非常有格局："仲淹贤者，朝廷将用之，岂可但除旧职耶？"朝廷若要重用范仲淹这样贤能的人，怎么可以不给他升官呢？当然这也可能是因为范仲淹此次是出镇西北，所以不会和他吕相公在朝堂上正面交锋。于是范仲淹得除龙图阁直学士、陕西经略安抚使。范仲淹几次沉浮，终于在五十岁出头穿上了紫服，实在是可喜可贺。

当然这并不是说范、吕二人从此和好，吕夷简的盘算还在后面呢。

夏守赟、韩琦、范仲淹三人来到西北边境后，便着手建设西北守备，但复杂的现实情况还是超出了他们的意料。夏守赟虽是武人出身，却并不具备在一线措置问题的方略，引起了麾下士卒的轻视，没多久即被撤换。他的儿子夏随倒是有勇有谋，此前还识破过李元昊的反间计，如今再以陕西缘边招讨副使之职上前线，原本想大展宏图，可没过几个月即不幸患病，英年早逝了。

范雍被降职贬官后，镇守西北一带的最高长官成了夏竦。范仲淹、韩琦到西北之后，夏竦于永兴军路开府、韩琦主持泾原路、范仲淹镇守鄜延路。

韩琦和范仲淹先是大力宣传刘平尽忠战死之事，让原本恐慌的边境军民恢复了镇定，并提高了凝聚力，军心民心复振。有了人心，接着就是招贤纳才了，狄青、种世衡、张亢、王信、周美、杨文广、郭逵乃至哲学家张载，这些被韩、范二人选拔举荐的人才，大多留名千古为世人所敬仰，不管有没有名气，个顶个的都是狠人。

其中大家最熟悉的可能是狄青了，狄青当初因在家乡犯罪而流落开封，加入拱圣军为卒，凭借个人出色的武勇被选入御前班直成为散直，在御前打拼十余年后，终于被空降到了西北，于保安军一战建功，得除殿直。如今狄青又为经略判官尹洙看重，引荐给韩、范二人，众人一见奇之，待狄青甚厚。范仲淹更是亲自教授他《春秋左传》，对他说："将不知古今，匹夫勇尔。"狄青从此开始认真读书，并且逐步精通了秦汉以来的兵法，终成一代名将。

范仲淹还以此专门上疏，认为西北一带有不少弓马精强、熟悉边事的人，只是这些人大都不学兵书、不懂兵法，所以很难得到提拔重用，希望朝廷从军中选拔一些勇武且识字的军员，以三五人为规模组织起来，参与到经略部署司的军略密议中，通过交流进行培养。于是两三年间，大量军事人才得到提拔和培养。但是在这个过程中，仍然遗漏了一些人，张元和吴昊（本姓胡，真名不可考）本是考中进士的人，然而却在殿试中发挥失常落榜了，二人本想拜韩琦与范仲淹寻个差事，却又阴差阳错地没有被看中，因此二人干脆叛离宋朝，投靠西夏而去，后来成了宋朝的心腹大患。

时间回到康定元年，李元昊虽然从延州撤军，但并没有放弃攻略延州的意图，宋夏两军仍然在金明寨和塞门寨等地展开激烈的交战。为了应对这一情况，范仲淹将原本分散的军力集中起来，共一万八千人，然后分成六部，每部三千人，再派一名军官统一训练。平时军队坚守寨内，等到西夏军落单时，再出兵奇袭，没过多久就收复了金明寨和塞门寨。

如此措置有当、严密布防，终于让李元昊打消了攻略延州的意图。其后北宋边境诸路都取法范仲淹，连西夏军都感叹范仲淹的谋略："今小范老子腹中自有数万兵甲，不比大范老子（范雍）可欺也。"

除了重新分配和训练军队，韩、范二人更是亲自主持边地堡寨防御工事的修建，征召民兵、组织地方百姓开垦边地以恢复农业生产，加强前线的后勤保障。

然而在稳定了边防之后，夏竦、韩琦、范仲淹三人却产生了分歧。

当时宋朝为了防范西夏，加强了在边防上的兵力布置，到了庆历年间，宋夏边境线上的驻军在原本二十余万禁军的基础上又增加了十余万民兵。那几年北宋连年大灾，朝廷为了赈灾已经花钱花到宋仁宗自掏内库数百万银钱的地步。宋仁宗朝的灾患次数虽比不上明末，但也已经是中国历史上仅次于明末级别的了，这连年大灾加诸边境大战，慢慢地就酿成了宋仁宗朝的财政危机。

韩琦、尹洙等人认为西夏军既然敢集中兵力攻我一点，与其让宋军分散兵力在漫长的边境线上被动挨打，倒不如在严密布防的前提下，集中兵力反攻西夏一点，抢回战略主动，这样速战速决，便可早点结束战事，减轻财政压力。但是范仲淹和夏竦却认为西夏腹地外围的很多战略要地都是沙漠，除非孤军深入直切西夏腹地，不然这些地方就是打下来了也守不住。还不如全面推行堡寨战法，一路修碉堡蚕食过去，这套打法虽然花费巨大，但是能利用北宋的国力优势弥补后勤疲软，确保打下来的地盘都能守得住。再配合招抚政策，将宋夏边境的番人尽数纳为己用，这样边人既能有堡寨容身，保护人身安全，又能在适当时机出兵蚕食边地，久而久之，既能拓边，把边境线移到横山以西，又能让拓边产生经济效用，完成战略反攻。

简而言之就是，一边主张主动反击，一边建议谋定后动。韩琦担心未来不可控的自然灾患，范仲淹则考虑到长远的战略发展，都各有道理。

但二人正自争论间，李元昊便再次来袭，这次他有了张元和吴昊两位谋主出谋划策，更加信心十足。于是把战略方向投向了韩琦主管的泾原路，选择进攻三川寨。不想驻守三川寨的将领刘继宗和士卒都是刚刚上任的，仓促应战，结果损失惨重，阵亡五千人。多亏都监王珪在狮子堡奋勇杀敌，又得渭州钤辖郭志高趋兵三川寨，才得以解围。

韩琦虽遭挫折，却并不灰心，他在布置兵力防备李元昊的同时又兵行险招，调遣老将任福率武英等将，凡七千军队以巡边为掩护，夜袭西夏军的前沿据点白豹城，只以战死一人、伤者一百六十四人的代价，就攻克了城寨，并大破四十一个归附西夏的番人部族，虏获牛马、橐驼七千有余，任福凭此军功直接荣升三衙管军。李元昊进退失据，只得撤退。

捷报传来，宋仁宗信心倍增，连番下诏询问攻守之策。韩琦便和尹洙一同赴京献上自己与范仲淹分别提出的攻守二策，以供宋仁宗选择。

宋仁宗也想一举攻灭西夏，因此选择进攻之策，并在之后又连番催促韩琦和夏竦早日开战，并定期庆历元年（1041）正月进攻。范仲淹闻知，直接上奏宋仁宗陈述看法，认为若是采取进攻之策，正月出兵士卒们将会面临"雨雪大寒"的考验。物资粮草运输上的困难也要大得多。且西夏军有骑兵优势，机动力强，随时能切断宋军后勤，并予以围追堵截，只有等到适合出兵的季节，才能确保无虞。除此之外，他还认为针对当时的西夏沿边部族，应该采取怀柔的应对方针。

贼马瘦人饥，其势易制，又可扰其耕种，纵无大获，亦不至有它虞。

经过老范苦口婆心的劝谏，宋仁宗算是被点醒了，最终决定春暖之后出师。庆历元年春，李元昊伺机攻宋之前，又故技重施，再次寄信给范仲淹，请求议和。韩琦那边得知消息后，马上觉察出了其中的不妥："无约而请和者，谋也。"

马上安排属下积极备防。

反倒是范仲淹这边看完信后，竟然真诚地写了封回信给李元昊，深入探讨起了议和细节。对小韩来说，这颇有一种"我觉得这明明是计谋，但我家大佬竟然特别重视"的满头问号感。当然范仲淹这边的回信也有他的考量，甚至还让他和吕夷简之间发生了新的故事，这段我们之后再说。

李元昊看到骗不过韩琦，又拿出另一套计谋——假装阅兵于边境。这一下完全坐实了之前就是在假意议和，韩琦也马上就很不给面子地判断出李元昊一定是计划叩关，先行一步前往镇戎军，安排御敌。

这一下算是彻底让李元昊破防了，于是他直接出兵，剑指渭州城。

韩琦曾认为西夏军精锐总共也就四五万人，但在三川口之败后，了解到李元昊能动员十万以上的兵力，于是此次御敌越发小心，他尽出可以调动的所有军队，又另外招募敢勇一万八千人，总兵力接近三万人。

但韩琦仍然觉得这点兵力难以正面对抗李元昊的主力，于是他再三叮嘱统兵大将任福，让他沿着怀远城、德胜寨、羊牧隆城移动。这三个城寨都在宋朝境内，相距不过四十里，且粮草充足。当时被告知李元昊出现在渭州以西的笼竿城附近，韩琦便让任福随时注意李元昊的动向，如果找不到机会，千万不要冒险出击，就依靠三寨附近据险设伏，等到西夏军撤退了，再行突袭。说到底就是让任福占据主场优势配合渭州防守，以弥补兵力上的不足，并不是盲目追求歼敌。临行时，韩琦又郑重嘱咐任福切忌贪功，要防范李元昊像攻打三川口时引诱刘平入局那般。

此战开始之前，韩琦基本料中了西夏军的大部分动向。可惜他千算万算，还是漏算了一点——任福的欲望。

任福当时统辖的军队不过两万多人，但这已经是集结整个泾原路的精锐了，如桑怿、刘肃、王珪、朱观、武英、赵津等大量宋军骨干军官都在其麾下，任福不免滋长了轻视李元昊之心。任福一路自镇戎军出发，连怀远（今宁夏固原西）城都没走到，就在张家堡以南发现了西夏小股军队，一番激战，斩首数百级，初获小胜，两万人对几百人，优势在宋。任福也不管韩琦的嘱咐，军队连补充都不做，就兵分两路。任福和桑怿引主力追击夏军，直驱好水川；又派武英、朱观一路至龙落川屯驻，两地相距只五里，相约翌日会兵。贪功的任福并未意识到，当时宋军兵粮不继，又经过三日急行军，早已人困马乏，若是遇上西夏主力，是根本招架不住的。

果然任福这路追至笼竿城附近，又循着好水川前进至羊牧隆城五里处，才发现进入了李元昊的伏击圈，李元昊的十万大军早已列阵多时，顿时倾泻而出，适时发起总攻。任福自知中计，连忙列阵，桑怿为了给军队争取时间，奋勇突击西夏军先锋。

西夏军这边也是精锐尽出，大将野利旺荣、野利遇乞二人皆在军中，军势如火、快如疾风。宋军尚未列阵成形，已遭到西夏军的猛烈冲击。双方从清晨战至中午，因为地形所限，十万西夏军难以展开，加之宋军意志决绝，两边打得不相上下。李元昊再次分兵从山背绕至六盘山上，居高而下背击宋军，宋军终于崩溃，桑怿、刘肃尽皆战死。小校刘进劝说任福逃走，任福心感愧疚，早已绝了生念，叹道："吾为大将，兵败，以死报国耳！"然后挥舞铁锏杀向西夏军，其间身中十余矢，终被长矛刺穿脸颊，断喉而死，其子任怀亮也一同战死。

六盘山已如人间地狱，而朱观、武英一路则刚刚与赵津所部的两千后军会师于姚家川，兀自等待与任福主力会师，并不知道五里外发生了什么。但不久他们也成了西夏军攻击的目标，遭到重重包围。这支宋军虽然身陷险境，但也爆发出了惊人的凝聚力，统军武英身边的文吏耿傅是个颇有才干的人，武英和朱观都觉得耿傅并非武人，没必要陪着他们一起送死，但是耿傅拒绝了他们，拿起了武器，迎面冲向漫山遍野的西夏军，最终身中数枪而死。

王珪所部四千五百人当时自羊牧隆城出发，来到战场西部，见到武英所部被西夏大军重重围困，深陷绝境。其实按照当时的情况，十万西夏军已将人数劣势的宋军逐个击破，此战早已分出胜负。王珪抛弃袍泽之义撤退保存实力也无可厚非。昔日李继隆于君子馆放弃救援刘廷让，虽然二将从此决裂，但李继隆保存有用之身，后来数度击败耶律休哥，终成一代名将。但王珪毕竟不是李继隆，有的人或许选择忍辱负重，有的人却只想守护眼前的一切，他放不下绝境中的武英所部。王珪先处死了几个违抗军令、驻足不前的军官，然后率领军队，全力出击西夏军包围圈，能救出一个是一个。

王珪表现出的武勇与昔日三川口之战的郭遵相仿，挥舞铁鞭，斩杀数百人，直杀到铁鞭弯曲、手掌开裂、三换坐骑，犹奋身跃马，最后补充不上战马，于步战之中仍手格数十人，直至一支飞箭射中他的右目，无力再战之时，麾下士卒将他救出战阵，还军羊牧隆城，晚间，王珪伤重而死。

好水川一战，任福父子、桑怿、刘肃、武英、王珪、赵津、耿傅等悉数战死，宋军战死者六千余人，与西夏军死伤相当，只有朱观一路兵马受到王仲宝的接应，才勉强撤退，得以生还。王仲宝曾在三川口时领兵奇袭西夏后方，逼退李元昊。如今又在好水川救出了朱观这一路兵马，堪称宋军"专职救生员"了。

好水川一战，宋军以绝对弱势的兵力仍和西夏军杀了个死伤相当，若不是任福贪功冒进，此战未必会输。但不管怎么说，好水川一战让西夏军信心大振，张元与吴昊更是在寺墙上题字："夏竦何曾耸，韩琦未足奇。满川龙虎辈，犹自说兵机。"

当然打赢归打赢，战局情况还是要顾忌的。李元昊是个谨慎的人，他知道虽然此次重创宋军，但泾原路的宋军仍有战力，王仲宝、朱观乃至王珪所部军队仍然不容小觑，秦凤路与鄜延路的军队也随时可能来增援。无奈之下，李元昊再次放弃攻略渭州，选择了撤退。

战后韩琦自镇戎军而还，在归途中遇到数千个为亡故家人号泣招魂的百姓，皆是好水川一战中战死将士的亲属。他们寻觅着家人的魂魄，绝望地哭诉道："汝昔从招讨出征，今招讨归而汝死矣。汝之魂识，亦能从招讨以归乎？"昔日，你跟随招讨使出征讨贼，如今招讨使回来了你却走了。你的魂魄若是认识回家的路，可否也随招讨一同回来啊？

听得此言，韩琦再难自已，驻马掩面而泣。他自幼习圣人之书，又天资聪颖、少年得志。不管是做地方官还是做言官时，皆以匡扶天下为己任，他参与的朝堂大事数不胜数，救助过的百姓岂止百万。但如今眼前这数千家属，他实在无颜以对。此次战败，史书上或许只是简短的几行文字，但实际展现在眼前的却是让这些边地百姓家破人亡。一将功成万骨枯，如今功未成，却已枉死诸多将士。若是韩琦能够随军出征盯着任福，结局会否改变呢？可惜历史没有如果，愚蠢的行为总在重蹈覆辙，同样的故事将会在定川寨之战再次上演。

宋仁宗闻知好水川战报，痛心不已。虽然经过前线核实的信息，他明白主要责任在于任福贪功，不在韩琦。但韩琦毕竟用人不当，也是难辞其咎的，最后韩琦被降级，范仲淹受到连带责任也遭到降级，而主帅夏竦则被免去职务，退出了西北前线。

好水川一战让宋廷进一步认识到西夏的威胁，于是只过了几个月，宋廷便正式分陕西为秦凤、泾原、环庆和鄜延四路，以韩琦知秦州（今甘肃天水秦州区）、王沿知渭州、范仲淹知庆州、庞籍知延州，分领四路军事，加大了对宋夏边境四路的投入，韩、范二人依旧承担边防大任。

李元昊在陕西连胜两场，但战略规划却始终没有进展，他也不气馁，马上又把目光投向了另一个方向——河东。

河东一带的丰、麟、府三州与党项领地靠近，自古以来就是纠纷频繁之地，如今西夏兵威大振，也是到了新仇旧怨一起算的时候了。正巧此时主管麟、府二州军事的主将康德舆是个不下于宋真宗朝王超的废物，河东番族首领乜罗不服于他，便举族投降李元昊当起了带路党，使得河东局势极为被动。

在乜罗的指引下，原本河东的复杂地形再难阻挡西夏军，麟、府、丰三州陆续遭到西夏军的围攻。大量住在城外的番人和汉人请求入城避难，康德舆竟然下令紧闭城门，致使大量百姓遭到西夏军杀戮。

首先遭到西夏军围困的是麟州，好在时任河东路转运使的文彦博方才疏通道路，输送了大量粮食至麟州，城中又有统军王凯拼死抵抗，才稳稳地挡住了西夏军攻势。王凯乃是宋初平蜀大将王全斌的曾孙，当年其曾祖父虽立得大功，却因劫掠蜀中百姓而弄得晚节不保，如今王凯为了保护麟州百姓而奋勇杀敌，他所部军队也向来以军纪严明著称，可谓重拾家门荣光。

李元昊原本得到谍报，认为麟州城中缺少水源，故围困麟州城长达三十一日。不料麟州知州苗继宣把水泥涂在城墙上假装防备火攻，李元昊看到对方那么不珍惜水，以为间谍提供了假情报，于是杀死间谍，引军撤围。

当时正好有一个名叫宋永诚的宦官来到河东传旨输送物资，不料走到麟州城下便遇到了西夏军。康德舆瞧不上老百姓，但怕权贵，于是派了一个叫张岊（jié）的武将带着五十名骑兵护送宋永诚而去。不久后，康德舆又觉得只派五十人不太够，便又让王凯带着六千人前往增援。

前后两拨人会合后，先在青眉浪遭遇大股西夏军，将张岊与王凯两部军队冲散。张岊二话不说，与敌接战，可能是打法太拼命，直接被飞箭射穿了脸颊，张岊也不以为意，拔出飞箭接着冲杀。王凯也是经验老到的战将，顺势引军与张岊两面夹击，击溃了西夏军。两部军队继续前行，不想在兔毛川又遇到三万西夏军的袭击，六千余人对三万人，看来又是西夏军引诱伏击的老打法了。

以一对十，宋军尚且敢战，这以一对五，张岊和王凯都不用想,直接对西夏军发起了进攻。但由于西夏军攻势太急,王凯步了张岊的后尘,脸上也中了一箭,但他战得兴起,仿如没有痛觉般继续拼杀。

宋永诚眼看二将深陷重围,主将又受了伤,顿时绝了生念,便要上吊自杀。不想军中除了王凯和张岊两个不要命的将领,又冒出一个不要命的指挥使,名曰王吉,王吉让左右看管住宋永诚,怒道:"官何患不得死?何不且令吉战,若吉不胜,死未晚也!"中官想死还不容易?先看看我王吉能不能战胜贼人,若是不胜,你再自杀不晚!王吉本就是与张岊齐名的勇将,此刻带着所部兵马直突西夏军战阵,一箭射出,阵斩敌军大将。西夏军由此军势大溃,被斩首一百八十六级,相互践踏而死者数千,被宋军驱赶坠崖而死者更有上万。

兔毛川一战大获全胜,众人又来到府州,府州此时也正被李元昊围攻。府州城内军民六千余人皆久习战法,正在折家将家主折继闵的带领下抗击西夏军,那一年折继闵才二十岁,已颇具名将之姿了。

李元昊虽然来势凶猛,但府州这边的宋军也不差。除了折家将和王凯、张岊两方军队拱卫府州,更得到了一位老将的支持——位至三衙管军的宿将高继宣连夜率军驰援府州。高继宣的父亲乃是支持寇準发动澶渊之战的名将高琼,他的哥哥是在寒光岭之战中以少胜多,大破五万辽军,号曰"神将"的高继勋。高继宣本人也是智勇双全,他先遣勇士夜袭西夏军营,又招募当地黥面厢军两千人组成清边军,交给王凯统率。之后宋军与数万西夏军战于三松岭,清边军奋起杀敌,大破敌军,斩首千余级,西夏军相互践踏而死者不可胜计。

张岊曾在折继闵麾下，三川口之战时，他跟着折继闵一起奇袭了西夏后方。如今见到府州城战况紧急，同样是奋勇杀敌，激战之中，脸部再次中箭，身被三创，但最终配合折继闵将西夏军击退，使西夏军损失了一千余人。

解了府州之围，军队还要接着去丰州。然而还未等众人到达，丰州城已经沦陷。镇守丰州的大将王余庆与丰州王氏一族遭到毁灭性打击，李元昊大肆屠城劫掠，严重破坏了丰州城的根基。

李元昊虽连连受挫，但好不容易在河东立下据点，占据了丰州。之后便派遣容州太守耶布移守贵屯驻琉璃堡，分列三寨以守，再次分兵攻打麟州和府州。张岊虽数度出击，杀退西夏军，俘获万计，但仍然于事无补。耶布移守贵凭借西夏军的人数优势，同样在河东一带修建碉堡，西夏已然在河东边地形成了威势。

西夏人的游骑到处抄掠宋军粮道，中原对麟、府二州的支援几乎断绝。

朝中不少大臣建议放弃麟、府二州，收缩防线，均遭到了宋仁宗的拒绝。宋仁宗罢免了懦弱无能的康德舆在麟、府前线的职务，重新安排了人事任命，空降张亢到了河东前线。

张亢，字公寿，山东菏泽人。他们家虽然家世不显，却在张亢这一代培养出了两个兄弟进士，即张亢和他的哥哥张奎。与做到待制级别重臣的哥哥张奎不同，张亢的文官之路坎坷得多，在宦海中蹉跎十多年，才做到了正七品的屯田员外郎。因其在镇戎军通判任上时表现出了过人的军政能力，被宋仁宗看中，大笔一挥，从文官改任武职，不然这一人才不得重用岂不可惜。

如今河东一带战局纷乱，到处都是西夏人的游骑。张亢区区一介书生，竟敢单骑深入前线，冒险赴任，以至于守城士卒都不敢相信他的身份，直到他出示符牌，才打开城门让其入城。

进入城中后，张亢了解到府州、麟州一带缺水，如今困守孤城多日，城中一杯水已能卖到一两黄金的价格了。因为战争的爆发，这河东路西北部一下子涌进来十多万西夏人，宋夏两拨人虽然剑拔弩张，但是都盯着山地里那些水源和秋粮。所谓"兵马未动，粮草先行"，冷兵器时代的战争，补给是重中之重。

当时秋粮尚未收割，西夏军想着自己人多势众，宋军一时也不敢怎样，所以没有收割，但水源这边一直是看得严严的，宋军本就人少，边将手上权力有限，也很难组织攻势争夺资源。

可偏偏遇上了张亢现在主管麟、府一带的军事，他除了富有谋略外，还有个神级技能——散尽家财，收买人心。知道人数比不过西夏军，就重赏身边人，挖掘府州地头蛇，然后让他们带路，在军队护送下暗中出城砍伐树木，收集涧水。西夏人前一晚还觉得有优势，可没几天就惊觉府州附近修建起了东胜堡、坚城堡、安定堡几个堡寨，宋军已然各自分兵驻守，拱卫城池和水源了。

两边资源争夺战对阵了一段时间，终于快到秋收的季节了，张亢决定收集资源，打通麟、府之间的粮道，盘活整个局面，可是宋军多次失利，军心不稳。足智多谋的张亢便又玩起了"刺客信条"，派遣军中勇武之人定期外出埋伏，劫杀西夏游骑，拿着敌人的首级回来邀赏，张亢再当众为他们穿上锦袍，表彰功绩。三军将士瞬间被激起了功名心，大呼着也要建功立业，士气一下便提振起来了。

正巧，粮食也到了秋收的季节。张岊适时自告奋勇，在张亢的命令下,带着九百步卒护送百姓前去收割抢粮,果然在龙门川一带遇到相互读心的西夏大军,一番激战,张岊再次大败西夏军,成功收割了大批粮食。看着满载而归的粮食和振奋的军心,张亢明白,是时候做些什么了。

他再次派出间谍侦察西夏军重要的军事据点琉璃堡的情况,正碰上堡内的西夏军官在占卜预料宋军的动向,占卜提示宋军会在明天来袭,需要多多防备,不料堡中的西夏军军官皆认为宋人都是懦夫,哪里敢来奇袭?

间谍回报情况之后,张亢料定西夏军骄兵无备,便连夜发动奇袭,果然效果拔群,大破西夏军,琉璃堡统帅耶布移守贵率领残军仓皇出逃,张亢一举收复了琉璃堡。琉璃堡收复后,张亢又在府州北面防线修建了宣威寨,进一步加强了麟、府间的守备。

遏制了西夏军进犯府州的兵势,张亢随即展开了第二步计划,亲率三千人运输物资打通麟、府之间的粮道。李元昊得知后,深切感受到了张亢的威胁,连忙派数万兵马疾驰柏子寨截杀张亢。对方数万兵马,己方三千人的运输队,怎么想都没法打,士气瞬间降至冰点。

张亢虽是区区一介书生,但面对此种境况,却不惧反怒,大声激励士卒道:"若等已陷死地,前斗则生,不然,为贼所屠无余也!"我们已经身陷死地了,前进冲杀尚有生机!不然,必定尽皆为贼人所屠。三千士卒闻听此言,为他言语感染,燃起斗志。正巧天公赏脸,刮起了大风,张亢适时指挥军队顺风突进,将西夏军打得大败,斩首六百余级,夺马千余匹,麟、府之间的通道至此恢复。恢复了麟州与府州之间的联系后,张亢又进一步在宣威寨以北修建建宁堡。

西夏再次调集大军意图拆除北宋的堡寨。

张亢也不惧，敌兵远来正可以对他们"以其人之道，还治其人之身"。张亢亲自率军引诱敌人，一路把西夏军带到了预设的战场，那个让西夏军充满回忆的地方——兔毛川。

上次西夏军想要赢，却被王凯、王吉和张岊三人在这里打得大败，这次听说张亢身边的万胜军只是在东京城招募的无赖子弟，顿时信心大增，觉得自己又可以了。西夏军也不管是不是有诈，看着那面"万胜军"的军旗，乌压压一片就冲上前去，没想到的是，万胜军虽是无赖子弟，却出奇地能打，不但能打，还隐隐有一种反过来压制西夏军的刺激感。终于有西夏军军卒觉察出味儿来，这根本不是东京流氓万胜军，这分明是西军精锐虎翼军！

是的，新包装旧口味，加量不加价。

张亢一介书生力抗西夏大军猛攻却不心慌，因为他明白西夏军已然入瓮。张亢令旗一挥，传令至山后，正有一个满脸疤痕的猛男带着早已埋伏在侧的数千弓弩手蜂拥而出，逮着西夏军就是一顿暴射。这熟悉的满脸伤疤、熟悉的粗暴猛烈，不是张岊还有谁？前方虎翼军假装万胜军欺骗感情，后方张岊伏兵四起连连送惊喜。西夏军向来习惯了算计别人，难得被人算计一次，顿时破防，全军崩溃。

第二次兔毛川之战，张亢大胜西夏军，斩首两千余级。

乘此大胜之势，张亢又在一个月内连续修建了清塞、百胜、中候、镇川四堡，不但肃清了西夏军在府州、麟州一带的残余军力，更彻底断绝了李元昊再次南下的机会。李元昊无奈地撤回了所有军队,逐步退回国内。

谁都没想到,在李元昊占领丰州之际,竟然会有这么一个书生单骑深入险境,整合所有的河东军力,只在短短的一年内便让李元昊的河东战略彻底破产。

庆历二年(1042)初,宋将王仲宝与狄青二人又攻破金汤城,顺势北上,包围了李元昊的老祖宗拓跋思恭的发家之地——宥州,大掠五日后,引李元昊重兵回援。庆历二年八月,西夏军两万余人再围青塞堡,王凯率军出战,双方转战四十里,西夏军再次大败。至嘉祐年间,宋军收复丰州,西夏再难东进。

明末时,曾有一个叫祁承的人编纂了一本名为《宋西事案》的书,想以范仲淹、韩琦、张亢乃至河东诸将等人的事迹鼓舞时人对抗后金的决心。这本书到了清代自然成了禁书。而在民国,同样是内忧外患,许多民国学者苦于报国无门,又担心被军阀针对,便用宋朝比喻民国,对时政进行抨击,于是宋夏战争又只剩下了耻辱,张亢等人从此也不显于宋夏战史。

话归宋代。

张亢其人,作为串联起整个河东战局的关键人物,在相当一段时间里,收获了极高的评价。他与张岊、王凯、高继宣、折继闵、王吉等将的抗战,给予了李元昊沉重的打击,让其东进开疆的战略意图再次破灭,河东腹地的百姓也得以免遭战火荼毒。元朝宰相脱脱在编纂《宋史·张亢传》时,便不禁感叹道:"张亢起儒生,晓韬略,琉璃堡、兔毛川之捷,良快人意,区区书生,功名如此,何其壮哉!"

十一

重铸边防秩序：
种世衡与种家将的诞生

热爱修建碉堡的范仲淹，一直被认为是宋仁宗朝守御边疆的重要功臣。但这样一位被敌人赞为"腹中有数万甲兵"的小范老子，却一直是个坚定的主和派。

好水川开战前，李元昊曾经假意求和于范仲淹，以争取战前动员时间。韩琦和范仲淹都看穿了李元昊的意图，韩琦选择了更加积极地备战和主动出击，而范仲淹却在布防的同时认真地写了封回信，寄给了李元昊。

信里明言过去宋夏交好时，大家商贸往来不绝，几十年没有战事，宋朝铜钱都成了宋夏间的通用货币。现在一言不合就要打打杀杀，两国边地十多万的百姓将要遭殃的。

> 大王从之，则上下同其美利，生民之患几乎息矣；不从，则上下失其美利，生民之患何时而息哉？某今日之言，非独利于大王，盖以奉君亲之训，救生民之患，合天地之仁而已乎！惟大王择焉。

李元昊接到信件，非但没有放弃东进之策，反而变本加厉。即使好水川打赢了，还觉得不够解气，又写了封信给宋朝，措辞也不留任何情面。范仲淹得到信后，只能删减其中狂妄之言，将信中主旨留下转交给了朝廷，然后再把原件烧掉，据说原件二十六张，范仲淹誊抄的内容只写了六张。

　　没想到的是，范仲淹与李元昊交流的消息传到朝中后，却引发了别样的反应。

　　这竟成了不同党派间争权夺利的由头。宋祁、宋庠兄弟凭借宋仁宗的赏识，成了朝中独立于吕夷简的保守派和范仲淹的革新派之外的第三大势力。

　　宋庠曾和范仲淹一同上疏劝阻宋仁宗废后，宋祁于范仲淹被贬时，也曾赋诗送行，两人本也颇有交情。奈何宋庠得任参政后，终究是难敌老辣的吕相公。吕夷简将范仲淹议和之事添油加醋地告知宋庠，宋庠受到吕夷简的挑唆，上朝时愤而弹劾范仲淹私交李元昊，恐有他心，请求宋仁宗将其正法。

　　枢密副使杜衍极力反对，阐明范仲淹忠心可鉴，通信李元昊只是为了招抚叛羌，岂可深罪？宋庠本等着吕夷简出来支持自己，不料吕相公竟然一言不发，直到宋仁宗询问，才幽幽开口，投票给了杜衍，宋庠这才得知自己被吕相公卖了，可是为时已晚。宋庠此番过激言论果然招致宋仁宗和群臣的不满，不久后便被外放。

　　此次朝堂风波虽定，但是范仲淹还是因通信之事受到薄责，加之好水川战败的连带责任，遭到短暂的罢免，不久后便改知庆州。

　　为何此次议和没有影响范仲淹的名誉？

答案很简单，范仲淹虽然议和，但他的本心是为国为民。不像秦桧之类的奸佞小人签的绍兴和议，不但送岁币，还自毁长城，残害忠臣、割让土地、自降国格。绍兴和议看上去是议和，实际是奸佞之臣在出卖国家利益谋取个人荣华富贵，宋高宗屈膝求和也纯粹是因为他自私软弱，从担任兵马大元帅时期开始便只顾自己逃命而置苍生于不顾，两者议和之格局实是天壤之别。

回到宋仁宗朝，范仲淹的议和是以积极布防为前提的，他赴任陕西以后，始终在加强边防，操练兵马。根据清人赵本植修纂的《庆阳府志》的记载，范仲淹光在庆阳一地修建的堡寨，就多达二十九座。而为了改善宋代禁军战力低下的问题，范仲淹还大力推广弓箭手制度，以弓箭手充实禁军。

范仲淹在唐代府兵制中得到启发，明白了土地对于士卒战斗力的重要性，他结合宋代的实际情况，取府兵制"农战交修"之意，全力实行弓箭手营田政策。弓箭手每人授田二顷，有马者加马口分田五十亩，充分将边地资源转化为战力资源。

而在此过程中，有一位年近六旬的老将成了范仲淹最有力的支持者。

种世衡，字仲平。他本出身书香门第，他的叔父种放是宋代崇文抑武政策的代表，受到过宋真宗和名相张齐贤的礼遇。出身极好的种世衡轻财好施，年轻时便将家财全部让与同族兄弟，自己只留了一堆书刻苦自学，但科考毕竟难考，种世衡后来还是依靠叔父种放的恩荫，得以任官。只是宋代的恩荫官都是龟速升迁，种世衡又为人刚正，在刘太后摄政时期得罪了刘太后的亲戚王蒙正，被迫害流放，多得张纮、宋绶等人营救，才幸免于难。种世衡直到五十五岁时才以修筑清涧城之功升任内殿崇班，转为武职，才刚刚升到了正八品。

清涧城名曰城，但本质就是座山寨。宋代西北一带的州城更多承担的是军事功能，因此大多简陋。宋太宗时以为占领定难军几座城池就控制了西北，殊不知西北人口的大部都聚居在野外营帐之中，人数动辄数十万。汉人官僚和将校不了解西北的生活习俗，又自以为是地粗暴管理，常常引起地方的反感，矛盾时有发生。

范仲淹来到边地后，方知番人人口之众。他善待番人，劝止杀戮，即使对待西夏国境内的百姓，也主张以大爱之心感化，为的便是缓解不必要的矛盾。他主持修建的堡寨、城池也大都同时重视军事和经济功能，以期能够吸引招抚这些处在中立乃至倾向于西夏的番人部落。

种世衡修筑的清涧城便是范仲淹安边策略的最好例证。

清涧城修建在故唐宽州城的遗址之上，"右可固延安之势，左可致河东之粟，北可图银、夏之旧"，战略价值显而易见。

修建过程中，除了西夏人时常来骚扰，需要边战边修外，最大的困扰便是水源稀少。种世衡下定决心开挖地下水，却凿地五十尺，还是只有坚硬的石头，没有水。于是种世衡发动"钞能力"，下令每人凿石一筐，就能换钱一百，最终泉水喷涌而出，清涧城因此得名。

借着与河东地区连接通畅的优势，清涧城自河东获得大量粮食储备，并借此开垦田地，不多时营田两千顷，第一年即大获其利。弓箭手和边军士卒凭此土地立足生根，常常是带着父母妻子前来共坚其守，百姓有了田利，朝廷免去了后勤转运的花费，边地守备的效率自然提高。

有了后勤基础，种世衡便将城内百姓组织起来统一训练，又选其中的佼佼者再编入军队。新兵成长为老兵，在清涧城娶妻生下子女，又去训练百姓，挑选新一批佼佼者入军，下一代也跟着成长，如此周而复始、连绵不绝。

文人出身的老将种世衡与范仲淹一样，对天下苍生都抱有博爱之心。在他麾下为卒不用脸上刺字，若是生病了，老种相公便派自己的儿子前往照顾；对立有大功者，那散尽家财就是老种相公的被动技能，直接从自己腰间解下金带送上；桌子上什么金银玉器想要的可以直接拿去。

周边羌人、党项部落如果有意向投靠清涧城的，即使路途遥远，也多携家带口前来。对于前来投靠的番人，种世衡也愿意亲入其营帐，抚恤他们的家属，倾心相交。

明明是座军事要塞，愣是被建设成了一座与民同乐、安享太平的里弄街道。

而种世衡的倾心付出，也收到了极好成效。光是应募成军的番军便有五千人，号为"忠勇军"。每当西夏人进犯清涧城，城中军民在家门口吼一嗓子，马上就能组织起一群邻居操起家伙列阵出城，因此"寇至，屡破之"。

他的几个儿子常年与士卒同甘共苦，后来都成长为军中名将。种诂、种谔、种谊、种朴、种师道、种师中……连着数代人军功彪炳，活跃近百年，大名鼎鼎的种家将以清涧城为起点，由此诞生。

在证明了自己的军事自卫能力后，边地商贾也越来越多出现在清涧城中。种世衡能花钱也能赚钱，他常常将官钱借贷给没有本钱的商人，吸引商贾，久而久之，通货赢其利，清涧城遂富实。

其他西北边城还在寻求支援，考虑怎么活下来的时候，清涧城已经在考虑怎么富强了。但是这借贷为商之事毕竟属于灰色地带，也给种世衡未来的仕途带来了麻烦，当然这是后话了。

庆历元年五月，范仲淹调任庆州，他见清涧城已然稳固，便上奏请求调任种世衡知环州以襄助环庆路边防。种世衡感念范仲淹的提拔，到任后即甘冒严寒，踏三尺厚雪，深入羌人部落表达诚意。羌地族长本对宋人的招抚不以为意，如今惊见种世衡亲来，大多部落都被他感动，深自信服。但有一些部族仍然暗中为西夏效力，遭到归顺宋朝的慕恩部的攻打，慕恩部虽然获胜，却伤亡过半。

种世衡再次发动被动技能，将该战所有获利牛羊全部赏赐慕恩部，如此恩威并重，终于与羌人连成一心。羌人还特地在自家境内设置烽火台，以便西夏来犯时，能第一时间告知宋朝。

庆历元年末到庆历二年初的几个月里可算得上是李元昊人生的低谷。他先在河东败于张亢，后方被狄青、王仲宝偷袭，陕西一带又被韩、范等人守备得固若金汤，种世衡的清涧城正是其中翘楚。

眼看宋夏战争的形势将要发生大变化，辽朝终于坐不住了。

庆历二年二月，辽朝以北宋擅自修筑河朔边防为由头，聚兵幽、蓟，遣使入宋，意图索取关南之地。

辽朝终于不再藏身幕后，开始肆无忌惮地背刺宋朝。

十二

契丹人的背刺：
主忧臣辱下的富弼使辽

有人说，澶渊之盟为中国历史带来了百年的和平与美好。

确实和平，但并不美好。

西夏的崛起本就是宋辽博弈出现的产物，签订盟约之后，辽朝藏身幕后，将自己的利益诉求更多投射到了西北方向。

辽圣宗时期，辽朝固然非常珍惜与宋朝的关系，辽圣宗甚至让自己的皇后萧菩萨哥与宋真宗的皇后刘娥传信交好，留下千古佳话。但在辽圣宗之子辽兴宗耶律宗真继位后，这种稳固的美好便遇到了极大的挑战。辽兴宗眼看宋夏连年交战，国力损耗，自恃有其父辽圣宗励精图治留下的雄厚家底，故对大臣们提出了"一天下"的宏伟蓝图。

此言却遭到了辽圣宗朝柱国重臣萧孝穆的反对。

萧孝穆为何要劝阻辽兴宗的进取之心？辽兴宗的"一天下"到底出于何种动机？他会为宋、辽、夏三国的未来带来哪些变数呢？凡此种种。我们还是要从辽兴宗的生平谈起。

辽兴宗耶律宗真是辽圣宗第一个没有早夭的皇子，因此被立为皇位继承人。按照契丹人的习俗，他的亲母萧耨斤应当封为皇后，但是辽圣宗在此前已经册封了一个皇后，即齐天皇后萧菩萨哥。萧菩萨哥曾为辽圣宗育有两子，却全部夭折，按照契丹风俗，萧菩萨哥多年无子，应该废后，但是辽圣宗与她感情深厚，拒绝了这个要求。不仅如此，辽圣宗还将萧耨斤之子耶律宗真改由萧菩萨哥抚养。为辽王朝诞下继承人的萧耨斤，不仅不能抚育亲生儿子，还只能屈居妃子之位，自然对萧菩萨哥心生怨恨。

而无奈的是，辽圣宗为了巩固耶律宗真的地位，又必须扶持萧耨斤家族，以确保皇位传承的稳定。萧孝穆、萧孝先等一批萧耨斤的同族兄弟得到提拔，萧耨斤的党羽越来越多，这也导致了无子的萧菩萨哥处境越发艰难。

萧孝穆即为萧耨斤的兄长，他在辽圣宗朝凭借出众的才能大放异彩，不管是在西北一带平定阻卜叛乱，还是于辽东镇压大延琳起义，在稳定地方局势上他立下了汗马功劳。再加上萧耨斤的关系，他们家"三兄二弟皆封王"，并位居要职。

太平十一年（天圣九年，1031）六月，辽圣宗染病不治，他自知油尽灯枯，恐萧菩萨哥在他去世后遭遇不测，于是留下遗诏将萧菩萨哥立为皇太后，萧耨斤立为皇太妃，之后又叮嘱耶律宗真："皇后事我四十年，以其无子，故命汝为嗣，我死，汝子母切毋杀之！"耶律宗真虽然真诚地答应了父亲，但是这并没有什么用。辽圣宗病逝后，十六岁的耶律宗真继位为帝，是为辽兴宗。他的生母萧耨斤眼见亲生儿子已经即位，再无所顾忌，于是马上隐匿了遗诏，自立为皇太后，并唆使护卫冯家奴、耶律喜孙控制朝堂，大肆清洗朝中依附于萧菩萨哥家族的势力。

萧耨斤眼看大权在握，便狂妄地嘲讽萧菩萨哥道："老物宠亦有既耶！"老东西，你也有今天？！萧菩萨哥随即被强行迁居上京城。

重熙元年（明道元年，1032），萧耨斤又乘辽兴宗外出游猎时再次诬告萧菩萨哥，派人前往上京欲将其杀死，萧菩萨哥不堪受辱，对使者道："我实无辜，天下共知。卿待我浴而后就死，可乎？"我本为无辜之人，天下共知，你可否让我沐浴之后再行赴死呢？使者答应了她。待到辽兴宗归来，萧菩萨哥已经自尽。

宿敌已死，控制朝堂的萧耨斤更加肆无忌惮。太后家族中连毫无功绩的家奴都能除授朝中显位，甚至位居节度使；家族亲戚作威作福，诋谩朝臣，卖官鬻爵，残害百姓；怨恨辽圣宗的萧耨斤甚至连辽圣宗推行的封建改革也想要一同推翻，大肆复兴部落奴隶制度，据史书记载，只一年时间，先朝法度变更殆尽。

但也有观点认为，萧耨斤提拔家奴乃是不问出身，选拔有能之士以扩充自己的权力根基，确保辽朝权力的平稳过渡，但不管怎么说，这些倒行逆施的政策，还是强烈地冲击了辽圣宗数十年励精图治开创的平稳环境，朝中因此产生的敌意最终还是吞噬了萧耨斤。

辽兴宗对母亲的作为越发反感，这也导致了母子俩关系日益紧张，萧耨斤甚至还和弟弟萧孝先谋划废掉辽兴宗，改立其弟耶律重元为王。但萧耨斤从未意识到，她这皇太后的权力本就是跟辽兴宗的权力捆绑的，满朝大臣惧她、畏她有大半原因是来自辽圣宗的遗泽以及辽兴宗的法统，现在她直接要把自己的根基拔掉，无异于自取灭亡。

耶律重元当时十三岁，知道母亲这一阴谋后，当即便将此事告知兄长耶律宗真。重熙三年（景祐元年，1034），趁着和萧耨斤去行宫避暑，辽兴宗立刻展开行动，先囚禁舅舅萧孝先，再带兵包围萧耨斤营帐，领军冲在最前面的是萧耨斤第二个跳反的侍卫——耶律喜孙。众叛亲离的萧耨斤最后被辽兴宗囚禁于庆州七括宫，为辽圣宗守灵。

虽然经过连番流血政变，辽兴宗才得以亲政，但这些斗争也变相清除了政权内部潜藏的威胁，使得辽兴宗的权力越发稳固，再加上辽圣宗留下来的基业，这一切让未满二十岁、雄心勃勃的辽兴宗自觉站在了天地的中心。

亲政之初，辽兴宗也确实展现出了一个贤君的素养，他并不因为萧耨斤之事而迁怒萧孝穆，继续对他委以重任，重用他清查全国户口，致使全国各地"政赋稍平"，国内矛盾也得到缓和。辽兴宗还延续了辽圣宗留下的制度，并修订法律、整顿吏治、解放奴隶，推动社会赈济。随着国力的增强，年富力强的辽兴宗马上又有了新的目标——"一天下"。所谓一天下，倒也不是将全天下统一，现在大多学者认为，辽兴宗的目标只是想收回昔年被北周世宗占去的关南之地。

重熙六年（景祐四年，1037）的时候，辽兴宗就忍不住提过一次"一天下，谋取三关"的想法。得到了侍中萧惠等重臣的赞同，萧惠即认为宋朝与西夏连年征战，这正是大辽收复关南之地的好时机。

结果这话被萧孝穆劝了回来。萧孝穆认为："我先朝与宋和好，无罪伐之，其曲在我。况胜败未可逆料，愿陛下熟察。"我朝与宋朝交好，现在在没有大义的情况下擅自攻打宋朝，首开战端会成为我们的过错。而且胜败之事说不准，还请陛下明察。

论中听，辽兴宗当然更喜欢萧惠的话，但论此前在战场上的经验，萧孝穆绝对是老到的。所以辽兴宗最后还是听从了萧孝穆的建言，没有进一步动作，但到了年底，还是让萧惠官拜南院枢密使，为攻宋做准备。

到了重熙九年（康定元年，1040），辽兴宗再次想起周世宗取关南之地的事，又提及出兵的事，再次被萧孝穆劝了回去。直到重熙十年（庆历元年，1041），辽兴宗前去拜访四朝老臣张俭，询问出兵一事，张俭也不同意出兵，他在陈明利害说服辽兴宗后便建议，派个使者前往宋朝交涉即可，不必劳师远征。

时间来到重熙十一年（1042），即北宋庆历二年正月，辽兴宗终于找到了出兵的理由。辽兴宗以宋朝无故攻打西夏，并在宋辽边境修建防御工事为由，责问宋朝，以此要求归还关南十县，在任用萧惠统率重兵集结于燕云的同时，又派遣宣徽南院使萧英和翰林学士刘六符出使宋朝。

宋朝这边也早就通过收集的情报得知辽朝的动作，但是就像辽朝大臣萧孝穆所说的那句"其曲在我"一般，北宋群臣也都明白辽朝此来是趁火打劫、不怀好意的，但是大臣们都怕出意外，所以竟然没人敢出使辽朝谈判。

危难之时，吕夷简想起了叔父吕蒙正曾夸赞过的那位年轻人富弼，并当即举荐了他。吕夷简虽然推荐了富弼，但富弼毕竟是其宿敌范仲淹的追随者，所以此番举荐可能并不完全是公忠体国。然而富弼并没有怎么迟疑，他回道："主忧臣辱，臣不敢爱其死。"于是宋仁宗任命富弼为接伴使，前往辽朝谈判。

庆历二年二月，富弼在雄州接待了萧英、刘六符一行人。

萧英为了争取主动，自称有足疾不方便行外交拜礼，富弼立刻告诉他自己也曾出使辽朝，即使生病，也仍然会坚持完成礼节。萧英自知理亏，便让左右搀扶着行礼。

辽方在国书中指出，关南十县是石敬瑭当年代表中原政权割让给辽朝的，却在后周时，为周世宗所夺，然后大宋建国，宋太宗又起无名之师，北伐燕云。宋辽明明是兄弟，宋夏开战也不曾前来招呼一声，还要在宋辽边境修防御工事，大宋未免也太不把我辽人放在眼里了吧？快点把关南十县还给我们，不然战端一开，生灵涂炭。

宋夏之间连年开战，在韩琦、范仲淹、张亢等人的奋战下，好不容易让战情稳定，这辽朝突然集结大军意图背刺，一下就把大宋置于双线作战的境地。双线作战的事虽然宋太宗当年也是有的，但是最后的结果是内忧外患。宋仁宗如果走到这一步，且不说边防崩盘，老百姓一定要被军费压到崩溃，这大宋的江山便要岌岌可危了。

正当富弼为谈判前景头疼之际，萧英却突然暗中对他传话道："即可从，从之。不从，更以一事塞之。"读到此处，大家不免满头问号，这萧英究竟是哪头的？这当中也是有缘故的。宋辽皆是大国，朝廷之中自然也是派系林立，辽兴宗和萧惠固然主张收复失地，但这萧英明显是另一派的，他的话语中明确透露出辽朝内部也不是铁板一块的信息。

最后富弼带着全部的情报回到开封，经过一番商讨后，宋朝给出的应对方案是：第一，绝对不许割地；第二，可以考虑和亲或者增加岁币，即"以一事塞之"。

富弼和贾昌朝都认为割地、和亲过于耻辱，给岁币倒是可以接受。

这里可能有人觉得富弼在丧权辱国，那是因为我们今人普遍具备强烈的国家意识，再加上近代以来各种丧权辱国赔款条约的影响，因此对送钱换太平这事很反感。但如果我们更客观地看待历史问题，还是能够理解古人的。

在古人的认知里，天子送钱这事和我们今人的观感差别是很大的。因为古人觉得送岁币属于皇帝自己掏腰包，并不是在花百姓的钱。即使这些钱都是从国家税收中所得，但古人并没有纳税人的自觉，百姓乐得过太平日子自然也不会反对。士大夫中固然有反对者，但相对阻力也小，所以岁币在宋人眼中不但不丧权辱国，反而是天子自损财物，换取黎民苍生的和平与安定，是一件善事。

而割地与和亲则是非常敏感的话题。割让关南十县这种十分紧要的边地，属于直接损害国家利益；而和亲又是自降国格，况且自古以来每次和亲送出去的嫁妆财帛都是天文数字。但是，无论是和亲所花费的嫁妆，还是每年要给的岁币，相较于直接开战所需要的军费来说，不过百分之一二。几番比较下来，给岁币对此时的大宋来说应该是最好的选择了。

决定好实施方略后，富弼随即北上辽朝回复国书，临行前宋仁宗想要升他做枢密直学士，富弼却说："国家有急，义不惮劳，奈何逆以官爵赂之。"最后以假资政殿学士、尚书户部侍郎充任出使辽朝。

辽兴宗一开始对宋朝的答复并不满意，因为他是铁了心要收回关南之地的。因此他暗示刘六符要坚持索要关南之地，并言明如果被岁币买通，反而会让辽朝感到羞耻。最后几轮谈判，富弼表示，如果辽朝坚持要地，就是毁约败盟，那两国间便只能开战了。

辽兴宗见刘六符说不动富弼，便亲自责问富弼说，宋朝在边地又是增兵雁门关，又是修建工事、招募民兵，这都是违背澶渊之盟的行为，如果谈判谈不拢，辽朝自然会发兵来攻打宋朝。

富弼听后则不以为然地答道，当年之所以能签订澶渊之盟，乃是源自真宗皇帝的大仁大德。那时辽军孤军深入，进退失据，如果真宗听取了诸将的话合围辽军，当年的辽朝三军估计没有一人能逃回来。现在宋辽两国交好多年，两国皇帝安享太平，臣下才无功可立。若是开战，臣下可以找到立功的机会，但风险却要皇帝承担。辽朝那些主战的大臣，都是只为谋身不为谋国的自私之人。

富弼这话虽然有理，但是当年澶渊之役最后宋真宗放弃合围辽军却并不是因为宋真宗仁德，宋真宗和寇准同样是景德之役的战略总指挥，会甘心放辽人走？其实还是因为王超以一己之力违抗上命，致使战略布局全面流产，逼得宋真宗和寇准不得不采取议和之策。

但不管怎么说，富弼的这番话确实是把辽兴宗吓到了，竟然反问富弼何出此言。富弼接着忽悠说："晋高祖欺天叛君，末帝昏乱，土宇狭小，上下离叛，故契丹全师独克，然壮士健马物故太半。今中国提封万里，精兵百万，法令修明，上下一心，北朝欲用兵，能保其必胜乎？就使其胜，所亡士马，群臣当之欤，抑人主当之欤？若通好不绝，岁币尽归人主，群臣何利焉？"后晋的皇帝欺天背祖，国力衰微还上下离心，契丹想战胜这样的国家自然易如反掌,现在宋朝提封万里、精兵百万、法令修明、上下一心,辽朝如果想用兵,难道能保证自己必胜吗?就算打赢了,损失的国力是算臣下的,还是皇帝的呢?如果大家都不开战,继续过太平日子,那岁币继续归皇帝,群臣还有什么好处呢?

富弼的一番言论确实说动了辽兴宗。辽兴宗此次南下,凭借的就是宋夏连年开战,所以才想着来趁火打劫。但当年宋太宗时也是几十年双线开战,最后宋真宗刚继位还来了个羊山大捷重创辽军,想来是辽圣宗和萧太后当年撤兵后心有余悸,没少感叹澶渊之盟前的惊心动魄,所以如今富弼一提,辽兴宗就不得不重新考量此次开战的代价。而且宋朝毕竟还占据关内所有富裕的地区,国力也是不容小觑的,辽兴宗作为一国之主,这些还是想得明白的。所以史书记载辽兴宗的反应是:"契丹主大悟,首肯者久之。"

富弼接着又说,增兵雁门关是为了防备李元昊,边防工事都是在澶渊之盟前修建的,现在只是对老化的建筑进行维修,招募民兵也都是例行公事,并不算违约。至于和西夏开战未提前告知北朝之事,高丽、黑水与宋朝都有外交关系,辽朝攻打他们也从未知会过宋朝,何以现在以此来责宋朝?

辽兴宗和刘六符都说不过富弼,对他倒是颇为佩服的。

不久后,辽兴宗邀请富弼外出打猎,辽兴宗又言说关南十县是辽朝祖宗传下来的地盘,他实在不愿辜负祖宗。富弼便接着回答,这关南十县固然是辽朝的祖地,又何尝不是宋朝的祖地?现在宋辽互为兄弟,却要相互抢地盘,你们拿地觉得光荣,难道要让兄弟失地感到耻辱吗?

谈到此处,终于让辽朝选择了让步,辽朝退而求其次,选择了和亲。但和亲的提议也遭到了富弼的反对，他认为和亲容易出现感情问题，夫妻间的寿命也存在变数，为盟约考虑不如给岁币稳定实在。这话中还隐约暗示着辽国曾嫁公主给李元昊，公主却遭到冷遇而离奇早逝的往事。辽兴宗再次被说动，便让富弼回去准备誓书，之后再进一步谈判。

富弼回朝后，与宋仁宗及群臣商议，最终准备了两封国书和三封誓书，其中明确指出，如果辽朝选择和亲，那就不会再另外给予金帛；若是辽朝愿意约束西夏，并且让西夏对宋朝称臣纳贡，则宋朝给予的岁币可以增加二十万。

富弼带着国书出发后，为避免再出差错，遂将国书打开查看，没想到其中一些地方竟然被吕夷简暗中改动了一些话语，与富弼的主张大有出入，富弼怒而回朝，指斥吕夷简是要置他于死地，力求改换国书才可出行，宋仁宗便命王拱辰按照富弼原意重新书写国书，富弼方才再度出发。

不想富弼再入辽朝后，却发现辽兴宗也折腾出了新花样，这次虽然同意了收岁币，但是一定要加个"献"的名义，富弼言明宋朝是兄，辽朝为弟，哪有兄献于弟的道理？辽兴宗自知理亏，遂退了一步，希望改成"纳"的名义，富弼同样否决。辽兴宗便说，如果他绕过富弼，直接找宋朝谈判，宋朝如果应允了，富弼该如何自处？富弼坚毅地回道："若南朝许陛下，请陛下与南朝书，具言臣等于此妄有争执，请加之罪，臣等不敢辞！"如果宋朝答应了陛下，那就请陛下直接和宋朝谈判，明言臣在这里的狂妄无礼，请加之罪，臣等不敢辞！辽兴宗为他的忠义之心所触动，连忙说道："此乃卿等忠孝为国之事，岂可罪乎？"

富弼退下后，看到在帐外等候的刘六符，便指着远方的高山说道："此尚可逾，若逾'献''纳'二字，则如天不可得而升也。使臣颈可断，此议决不敢诺。"这座山尚可以翻越，但若是想得"献""纳"二字，便如同明知道天不可得却还要飞升一般。我的性命可以不要，但这项提议绝对不会承诺。

几番谈判后，两国终于在庆历二年八月再订誓书，宋朝答允增加二十万岁币，并要求辽朝约束西夏，使西夏答应对北宋称臣。但是只过了一个月，辽朝却又坚持要在誓书里加上"纳"字，刘六符再次以大军随时可能南下为由进行威胁。宋朝这边正巧又碰上李元昊在西北用兵，到底是要双线开战，还是在国书上加个字？最后富弼的岳父——晏殊选择了让步，同意在国书上增加"纳"字，和议乃成。辽兴宗将此次和议视为外交上的大胜利，不但勒碑记功，还让此次谈判的负责人刘六符"极汉官之贵，子孙重于国中"。

但宋朝国书中离间辽夏关系的言语也逐渐产生了作用，九月辽朝答应约束西夏，让其称臣。辽兴宗后来尝试与李元昊交涉，却反被李元昊邀请共同攻打宋朝，辽兴宗予以拒绝之后，李元昊心怀不满，开始招降辽朝境内的党项族。李元昊的种种跋扈让辽兴宗想起了早逝的兴平公主，内心的怒火终被点燃，宋、辽、夏三国的关系又有了新的变化。

而宋朝这边则对辽朝趁火打劫的行为埋下了深深的仇怨。富弼感慨自己在一线据理力争，到头来却被后方拆了台，他上奏希望宋仁宗要常怀仇雪之意，不忘戒备。原本多年来的宋夏战争已然让宋仁宗起了厌兵之意，但辽人的轻慢却让他再度警觉，起了革新朝政之意。而他的这份执念也一直传了下去，不管是后来宋神宗朝的锐意进取、宋哲宗朝的占领横山,还是宋徽宗朝的西拓陇右进而北伐,最终目的都是经略幽燕。澶渊之盟固然缔结了两国友好,但辽兴宗的此次重压,已然让这份友好荡然无存。

虽然这次议和对大宋而言,是以不太好的结尾告终的,但是富弼在危难中挺身而出,据理力争的英姿得到了宋辽两国一致的认可,足以流芳千古。他的好友苏舜钦曾作诗《寄富彦国》记录了富弼出使前后,百姓送别他与欢迎他回来时的盛况。

> 彦国感慨请奉使,誓将摧折其锋铓。
> 受诏驱马出都门,都人走观叹且伤。
> …………
> 旆旌逶迟还上国,所至观者如倾江。
> 丈夫奔蹶喜出泣,妇女聚语气激昂。

百姓都知道他是为国家而赶赴险境,在他归来时,自发地给予了最盛大的欢迎。

宋仁宗为了表彰他,想要再次升任他为枢密直学士,又被他拒绝了。在富弼看来,谈判结果仍然是以岁币买和平,这本就不是他所希望的,奈何西夏发难,不敢和契丹以死相执,怎么还能领受功劳呢?宋仁宗不以为意,再将他迁为翰林学士,富弼同样累表辞之。不料宋仁宗的看重竟然招致了一些大臣的嫉妒,开始有人指责富弼奉使失责,应该斩首示众,王拱辰即认为富弼谈判到最后还是送岁币给辽朝,是弊中国而厚夷狄,何来功劳?

这帮人在危难临头时都缩在家里,现在事情过了又跑出来指责做事的人。宋仁宗也不惯着他们，来了一招釜底抽薪，下诏说，既然拜枢密直学士和翰林学士大家都有异议，那我就直接拜富弼做枢密副使，谁赞成，谁反对？朝野上下终于消停了点，结果富弼还是坚辞不受。宋仁宗倒也性子好，就这么一直拉扯到庆历三年（1043）的八月，在范仲淹入朝升任参知政事的同时，富弼也终于接受了宋仁宗的任命，担任右谏议大夫、枢密副使。

为什么范仲淹可以回朝呢？因为当时的西北战局也有了新的变化。

十三

关中最后的攻防：
种世衡用间与定川寨之战

北宋宿将刘平、任福先后在三川口之战与好水川之战中战败，宋军损失颇重。

危难关头，宋仁宗任命韩琦与范仲淹赶赴西北守边，虽不能完全攻灭李元昊，却也遏制住了西夏东进的意图。

范仲淹修筑大顺城遏制西夏前沿据点白豹城与金汤城的威胁，又重用种世衡修建清涧城，招抚地方番人，大大改善了前线的状况。而在河东战场，经过张亢、王凯、张岊、折继闵等将领的奋战，终于重创李元昊。

正当宋夏战场局势趋于好转，西夏背后的支持者——北方的辽朝走上了前台，意图南下趁火打劫。辽兴宗命萧惠聚拢重兵于幽蓟一带的同时，派遣汉臣刘六符逼迫宋朝割让关南十县。宋朝在调集重兵回防辽朝的同时，又派遣富弼北上辽朝谈判，富弼虽不辱使命，使得辽兴宗在放弃索地的同时罢兵息战，但仍然付出了每年增加二十万岁币的代价。不过宋朝在增加岁币的同时，也要求辽朝约束西夏，并通过一系列外交策略，使得辽夏之间产生嫌隙，为未来的辽夏战争埋下了伏笔。

然而西夏这边却乘着宋辽博弈、无暇西顾的机会,再次调集军队攻打宋朝。

宋夏两国之间连年激战,李元昊之所以能连败宋朝,关键原因便在于情报的掌握。宋夏边境居住着大量的番人部落,宋太宗时以为拿下定难军城池便控制了西北,实则西北一带的城池大都简陋,大量人口都聚居在野外营帐中,数量动辄十万以上。

番人注重血缘门第,夏州李氏在当地经营百多年,根基深厚,自然广植威望。相比之下,宋朝派去的文官武将多有轻视番人者,常常残酷剥削地方部落,严重破坏了番汉间关系的稳定。而西夏这边不但文化上与西北番人更为相近,所施行的政策也更为友好,番人自然多乐为李元昊所用。其中如明珠、灭藏、康奴等族虽然生活在宋朝境内,却向来亲近西夏,各族麾下皆有数万战兵,又占据山地优势,极难剿灭。多谋谨慎的李元昊有这些部族在人力和情报上的支持,再加之宋朝的轻敌冒进,自然无往不利。

然而这些优势,随着范仲淹、韩琦、庞籍等人的到来,渐渐消失。

韩、范二人一改宋朝之前轻慢番人的政策,他们在西北除了不停地修碉堡、练兵,对这些部族皆大力招抚、倾心相交,很快便有许多番人前来投靠。此外,大量主张善待番人的将领也得到提拔,如种世衡、刘沪,乃至番人出身的将领赵明尽皆陆续走上前台,帮着宋朝共建西北守备。

随着大顺城、细腰城、葫芦寨等碉堡的修建,李元昊的地区影响力急剧收缩。庆历四年(1044)以后,明珠、灭藏等部也逐渐不支,"皆去贼为中国用"。如暗助西夏的兀二族被种世衡击破,西夏境内的宥州侍中默香则干脆归顺宋朝。

李元昊虽然战术上建树颇多,但在战略上一直驻足不前,如今最后的优势也将要不保,形势逼迫他必须展开下一步行动。恰巧辽朝于此时背刺宋朝,逼迫宋朝回防河朔,张亢即在此时被调至高阳关镇守,李元昊终于找到东出的机会。

庆历二年初,李元昊指使野利兄弟再次故技重施诈降宋朝,不想这次遇上了种世衡,计谋被识破。种世衡麾下有一小校名曰王嵩,曾经是个颇有勇名的和尚,后被种世衡收编,归入其麾下。王嵩对西北一带山川地形极为熟悉,种世衡守备清涧城时,用兵向来以其为向导。如今面对李元昊与野利兄弟的算计,种世衡也想来个以彼之道还施彼身,于是派王嵩去行离间之策。只是万一王嵩叛变投敌,岂不麻烦。于是老种相公为了试探对方,故意诬陷王嵩,将其关押拷打,而王嵩确实刚勇义烈,坚决不肯认罪,种世衡由是放心,对其深为拜服,并将计划说出。王嵩知道此行凶险,但他感念种世衡的礼遇和提拔,毅然同意前往。

那么故事说到这里,是否就如传说中那般,王嵩深入西夏得到李元昊的信任,虽然一度遭遇凶险,却仍然在假意结交野利兄弟后成功施计,让李元昊杀死了野利兄弟?据学界考证,王嵩去了西夏后,没多久即被李元昊怀疑,然后被关进了地窖之中。从时间线上来说,司马光的《涑水记闻》记载的野利兄弟之死发生在宋夏和议两年以后,李焘的《续资治通鉴长编》也采纳了这个说法,这与王嵩出使西夏的时间相距将近四年。那时种世衡都死了一年了,王嵩本人也在宋夏和议时被放归,还要说种、王二人的计谋是李元昊杀功臣的直接原因，不免离谱。

但要说二人的努力完全没效果，却也不好说。李元昊连年用兵而获利有限，西夏朝中的贵族早就心中不满，野利氏作为当中最显赫的军功勋贵，在当时落后的利益分配体制下难免与李元昊发生矛盾，种世衡的假意结交未必能让李元昊轻易中计，但让他进一步意识到野利家族暗藏的威胁却是极有可能的，当然这也是一种大胆合理的揣测，未必是事情的真相。唯一可知的便是，等到王嵩归国后，朝廷感念其劳苦，补其为右侍禁。

时间回到庆历二年四月，为了应对辽朝南下，宋军调军回防，李元昊马上乘虚入寇承平寨，只是这次偷袭没准备充分，被宋军打了回去。庞籍派遣的狄青在金明寨一带的桥子谷旁修筑招安寨，李元昊率兵来攻，被狄青部将张玉击退。其后李元昊又陆续进犯青塞堡和延州，皆被宋将王凯和马怀德击退。同年六月，李元昊又假装自己被种世衡的反间计迷惑，派遣亲信李文贵假装成野利旺荣的使者前往清涧城通信。当时种世衡已经调任环州（今甘肃庆阳环县），负责延州一带防务的庞籍怀疑李元昊有诈，便将李文贵予以扣留。

庆历二年九月，宋辽间重新确立新的盟约，西夏那边即又来了个趁火打劫，意图进击京兆府，以图全取关中。

李元昊身边的谋士张元生性任侠高傲，深恨自己无法得到宋朝重用，是李元昊谋划攻略陕西最坚定的支持者。他对李元昊言道："中国精骑并聚诸边，关中少备。若重兵围胁边城，使不得出战，可乘间深入，东阻潼关，隔绝两川贡赋，则长安在掌中矣！"宋朝的精锐部队都分布在边境上，关中腹地的守备极为薄弱。若我们能将他们的军队围困在边城，使他们难以出战，而我军则乘虚而入，攻占潼关，隔绝关中与中原的联系，这样长安便尽在我们的掌握之中了。

李元昊听取了他的建议，于是自天都山出发，以十万大军分两路进攻刘璠堡与彭阳城，以期合攻镇戎军。

泾原路长官王沿得到军报后立刻做出反应，急调副都总管葛怀敏率兵入驻瓦亭寨，以作防守反击。葛怀敏出身将门，其父葛霸出身宋太宗的潜邸，是宋太宗潜邸旧将中少数一辈子都比较靠谱的宿将。葛怀敏在知雄州，防备辽朝的任上时曾立有功绩，来到陕西驻守边境多年也没有出过什么差错，再加之其人通晓时事、善于为人，是故人缘极好，朝廷也比较重视他。范仲淹和王沿之子王豫都认为葛怀敏或许会做官，但是并不知兵，王豫甚至建议王沿更换葛怀敏统兵之选。

奈何当时西军的那批核心骨干大都被刘平、任福两位打包带走了。韩琦、范仲淹虽然提拔了一批以狄青、种世衡、张亢为首的新骨干，但这帮人要么太年轻，要么官位不够，要么资历不行。偏偏葛怀敏还就是这批剩下来的人中独树一帜的，可能能力不太够，但出身、官位、资历是顶够的，而且他此前也没犯过什么错，怎么就知道他不知兵了？就算不知兵，但他也在陕西前线好几年了，也没像夏守赟那样因为不得军心被下属赶走，对比之下，至少葛怀敏还是有优势的。所以王沿仍然坚持了对葛怀敏的任命，但这个任命却让他重蹈了韩琦的覆辙——低估了一个武将的欲望。

葛怀敏所部的总兵力就万余人，王沿知晓这点兵力没法对抗李元昊，但碍于情报有限，他们也不能确定李元昊到底有多少兵力，毕竟不是所有人都像种世衡那么善于招抚番人、信息畅通的。于是王沿就让葛怀敏入驻瓦亭寨，设置伏兵等待李元昊。葛怀敏却在到达瓦亭寨会合军队后，于第二天即进屯五谷口了。

王沿听闻消息，深感不妙，又传令让葛怀敏移军至第背城设伏反击。

但葛怀敏还是拒绝了王沿的命令，在他看来定川寨才是整个镇戎军堡寨防御体系的重点，仍然直驱镇戎军，不久后又前进至养马城。部将赵珣认为，虽然敌情不明，但其兵力必然远胜宋军，然西夏军远道而来，必不利久战。宋军不如避其锐气，先修筑防御工事据守镇戎军，保障前线的粮道安全，等到西夏军锐气衰竭，再伺机进攻，不然以弱势兵力冒进，就是白白送死。

葛怀敏听后，果断拒绝了赵珣的提议，并且回答道："兵因敌而制胜。"这话本来也就是句正确的废话，但放在定川寨这样的历史事件中，偏偏弄出了一丝"兵法运用之妙，存乎一心"似的假模假式。当然，知道结局的我们也该明白，不是每个人都叫岳飞，勇气和鲁莽还是要分开的。

之后葛怀敏兵分四路进军定川寨，葛怀敏本部出定西堡，部将刘湛出西水口，赵珣出莲华堡，曹英、李知和出刘璠堡。刘湛所部到达西水口附近的赵福堡即遭遇了部分西夏军，战之不胜，转进向家峡。葛怀敏得闻信息，传令增援，却马上又收到李知和麾下番将传来的情报，有五千西夏军列阵定川寨附近。就在葛怀敏犹豫间，又有定川寨守将曹纬传来信息，西夏军已开始摧毁定川寨一带的防御了，双方正在鏖战。

定川寨利用西北一带多山川险峻的优势，以堡寨搭配壕沟的方式形成了一道极为稳固的防御屏障,大军在此作战,难以展开兵力,必须依循川流行军,如今此坚固屏障也开始被摧毁了,守将曹纶虽然没什么记载留存,但后来苏辙曾写过一首诗赞其武勇。定川寨防线如此重要,如此勇将又紧急求援,自然让葛怀敏倍加重视,再加上曹英和李知和的支持,他相信了西夏军只有五千人的情报,马上取消了驰援赵福堡的命令,全军剑指定川寨。

番将所传不知真假的情报,以弱势兵力引诱宋军入瓮,一切都那么似曾相识。从这一刻起,葛怀敏与麾下诸将已经完全落入李元昊的布局中了。

日中时分,葛怀敏率赵珣、曹英共三路进驻定川寨,到了地方之后才发现李元昊的十万大军早已分成二十四路包围了定川寨,定川寨的粮道、水源乃至归路都已被西夏军给切断了。好在定川寨的防御体系严谨完备,李元昊虽有兵力优势却也没有办法将其攻克。但是定川寨外补给路线断绝,绝望的情绪已然蔓延。

葛怀敏被困十日后,无奈之下决定再拼一把,遂与曹英各率军出城列阵与西夏军大战。两军战况激烈,西夏军凭借人数优势,从四方合围宋军,李元昊更是率部直冲葛怀敏本阵,然宋军拼死迎战,李元昊这边也没有得到什么便宜。不料在此关键时刻,黑风大作,直冲宋军而来,瞬间破坏了宋军阵形,大将曹英在混乱中被箭矢射中脸部,坠马在地,士卒见到大将落马,越发惊慌,由是全军崩溃,纷纷逃回定川寨内,混乱的人流波及中军,葛怀敏在乱军中差点被踩踏。最后葛怀敏和曹英拼了性命才率军退入定川寨中。李元昊看宋军逃入寨中,知道宋军已是残兵剩勇,于是步步紧逼,欲一举拿下定川寨。

在此危急时刻,葛怀敏终于恢复了神志,他急令赵珣率领军中精锐刀斧手据守寨门,赵珣不辱使命,亲入阵中拼杀,又是一番激战,终于配合麾下骑兵合击成功,杀退了攻寨的西夏军。

但是经过这番激战,宋军最后的士气也消耗殆尽,葛怀敏见再也指挥不动军队,便起了突围撤退的心思,于是他召集众将商议撤退路线。葛怀敏的意思是直接走来时的路线,退往镇戎军。从这里我们即可看出,范仲淹说葛怀敏不知兵并不是没有道理的。古来军队撤退时,路线极其讲究,重点便在于出其不意,葛怀敏自镇戎军而来的路线确实是最近的道路,但是也是人人都能想到的路线,何况李元昊?而且西夏军原本就远多于宋军,即使葛怀敏想玩"灯下黑",不走寻常路,李元昊也可出于谨慎的心理,分支偏师守住这条路,就是这样也足够让全体宋军"领盒饭"了。

赵珣听说撤退路线后,当即对此议表示了反对,他建议自笼竿城绕路前往镇戎军,出其不意,以作迷惑,但诸将皆觉得这条路线太长,都予以否决,赵珣无奈,气得想要自切手指以做担保,终被众人劝阻。

鸡鸣时刻,葛怀敏留下部分军队断后,准备于天亮时刻击鼓退兵。不料时间到了后,军中有人拒绝执行击鼓的命令,葛怀敏知晓军心已然离散,便打算先行离开,结果遭到阻拦。片刻后,麾下指挥使郭京又言说入城取粮草,似有拖延时间的嫌疑。葛怀敏受不了这个气,又要出发,再遭阻拦,葛怀敏一怒之下直接拔剑将来人斩杀,强行率领军队撤退。军队行至长城壕一带,果然遭到了西夏军的拦截伏击,葛怀敏所部几乎全军覆没,只有部分军队突围逃至笼竿城,还有一部分军队因为执行断后命令走得慢,最后退守定川寨。

李元昊获胜后，继续挥师南下，也不管还没拿下的定川寨，就直驱渭州（今甘肃平凉），一路烧杀劫掠，还让张元散发檄文道："朕今亲临渭水，直据长安。"定川寨战败的信息外加这檄文，弄得泾原路的百姓无比恐慌，大多逃入山谷中避难。

范仲淹的至交滕宗谅当时在泾州（今甘肃泾川北）做知州，面对这样兵力空虚、诸郡震撼的局面，他先是安葬阵亡将士，收拢残兵，以酒肉佳肴款待他们平稳士气，再是让城中百姓穿上盔甲扮作士卒守城以迷惑敌军，让城中百姓安心。然后又重金招募勇士探听情报，传至各城，算是稳定了一方局势。

原州（今宁夏固原）知州景泰亦不甘落后，率兵五千人上阵御敌，正巧遇上刚抢完渭州移军潘原的西夏军，双方于彭阳城西交战，李元昊故技重施，再次假意撤退，欲引诱景泰进入自己的包围圈。宋军又有将校战得兴起，就打算冲上去抢功，还好景泰及时阻止。之后景泰便派遣士卒暗中搜索附近山林，果然发现了暗藏在其中的西夏伏军。伏击别人当然刺激，但若在伏击别人的时候再被伏击，那刺激程度得加个平方。最后景泰率军一顿猛攻，斩首西夏军千余级，缴获人畜无数。

虽然此战的收获比起定川寨之战的损失仍然相去甚远，但据北宋名臣苏颂的看法，定川寨之战虽败，但对西夏军造成的损伤却足以让葛怀敏功过相抵。苏颂的看法或许过于宽纵葛怀敏，但后来的西夏军也确实没有攻下只剩一千人的定川寨，定川寨不破，西夏军永远不能保证后方的粮道通畅，攻略关中便是幻想。如今李元昊又被景泰击败，西夏军自然锐气大减。

而同一时刻，范仲淹已经亲率六千军队到达泾州，驰援而来，韩琦亦调许怀德前往策应。李元昊如果正面迎击范仲淹，这将是一场可以载入战史的大战。但是李元昊终究因为战线过长、军力不济，别说攻略关中，就算是引诱伏击的老打法也放弃了，连和范仲淹的照面都没有打，便退回了国内。

最后定川寨一役，葛怀敏、赵珣、曹英、李知和、曹纶等十六名战将皆战死于阵中，宋军损失九千四百人，马六百余匹，只有留在西水口的刘湛所部千余人，退守定川寨的千余人以及突围至笼竿城的兵马幸免于难。战后，对于葛怀敏及麾下战死的将领，宋廷仍然给予了优厚的追赠，但是定川寨之败的责任仍然得归咎于葛怀敏的贪功冒进。

张方平即认为，好水川之战与定川寨之战的失败有着相似性，都是文官主帅先制定了稳妥持重的防御策略下发前线大将，却因大将贪功而抛诸脑后，从而轻敌冒进，最后招致大败。韩琦与王沿作为主帅却不在军中，自然无法约束前线大将，战局一旦有变，就全靠主将的谋略了，因此如何进一步调和决策层与执行层的关系，才是日后军队建设的重中之重。

定川寨之战中最让人可惜的战将自然是赵珣了，作为十六岁时便得宋仁宗召试除授官职的将门才俊，史书对赵珣的评价是"美风仪，性劲特好学，恂恂类儒者"。而在定川寨之战中，赵珣的表现也是名将之姿，然而就是如此未来可期之人却在此战中早早陨落，实在让人叹息。司马光虽听闻赵珣并未战死，而是为西夏军所俘，但之后的史料中并未再有关于他的记载，其结局究竟如何也只能留给后人猜度了。

起先，宋仁宗听闻定川寨战报，正自对左右说若是范仲淹能出兵，边境必然无虞，果然不久后，就收到了范仲淹出兵逼退李元昊的奏疏，宋仁宗大喜道："吾固知仲淹可用！"

李元昊此番进兵虽然抢掠到不少物资，但这些东西比起昔日李德明与北宋通商所得根本不值一提，光是定川寨一战的损失就难以弥补。于是李元昊欲找寻辽朝通商补充战马，正碰到辽兴宗反感他的跋扈，便予以拒绝了。这下可好，宋辽两国全部与西夏断绝了通商，气急败坏的李元昊不信邪，又出兵数万攻打宋朝，再被宋将周美以两千军队击退。

李元昊昔年攻略河西走廊无往不利，将西夏国土扩大了一倍，如今东进之路，虽然在战役层面多有建树，但在战略层面，可以说是极其失败的。东边跟北宋决裂，北边和辽朝闹翻，南边与青唐吐蕃相互敌对，西边的沙州回鹘更一度派遣使者前往宋朝寻求通好。这是外交层面的，当然连年出征，西夏的内政也好不到哪里去。

从内政和经济的角度来说，西夏更是矛盾重重。

与北宋连年交战，通商贸易肯定是不用想了，每年还要死上万人。抢来的物资也不够大家分，所谓"元昊虽数胜，然死亡创痍者相半，人困于点集，财力不给，国中为'十不如'之谣以怨之"。就是李元昊最亲近的家族野利氏，也在野利仁荣去世后，余下的野利旺荣和野利遇乞兄弟也与其渐行渐远。朝中官员也有叛变归宋的，个中代表便是宥州侍中默香，连发家地的官员都带头投降了。凡此种种，李元昊终于顶不住了，他向辽朝示弱，希望辽能从中牵线，力求与宋朝重归于好。

西夏国打得弹尽粮绝，宋朝也是连年灾荒、危机四伏。宋仁宗当时着急的是怎么实施新政，化解财政困境，如今收到辽朝使者的传话，便也传令庞籍前往招抚李元昊。庞籍当下便放李元昊的亲信李文贵回归西夏表达了同意议和的意愿。

李元昊闻知大喜，也将关在地窖中许久的王嵩放出，对其极为礼遇，想以他为筹码，进行下一步动作。

那么宋夏两国能否顺利议和呢？

十四

宋夏和议：
内政外交的牵制与纷扰

或许有人会质疑，为何宋朝有这么多名臣名将，却攻灭不了西夏？

首先我们要明白一点，人才虽然是每个时代最重要的元素之一，但不管多么出色的人才，始终要面对的是整个时代的大背景和历史的大趋势。

就拿讨论度最高的三国历史来说，聊诸葛亮，很多人爱盯着看他打下了多少地盘，却完全不看诸葛亮对中国古代军事理论的卓越贡献，连与诸葛亮交过手的司马氏一族都对其深为拜服。而聊起曹魏时期的九品官人法，很多人又全不看当时士族崛起的历史趋势，却总简单粗暴地指责曹丕、陈群等人搞阶级固化。持这种观点的人，根本意识不到个体在时代大背景下到底有多渺小。

事实上每个时代都不缺优秀的人，缺的更多的是时代机遇，所谓天时、地利、人和缺一不可，了解这一点，我们再来看宋代何以未攻灭西夏就容易了。

所谓"北宋缺将，南宋缺相"，这话本质上也就是句插科打诨的扯皮话。

一个国家打了胜仗，不代表它就能灭了别国；一个国家打了败仗，也不代表它马上要亡国。

宋朝确实有一个很严重的问题，即将自身国力转化为军事力量的能力非常糟糕，但这并不代表宋朝就没有军事力量。这种军事力量所代表的不可能只扁平地解释成所谓的"名将"概念，更多的是一种技术层面的问题。

导致这个问题的原因也有很多种，譬如宋代的土地私有制，摆不上桌面的马政，皇权在军事决策权上的长期博弈等。

论土地私有制，这导致宋代朝廷直接掌握的土地资源有限，就很难以此激发军队的战斗欲望，与之相对，动员成本就会变得非常高。到宋代中叶，战力强的军队大部分是常年与西夏作战的西军将士，而西军中的佼佼者又以弓箭手优先。为何弓箭手最强？因为他们可以分到土地。当然这么说也有点不全面，毕竟时常参与战斗的西军相比京城的守军而言，磨砺长见识、增长战力的机会要多得多，但是不可否认，有土地确实是激励他们积极奋战的一个原因。

不过话又说回来，宋代对土地兼并的态度也并不像有的人说的那样严重，为何？因为宋代的社会结构不同前代，它没有常年固化的士族阶层，读书人可以靠科举改变人生，阶级流动也相对比较快，宋代的士大夫常常自嘲"措大"，也就是贫寒的读书人。宋代宰相将近一半是普通人家出身，如宋真宗朝的宰相王曾，幼年时家里穷到连衣服都买不起。即使如宋初曹氏这样立有开国之功，又是与皇家通婚的家族，一旦族中没有人才考上进士，家族也会渐次衰落的，因此北宋一朝始终没有能足够对抗皇权的大家族出现。

即使社会结构又趋向畸形的南宋,时人如辛弃疾依然在《最高楼》词云:"千年田换八百主。"南宋的罗椅在《田蛙歌》中也这么说:"古田千年八百主,如今一年一换家。"诗词固然有所夸张,但也能说明当时土地流转得频繁,所以社会上固然有大地主,但远没有很多所谓的大地主连着三百年一直兼并这么夸张。

而自唐代府兵制崩溃以后,朝廷国防制度的大方向一直在往募兵制的方向发展。唐初不用花大钱募兵,肯定税收少,但中唐以后募兵制成为主流,财政支出增多,自然推动了之后以两税法为代表的一系列税收制度的出现,土地间接税的比重增强,越来越多的老百姓不再被土地和徭役束缚,拥有了更多的人身自由,再加之工商业的发展,百姓的就业选择变多,长此以往国家对土地的依赖,自然就没有前代那么大。

到了宋代,户籍制度又把居民分成了拥有田产的主户和没有田产的客户(侨寓者)。据《续资治通鉴长编》记载,在刘太后摄政的天圣九年,宋代的主户有五百九十七万户左右,客户则有三百四十万户左右,客户占比百分之三十六点二九。到宋仁宗亲政后的景祐四年,因为天下连年大灾,主户变成了六百二十万户,客户变成了四百四十万户,客户占比提高到百分之四十一点五一。而到宋仁宗朝晚期的嘉祐六年(1061),因为采取了正确的政策,主户增加到了七百二十五万户,客户变成了三百八十万户,客户占比下降至百分之三十四点三九。再到宋哲宗朝晚期的元符二年(1099),主户一千三百二十七万户,客户六百四十三万户,客户占比下降到了百分之三十二点六四。从中可以看出,直到宋徽宗继位以前,国家的主客比例仍然在往健康的方向发展,所以我们讨论宋代的土地问题，也要关注到它对国防方面的影响。

这里就牵涉到我们要说的下一个原因——马政。

严格来说，宋初继承了五代的马政，还是有过短暂的振作的。宋真宗初年时军马数一度达到二十余万匹，虽然这个数字在战略层面作用有限，但在战术层面还是带来了一些益处的，譬如说羊山之捷。

只是不久后随着澶渊之盟的订立，中原人口迅速从宋太宗朝的四百余万户飙升到宋真宗朝后期的八百余万户，开垦土地的需求也随之激增。宋代牧马监的土地又大量集中在人口密集的京畿一带，因此常常与当地百姓发生土地争执。

时间久了这种与民争利的政策自然推行不下去，朝廷无奈只得将越来越多的牧监土地租佃给百姓，朝廷本身掌握的土地本来就有限，养马又偏偏需要大片土地的马场，久而久之马政自然就衰落了。

不掌握土地，内地禁军的动员成本就非常高，没有足够多的地方养马，马政自然不行，马政不行，军队的后勤运输就有硬伤，军队的机动性也上不去。宋代名臣王尧臣曾明言，宋夏边境绵延千里，陕西一带明明有宋军二十万，却只能分屯四路，再除去军中老弱和兵额水分，能战者也只有十万人。十万可战之兵均分四路，每路也就两万五千人，李元昊入寇只要兵力超过十万，战局就非常被动。

若再加上北边辽人偶尔背刺，双线开战的话，就更是雪上加霜了。

面对这样的情况，宋朝也没法玩虚的了。既然十万人分四路无法与西夏对抗，那就每路都增兵，看你还怎么办？由此宋代开始了大募兵。

庆历年间宋代全国禁军、厢军的总兵力达一百二十万人之巨，这还不是宋仁宗朝兵力最多的时候，加上封建时代落后的管理能力，由此造成的财政困局堪称灾难。说到底这都是稳定边防的权宜之计，等到西北一带堡寨体系日趋成熟，新一辈军官成长起来，宋朝马上就开始了对兵力的精简，至宋神宗朝，禁军、厢军总兵力直接锐减到八十余万，说到底都是后勤跟不上。

这还是未组织出战的情况，若是面对辽朝和西夏这种制度健全、农牧结合，且拥有独立文化的强大势力，后勤跟不上这种局面，自然造成了宋代军队出个两百里地，就要承担极大风险的局面，如果再加上皇帝决策失误，准备来个鱼死网破，那全军覆没没跑了。

宋王朝是在五代十国军阀割据的背景下建立的国家，宋代的皇帝也继承了五代时军事独裁者的特质，同时宋太祖为了尽收藩镇之权、重铸秩序，又让皇帝掌握了极大的军事决策权。宋太祖本是行伍出身，阅历丰富又有勇有谋，他一看辽朝和西北的局势，就知道这不是短期内能解决的问题，便主张与契丹人和谈，即雄州和议，同时给予西北豪强世代传承，私下里做土皇帝的权力。

但毕竟这世界上最爱跳的永远是半桶水，宋太祖心里有杆秤，他的继任者未必有。譬如说宋太宗的辽夏双线开战，譬如说宋仁宗在好水川之战前五度下诏催促韩琦出兵，又譬如宋神宗的五路伐夏。所想的都是我泱泱大国，灭你们蕞尔小邦还不是分分钟的事儿？但偏偏没有考虑到实际操作中可能遇到的各种问题。

回到宋仁宗朝，几次战役失利后，宋仁宗本人也意识到了开战不是长久之策，所以他选择了放权给臣下，并采取了范仲淹稳重防守、伺机反击的堡寨战法。其实这套战法在宋太宗时，李继隆即已提及，只是并未得到重视。宋仁宗虽然确定了这套方案，但因为之前三场轻敌冒进的战役，虽然对北宋军力打击有限，却让精锐军官大量阵亡，已经动摇了当时陕西禁军的根基。所以眼下范仲淹、韩琦、庞籍、王沿这些人在西北并不只是打仗，他们更多的是重铸边境的国防秩序。

西夏这边，李元昊在陕西虽然赢了三场很漂亮的战役，但也损失惨重。等回过神儿来才发现，东边与宋朝开战，北边与辽朝断交，南边青唐吐蕃是死敌，西边沙州回鹘又叛变，国内又矛盾重重。李元昊的梦想固然伟大，但伟大的梦想也是要考虑时代大环境的。

宋朝这边没有能力在短期之内灭了西夏，长期军事作战和连年大灾又导致国家财政吃紧；西夏这边风风火火打了一圈，却也没捞到半点好处，还因为这连年征战搞得天怒人怨。大家都这么尴尬，那还不如回归和平，握手言和。

但即使是议和，也不是随随便便就能一帆风顺的，庆历三年以后，西夏总共五次派使者到宋朝求和，一直折腾到庆历四年末才算告一段落。

第一次，李元昊虽然在信中称呼宋仁宗为爸爸，即"父大宋皇帝"，但同时也提出了要求，明确表示西夏只是普通议和，虽和宋朝为父子之国，但是称臣去皇帝号这件事情就算了。这次议和，庞籍作为中间人，颇有种被李元昊耍了的感觉，他只能一边过滤李元昊的蛮横态度向朝廷转达信息，另一边又力劝西夏态度放软。范仲淹、韩琦、余靖等人都认为议和时机尚不成熟，提出反对，第一次议和因此作罢。

第二次是庆历三年六月，这次李元昊依旧在玩心思，态度虽软了点，愿自去帝号，但依然不肯称臣，还要求自立年号，改"兀卒"名为"吾祖"，并希望宋朝割地，岁赐，弛盐禁。表面上看是不做皇帝了，但除了割地给钱，还要让宋朝称他"吾祖"，叫他祖宗？余靖听了后立刻反对，写了一封奏章批驳此议，简单概括就是李元昊玩文字游戏，变着法侮辱大宋。欧阳修听了后态度更加激烈，直接表示还有什么好谈的，继续打就是了，只是当时朝中主和已是主流，欧阳修的主战立场得不到任何呼应。

又经过一轮谈判，宋朝同意给二十万岁币，但是其他那些"吾祖"、割地之类要求想都不用想。眼看着和议有了推动，结果谈到"弛盐禁"的问题，两边又谈崩了。西夏想每年出售十万石青盐到宋朝，但宋朝考虑到西北一带多山地，后方资源补充困难，西北的财政补给有相当一部分要靠当地的解盐售卖支持，如果放任西夏的青盐进来，不但滋养了西夏，更是与解盐争利，扰乱陕西安定，是故坚决不让。李元昊一度又要出兵秦州武力威慑，但当时西北边防早就被韩、范重新建设起来，李元昊无功而返，求和也再次被拒绝。

第三次谈判已经是庆历三年末了，李元昊终于服软，愿意不开盐禁，但希望岁币增加到二十五万。朝廷听着有些心动，余靖则认为给岁币可以，但态度上不能过分退让，不然会在宋、辽、夏三国外交中失去主动权，因此表示了反对，双方谈判再次陷入僵局。偏偏这时候，李元昊非要去招降契丹国内的党项人，引起了辽兴宗的反感，再加上宋朝方面各种暗示和挑拨，辽朝逐渐起了对西夏用兵之心。西夏之所以可以生存，关键原因便是辽朝的撑腰，现在和辽朝都闹翻了，岂不是奔着死路去吗？

庆历四年五月，焦急的李元昊再次派出大臣杨守素第四次前往宋朝请和，这次不但愿意去帝号自称国主，更愿意主动称臣。可能是李元昊先前诈降次数太多，这次态度实在太好了，"狼来了"玩多了谁都怕。宋朝看到后的第一反应竟然是："莫不是又来诈降？"无辜的西夏使臣就这么被莫名扣押了，宋朝继续静观其变。直到同年七月，契丹使者到来传达了辽朝皇帝将要出兵西夏的消息，并希望宋朝不要接受西夏称臣，事情才算有了眉目。

范仲淹、欧阳修、张方平等人都认为辽夏关系固然有可能恶化，毕竟挑拨这两国的事儿宋朝也没少干，心里总有点底。但这俩常年私下勾结针对宋朝也是传统了，谁都不确定这次是不是又来蛊惑宋朝，让宋朝陷入外交和国防双重困境的，所以还是要谨慎应对。

关键时刻，还是余靖看准了形势，他先以国家诚信为由，说服朝廷放归西夏的使臣，又表示既然先前已答应和西夏谈判，现在西夏也拿出了诚意，就没有再因辽朝毁约的道理。毕竟大家心里都明白，辽朝出兵西夏却特意来通知宋朝，不过是怕宋朝在辽夏激战的时候，乘虚进攻罢了，维护自家利益才永远是最重要的。

之后为了确保辽朝方面接受宋夏和议，余靖亲率十余骑出居庸关，至九十九泉与辽朝谈判。余靖曾经出使过辽朝，并自学了契丹语，对辽朝风土人情还是有一定了解的，最后往返宋辽数十次，与辽人激辩，终于将辽人说服，接受了宋夏和议，并确认了辽夏确实将要开战的情报。这一下，宋朝完全占据了三国外交的主动权。

只是还未待宋朝反应，急不可待的李元昊便再度派遣杨守素代表西夏第五次请求议和，西夏中书令张元力阻李元昊议和不成，最后气急攻心，疽发背而死。而宋朝这边，全程主持议和的余靖认为时机已到，上疏言明："臣又详观二敌形势，唯有速行封册，使李元昊得以专力东向，与契丹争锋。……此最中国之利。"余靖的好友蔡襄也深表赞同，力主此时正是和议的好时机，最后宋仁宗接受了他们的建议。由是宋朝答应每年给予西夏二十五万岁币，西夏去除帝号，对宋朝称臣，宋夏和解。

同一时刻，辽夏战事一触即发。

重熙十三年（庆历四年，1044），辽兴宗御驾亲征，三路出兵。辽兴宗本人率十万兵马出金肃城为中路，韩王萧惠率六万军队沿黄河南岸西行走北路，而辽兴宗的弟弟耶律重元则率领七千兵马为南路军，只是这路兵马大概是气氛组，之后完全没有了消息。

有骑兵优势的辽军在进攻西夏上比宋朝迅猛得多。辽军直接深入西夏境内四百里地击败西夏军的先头部队，取得阶段性的胜利。李元昊不敌，马上率军撤退，一路上焚烧草场，坚壁清野，辽军则如当年宋军一般在后面紧追不舍。

熟悉宋仁宗朝宋夏三次战役的，或许会对辽军此时的形势感到眼熟，这就是李元昊诱敌深入的老谋略了，先诱敌深入，再合军包围。只是这次辽军动员的军力远比宋夏战争期间宋朝的兵力多得多，且还有骑兵优势，这十多万兵马即使有水分，那也足够李元昊喝一壶的了。

当然，虽然坚壁清野代价惨重，但李元昊的布局还是有了效果。

不久，辽军即因无法打草谷补充后勤而人困马乏，李元昊此刻又试探性地求和，这种时候的求和换谁也不敢信的，所以被韩王萧惠拒绝了。天不遂人愿，辽军又在此时突遇极端天气，风沙大作乱了军阵。李元昊看准时机，全军突击，萧惠与辽兴宗所部辽军大败，死伤不可胜计。辽朝驸马被俘，辽兴宗只率数十骑仓皇逃出。西夏战胜辽朝后，于庆历四年十月，正式接受了宋朝的册封，和议乃成。

只是不久后李元昊又给宋朝出了个题目，他希望将辽夏河曲之战中抓到的辽朝俘虏过渡到宋朝，由宋朝代为放回辽朝以示好。

此举意在挑拨宋辽关系，这一次又是余靖出面化解了危机。他首先拒绝了西夏希望宋朝转交辽朝俘虏的请求，然后表示愿再次使辽，调解辽夏矛盾。当然这所谓的调解也只是做做样子，也就是给各方一个息事宁人的台阶下。经过辽夏战争，辽朝国力受损，西夏也无力再战，对于宋朝来说，边境终于重归稳定。

作为一切的始作俑者——李元昊，自继位以来，宋夏战争打了将近十年，两国数十万百姓惨遭战火荼毒，到头来西夏不但没捞到任何好处，还弄得自己国内贫困、矛盾重重。辽夏战争，虽然西夏获胜，但李元昊坚壁清野的策略也再一次沉重打击了西夏本国的经济，雪上加霜的是西夏后方的沙州回鹘再次崛起，直到李元昊死后数年才重新平定，这是后话。现在对李元昊而言最棘手的问题还是国内的矛盾。

西夏大族野利氏与李元昊之间的矛盾随着连年征战不断在加

强，甚至波及了西夏王位传承的稳定。

皇后野利氏为李元昊诞下三子，长子和三子早夭，活下来的只有次子宁令哥，李元昊对其十分宠爱，立其为继承人，野利氏强大的家族资源自然都站在了宁令哥的背后。只是李元昊不但宠爱儿子，连儿子的妃子没咩氏也十分宠爱，直接重演了春秋时期卫宣公、楚平王父娶子妻的典故，还为其大肆兴修宫殿。要知道野利氏嫁给李元昊二十年，住的都只是旧皇宫，现在没咩氏骤得恩宠，待遇却超过了野利皇后，纷争自然就这样开始了。

这宁令哥妃子被抢已经是极大的侮辱，现在连母亲野利皇后的待遇也被比下去了，野利家族中自然少不了怨声。这些怨言被人添油加醋后，传到了李元昊耳朵里直接升级成了野利氏想要谋反。李元昊听后大怒，当即下令将野利氏全族捕杀，军功彪炳的野利兄弟很可能就是在这次政治动乱中遇害的。

野利皇后与李元昊多年夫妻，倒是幸免于难。她积极劝说李元昊网开一面，李元昊终有悔意，遂派人遍寻野利家的遗孤，最后只找到了在寺庙中出家的野利遇乞之妻——没藏氏。看到没藏氏的美貌后，李元昊更是感叹对不起好兄弟野利遇乞，于是决定"汝妻子吾养之，汝勿虑也"，以缅怀故人。不久后没藏氏诞下一子，取名谅祚，但因为李元昊没给没藏氏名分，孩子只能交由没藏氏的兄弟没藏讹庞收养，没藏讹庞自此得到重用，登上相位。

野利皇后没想到替族人求情竟求来一片青青草原，由是深恨没藏氏，但毕竟她对族人遗孀心存怜悯，没有痛下杀手。然她对没藏氏的怨恨依然引起了李元昊的反感，不久即被幽禁冷宫。

没藏讹庞为了让李谅祚继位，又适时言语挑拨宁令哥，宁令哥血气上涌，便持剑入宫，欲刺杀李元昊，李元昊闪避不及，被削去了鼻子。宁令哥见杀李元昊不成，慌张逃窜，不久后被没藏讹庞捕杀，其母野利氏也一同被赐死。

李元昊身受重创，不久后伤口溃烂成疮，命不久矣。临终他回顾自己一生征战，到头来却是竹篮打水——一场空，心如死灰，曾经豪情万丈、横行西北的西夏开国皇帝，竟然给后代留下了这样的遗言："异日力弱势衰，宜附中国，不可专从契丹。盖契丹残虐，中国仁慈，顺中国则子孙安宁，又得岁赐、官爵，若为契丹所胁，则吾国危矣。"

当年李继迁一生对抗宋朝，临终也告诫李德明一定要对宋称臣，求得太平。李德明比较幸运，他遇到了"心善"的宋真宗。如今李元昊也和他爷爷一样，在临终放下了自己一生的执念，只希望后代子孙能做个顺臣，以在宋辽博弈中求得生存，只是他曾经的作为早已断送了宋夏间完全重归于好的可能。宋仁宗一朝虽未再对西夏开启大规模战事，但加强西北边防与积极发展国内军备确是提上日程的不可忽略之事，待到宋神宗、宋哲宗之时，才是宋夏战争进入白热化的阶段。

天授礼法延祚十一年（庆历八年，1048）李元昊去世。李元昊死后，原本遗命从弟委哥宁令继位，控制朝政的没藏讹庞却擅改遗命，拥立刚满周岁的李谅祚即位。幼主即位，那就是明摆着的国政不稳。

辽兴宗自从败于李元昊之后，一直憋着一口气，如今闻得西夏国内新丧，便想抓住时机，出三路大军攻打西夏。结果辽兴宗一路没有遇上西夏军，无功而返。而先锋萧惠则因轻敌冒进，疏于防备再次被西夏军打得大败，损失惨重，辽兴宗一度怒极想要杀了萧惠，但念及萧惠之子已战死于军中，才勉强作罢。倒是耶律敌鲁古统率的阻卜军顺利进军至贺兰山下，击破了西夏三千守军，俘获了李元昊的家属及官僚亲眷，没咓氏即在此时为辽朝所俘。

过了一年，辽朝再次对西夏用兵，其时西夏国力衰微、没藏讹庞权力不稳，西夏军只得坚壁清野，退守城中，辽朝一度兵围兴庆府，后大掠而还。其后西夏全力修复与辽朝的关系，从大辽重熙十九年（皇祐二年，1050）一直谈到重熙二十三年（皇祐六年，1054），才请降成功，重归于好。

经过三次辽夏战争，辽兴宗也一改在位前期的傲气凌人，几次出战失利的损失让他意识到战争对国家治理的剧烈影响。为了缓和由此引发的国内矛盾，他立弟弟耶律重元为皇太弟以作拉拢，同时又暗中扶持儿子耶律洪基的势力，以作制衡。在位后期的辽兴宗越发重视与宋朝修复关系，史载辽兴宗"尝以所画鹅雁，送诸宋朝，点缀精妙，宛乎逼真"，又明言表示"今两朝事同一家"。而宋仁宗亦回赠亲自书写的飞白书"南北两朝，永通和好"回复辽兴宗，辽兴宗即以宋仁宗所书为赋出题试进士。可惜这种美好只是徒有虚表，已然没法回到刚缔结澶渊之盟的那个时期了，在宋神宗朝时，两国间又再起波澜。

让我们把时间调回到庆历五年（1045），余靖刚刚完成了调和辽夏两国关系的任务圆满而还。此时在西北一带，他日后的上司狄青已荣升捧日天武四厢都指挥使、泾源部署，不但成了一路最高的军事长官，更位列地位显贵的三衙管军之一。只是二人此时尚未谋面，在未来相互认可之前，尚会发生一些小误会。

余靖完成任务后，内心轻松，便以契丹语作诗以抒心境。只是不久后这作胡语诗的事情被言官挖了出来，以大失宋朝体面为由对余靖进行了一番弹劾。朝廷的处理结果也很意外，竟然真的听了言官的话，把这位有功之臣贬知吉州（治所在今江西吉安）。

　　为何这点芝麻绿豆大的事能弄到贬官这种程度？原因很简单，当时朝中正同时发生着另一件大事——范仲淹的庆历新政失败了。而余靖作为范仲淹的同道，自然是要遭到打击的，所谓作胡语诗有损国家体面，不过是政治斗争的借口罢了。

十五

泣血传火：
范仲淹力主庆历新政

北宋庆历三年九月，宋仁宗率两府重臣开天章阁，拜谒历代先帝御容。

当年，宋真宗修建龙图阁与天章阁，一为表彰国朝文治，二为收藏文书典籍，与大臣交流文学艺术。至宋仁宗时又经多年经营，天章阁召对更从经筵、问政等方面逐渐演变为参与实际政务决策的场所。此次宋仁宗召入天章阁的重臣之中，正有二人，乃为一件足以影响国朝变革的大事而来。

此二人是参知政事范仲淹、枢密副使富弼。

多日来，宋仁宗数次召见范仲淹、富弼、韩琦三人，经过多番讨论，已然对未来的施政方针有了基本构想，如今在天章阁内为范、富二人准备笔墨纸砚，就是希望他们在此公开场合书下变革朝政的具体方案。范仲淹、富弼二人多年积累，在朝廷、地方与边疆辗转磨砺数十年，如今终于有机会一吐为快了。范仲淹以五十五岁的年纪得拜参知政事，位列宰执，拥有了执掌乾坤、革新朝政的权力，此刻又有宋仁宗的支持，由是便写下了《答手诏条陈十事》

公告天下。何谓"十事",所谓"明黜陟、抑侥幸、精贡举、择官长、均公田、厚农桑、修武备、减徭役、覃恩信、重命令"。

庆历新政的序幕开启了。

当然,革新之路从来都是困难重重的,范公自命"宁鸣而死,不默而生",自是对未来的坎坷了然于心,奈何连他都未必能料到,此番轰轰烈烈的新政只持续了一年多的时间便告收场。

故事还要从庆历二年年底说起,庆历二年十二月,宰相吕夷简突患重病,不能上朝。

吕夷简当时的差遣是宰相判枢密院,位高权重。宋代最高的行政机构乃是中书门下和枢密院,中书负责民政,枢密院负责军政,合称"两府"。中书门下的长官是同中书门下平章事,即我们说的宰相,枢密院的长官是枢密使。整个北宋,能做到兼任两职的一共有七人,其中一人是宋太祖朝的魏仁浦,剩余六人都在宋仁宗朝,即吕夷简、章得象、晏殊、杜衍、贾昌朝和陈执中。要知道在南宋末期,因为宰相长时间兼任枢密使,从而滋生了权相政治,以至于皇家太庙跟宰相府同时着火,竟然发生了三衙禁军先去宰相府救火,而把皇家太庙放在一边的奇事。宰相的权威能大到压过皇帝,由此可见兼任两职的权力之大。

回到北宋,宋太祖时国家制度尚未完备,魏仁浦兼任两职更多的还是象征意义,并无太多实际权力。而宋仁宗时早已不一样,宰相本身的权力便已足够影响皇权,那为何宋仁宗仍能行此险招,让宰相兼任枢密使?

最主要的原因便是多年的自然灾害和国防战争。

原本澶渊之盟后,经过宋真宗与刘太后多年的积累,国家财力已非昔日，虽然宋真宗天书封禅一度带起了一股铺张浪费的风气，好在刘太后主政时及时止损，于国家财政而言，影响并不大。风气可以教化，但在自然灾害面前，大部分时候的努力都是白费心机。

光是天圣六年大灾所波及的地区即包括京畿、京东西、河北、河东、陕西、淮南、江东、两川等地。到了刘太后摄政晚期，又因其过于厚待亲近之人，导致这些所谓的"刘氏亲族"在地方作威作福，带动了社会上土地兼并的风气。这土地兼并加自然灾害的内忧，若是再遇上对外战争的外患，岂不是雪上加霜。

好巧不巧，宋仁宗亲政以后，终其一朝都是大灾连续不断，赈灾的费用加上西北边境应对西夏的军费，根据苏舜钦的上疏所说，光在宝元元年之前，主管财政的三司花费已经二十倍于祖宗，国家用度严重不足。宝元二年，时任权三司度支判官的宋祁也曾上《三冗三费疏》，所谓"三冗"，即冗员、冗兵、冗费，直接点明了对祖宗之法中的流弊进行革新的方向。这些急需改革的呼声无一不直指被战事与灾害压得喘不过气的财政。

为了缓解财政紧张的问题，宋仁宗除了花钱赈灾，也出台了其他政策法令。譬如蝗灾，宋仁宗效法前朝，出台了相应的捕蝗法令。如下令官府招募百姓捕杀蝗虫，挖掘清理蝗虫卵，并给予百姓一定的物质奖励。重赏之下必有勇夫，全国的捕蝗热情高涨，治理蝗灾很快就收到了效果。欧阳修还专门写了首诗来描述当时捕蝗的情况：

  捕蝗之术世所非，欲究此语兴于谁。
  或云丰凶岁有数，天孽未可人力支。

或言蝗多不易捕,驱民入野践其畦。
因之奸吏恣贪扰,户到头敛无一遗。
蝗灾食苗民自苦,吏虐民苗皆被之。
吾嗟此语祇知一,不究其本论其皮。
驱虽不尽胜养患,昔人固已决不疑。
秉蟊投火况旧法,古之去恶犹如斯。
既多而捕诚未易,其失安在常由迟。
诜诜最说子孙众,为腹所孕多昆蚳。
始生朝亩暮已顷,化一为百无根涯。
口含锋刃疾风雨,毒肠不满疑常饥。
高原下湿不知数,进退整若随金鼙。
嗟兹羽孽物共恶,不知造化其谁尸。
大凡万事悉如此,祸当早绝防其微。
蝇头出土不急捕,羽翼已就功难施。
只惊群飞自天下,不究生子由山陂。
官书立法空太峻,吏愚畏罚反自欺。
盖藏十不敢申一,上心虽恻何由知。
不如宽法择良令,告蝗不隐捕以时。
今苗因捕虽践死,明岁犹免为蟓蕾。
吾尝捕蝗见其事,较以利害曾深思。
官钱二十买一斗,示以明信民争驰。
敛微成众在人力,顷刻露积如京坻。
乃知孽虫虽其众,嫉恶苟锐无难为。
往时姚崇用此议,诚哉贤相得所宜。

十五 泣血传火:范仲淹力主庆历新政

> 因吟君赠广其说，为我持之告采诗。

当然，花钱赈灾、物质奖励除了用国库的钱，宋朝的皇帝也尽可能地在其他方面找寻出路。宋真宗、宋仁宗两朝在大力完善国家荒政的同时，又常常从皇帝的内藏库中借钱给三司赈灾。现有记载显示，两宋三百多年总共动用内藏库一百八十九次，真、仁两朝就用了一百零八次，每次借出的钱动辄数十万乃至上百万贯计，而且宋仁宗知道三司难，最后连还钱都给豁免了。

在封建时代，皇帝不给自己修宫殿，一件衣服穿三次就可以称为节俭了，何况是这样力度的赈灾。况且宋仁宗比他老爹宋真宗还更进一步，从他亲政伊始，便主动缩减宫中花费，以缓解国家财政压力，但比起数千万计的财政花费，这样做也只是杯水车薪。而且宋仁宗朝西边有西夏的大打出手、北边有辽朝的虎视眈眈，为了弥补军事后勤上的问题，宋夏战争期间，宋朝不得不进行大增兵，以弥补军队机动力上的劣势，又加之北方契丹人再发重兵南下的威胁，直接刺激宋朝的禁军、厢军的总人数飙升到了一百二十万人。

这一百二十万人有多少水分先不说，单这巨额的军费想想就能让人头疼。据仁宗朝张方平统计，庆历年间养一个禁军每年要花费五十贯，汪圣铎先生就采取了这个说法，当然这个数字应当是抛开全国地域区别的一个平均数。而王育济先生认为，这个数字可能是后来嘉祐年间的花费，联系通货膨胀等各种因素，庆历年间养一个禁军可能每年要花费三十贯左右，养一个厢军则是十八贯左右，即使取这个较低的数字来计算，单单每年军费一项就要数千万贯计，再加上宋代对中下级禁军的管理向来有滥赏的传统，由此导致的财政压力更为巨大。按照曾担任三司副使的包拯所言，庆历八年（1048）宋朝的岁出已将近九千万贯，岁入只有少量的结余。

国内赈灾要钱、国防军事也要钱，两边都是重中之重。宋仁宗的"仁"就在此刻发挥了作用，宋仁宗最大的优点就是极有自知之明、会放权、会用人，所以在边境，他选择派范仲淹、韩琦、庞籍、王沿等人守备边疆并下放权力给他们；在中央，又让中书门下在枢密院南边新开一场所，让宰相与枢密使共同商议军事。群臣商议制定政策固然比较稳重，但上传下达之间要花费巨大的时间成本，效率不高还影响政令的实施，为了尽可能提高效率，宋仁宗便干脆让宰相兼任枢密使，还特别关照如果军议有误，宰相也不用承担责任。

与吕夷简同受任命的，还有平章事兼枢密使的章得象和枢密使加同平章事的晏殊，这里我们可以看到，在授予吕夷简重任的同时也任命章得象和晏殊在旁制衡，而且宋仁宗前、中期常常外放调整宰执班底，这些权术在一定程度上抑制了权相的出现。

经过多年的辛苦维持，宋仁宗与吕夷简等大臣在此过程中积累的荒政经验，也使宋朝将秦汉以来的荒政传统更加制度化，到南宋时甚至上升到了思想学说的高度。但是不管宋仁宗与他的宰执大臣们再怎么兢兢业业、化解危机，这么经年累月地花钱赈灾、招兵，最后导致的结果是什么？必然是国库空虚。国库会空，但灾害却不会停，边防战争也不可控，长此以往国家必然崩溃。所以不管皇帝和执政团队的意愿如何，增加财政收入便是眼前急不可待的事了，而增加财政收入唯一见效快的方案便是增税，一旦增税，那么势必加重百姓的负担。

宋代本身的税收制度相当一部分是围绕募兵制的巨额花费而制定的，这套制度的好处在于老百姓不用被均田制和租庸调束缚住人身自由，承担的兵役也较少，但与之相对的税收数目压力则更大。宋朝看着比其他朝代繁荣，实际是因为赋税增加而形成的表象，其他朝代不实行募兵制，自然没有赋税增加的动力。

以历朝历代而言，社会生产力大致是一直向前发展的，后来的明代也比宋代发展程度更高，但因为明代前期卫所制的成功，没有把募兵制当成主体，也就没有宋朝那么多的军费开支，自然国家税收比宋朝少得多，但这并不代表明朝比宋朝穷困。同样地，大部分徭役加少量赋税和部分徭役加大量赋税给老百姓造成的重压实际都是一样大的，所以本质上封建时代老百姓的日子其实都有自己不容易的一面，所谓"长太息以掩涕兮，哀民生之多艰"。

根据后世学者的考据，宋仁宗中期的全国耕地面积，从宋真宗时期的五亿余亩锐减到了两亿余亩，人口也从景祐年间到庆历年间的十多年时间里始终只在一千万户左右，并未有大的增长。当然这不是说宋代的耕地面积真的断崖式减少，或者人口完全不增长，而是常年的自然灾害加上战争引起的赋税增加，逼得老百姓不得不隐匿土地和户口以求得生路。加诸一些有势力的官员、地方胥吏以及地方富户又乘此国家危难时期，大发国难财，所谓"势官、富姓占田无限，兼并冒伪，习以成俗，重禁莫能止焉"。这些情况不但减少了国家的税收，也进一步加重了百姓的负担，以致全国各地都爆发了中小规模的农民起义。何竹淇先生曾写过一本名为《两宋农民战争史料汇编》的书，里面前后统计了差不多四百三十三次宋代的农民起义。因此有的人便以此为据，也不加考察，断章取义地说这个数字是历朝历代最多的,这未免失之偏颇。宋代的文献数量相较它之前的朝代来说最多,几乎相当于先秦至唐代文献数目的总和,所以关于起义的记载次数自然也比前朝更多,这是毋庸置疑的。

明清文献比宋代还多,所记载的起义次数也比宋朝多。比如明代,光明史专家张显清先生对明太祖洪武年间的农民起义进行统计,就有一百九十次,但这也并不代表明代的起义次数就一定是历朝历代最多的,这是由各朝各代留存文献中所记载的次数决定的。当然这里说的文献数量并不单指"二十四史",而是该朝的正史、笔记、墓志铭等各种资料的汇总。

何竹淇先生的《两宋农民战争史料汇编》这本书对于庆历年间起义的叙述,总的来说,这些起义的规模都不大,很多都是几十人、上百人的规模。事实上有很多学者也认为,何竹淇先生的叙述受到当时写作时代背景的影响,把很多小规模的闹事也都算成了起义。

宋朝爆发的农民起义,即使如贝州(今河北邢台清河县)王则这类规模较大的起义,也是带有宗教性质的,且只局限于一地,宋仁宗时期并未有波及一路,乃至全国范围的大起义出现,即使到了南宋末年,在元朝的重压下,南宋国内为统合国防资源对百姓的压榨已经到了令人发指的地步,也没有爆发大规模的起义,这是一个很值得深度挖掘的问题。那么这是什么原因呢?或许我们可以从晚唐到宋代工商业发展和分工越发细化的角度,去分析宋代社会结构的变化,并从中找到一些答案。

关于庆历年间宋朝财政的情况,因为账目记载的大量缺失,如今很难详细还原当时的财政全貌。至于皇帝的内藏库,则更是完全没有账目传世,所以我们只能从当时一些士大夫的奏疏中管窥到一些情况。

但毕竟士大夫的奏疏是要上呈给皇帝看的,所以也不完全是真实的情况,多有夸大其词的成分,我们在辨析时就不得不谨慎对待。譬如文中一直提到的张方平,虽然他在一些大政方针上有很多很有见地的上疏,但他的人品一直为时人所诟病。譬如他提到的庆历年间禁军一年的花费,就为后世学者所质疑;再譬如他曾说宋辽间二十多年的战争,宋朝只赢过一场,这样信口开河也多亏当时的政风宽和,放在政治严苛点的朝代被杖毙都有可能。当然奏疏虽有不实之处,但对于极度缺乏古代文献记载的现代,这些奏疏的内容仍然为我们提供了一些当时社会情况的侧面描写。

被时人称誉的谏官余靖,就有大量描述庆历年间的奏疏传世,除了描述庆历年间天灾和人祸下的民不聊生,上文提到的各种中小规模的农民起义也有涉及。

> 南京(指应天府)者,天子之别都也,贼入城斩关。而入解州、池州之贼,不过十人,公然入城劫掠人户。邓州(今河南邓州)之贼,不满二十人,而数年不能获。又清平军贼入城,失主泣告,而军使反闭门不肯出。
>
> 陕西、京西、京东、淮南、荆湖等路,各有群贼,大者数百人,小者三五十人。剽劫州县,恣行杀伐,官吏罢软,望风畏惧。

余靖以如此严厉的措辞劝谏宋仁宗,正是为了引出下面的这句话:

> 方今天下之势至危矣！夷狄骄暴，陵胁中国……内外之官，务为办事，而少矜恤之人，天下之民，急于供应，而有流离之苦。治道至此，未闻救之之术。

余靖与范仲淹交好，范仲淹和吕夷简是政敌，而吕夷简正是这多年动乱时期的主政宰相。余靖奏疏的意思很简单：第一，大宋现在的状态很差，需要调整政策；第二，这都是吕夷简一派不作为的结果。那么怎么解决问题呢？让范仲淹等一帮主张革新朝政的士大夫上台，实施新政。

向来有观点认为宋仁宗正是因为急求新政才把吕夷简罢相的，或许这只是一部分原因，毕竟吕相公在庆历二年末就已经重病到无法理事，并连番请求罢相，一直到庆历三年三月才得到同意，而且也只是罢去宰相，仍监修国史，可见宋仁宗对其的付出仍然是认可的。

余靖奏疏中所言的民间情况纵然全部属实，却也不能把全部责任归给吕夷简。宋仁宗可是看着大臣们一堆堆的奏疏长大的，早就对那些危言耸听的话语免疫了，对于余靖等人的上疏他能意识到严重性，对吕夷简等人他也不会真愚蠢到一竿子打死。所以在此之后，余靖、欧阳修、蔡襄三人得到宋仁宗的认可，被赐五品服，他们三人与被赐紫服的王旦之子王素一起，共称"四谏"。

因为吕夷简被罢去宰相，与吕夷简同期理政的章得象进位宰相。晏殊从枢密使正式升任宰相。夏竦因为曾在宋夏战争中有过出色的战略见解，得到韩琦的高度评价，于是宋仁宗拜夏竦为枢密使。范仲淹和韩琦则共同升任枢密副使。宋仁宗在安抚了各方势力的同时，正式开启了重用革新一派进行改革的庆历新政。

但在这个时候又发生了一个插曲，即新任枢密使夏竦，因为其品格不端，为人诟病，竟然遭到了余靖、欧阳修、蔡襄、御史中丞王拱辰、侍御史沈邈等人的共同弹劾。能让朝中革新派、保守派两方势力联合起来骂自己的，夏竦也算独一份了，宋仁宗也只能接受他们的建议，连皇城的门都没让夏竦进，就罢免了他，改让支持范仲淹新政的杜衍接任。不久后欧阳修又上疏弹劾参知政事王举正，使其被罢免，革新派领袖范仲淹得以充任参知政事成为副宰相，同月富弼也升任枢密副使。

那么从当时两府之中的情况来看，章得象和晏殊担任宰相，章得象属于那种什么人都不得罪的好好先生，晏殊则是范仲淹的推荐人、富弼的岳父，新党很多人的后盾；参知政事范仲淹是新党领袖，参知政事贾昌朝虽然和新党不熟，但也同样认为朝政急需革新；枢密使杜衍是支持新党的，枢密副使富弼是范仲淹最忠实的追随者，韩琦也是新党最有力的支持者和领导者之一。再加上皇帝宋仁宗本人的支持，宋朝当时的权力中枢格局对新政是极为有利的。

吕夷简或许是心有不甘，罢相后仍然频频暗中上疏反对新法，此举引起了欧阳修的警觉，欧阳修马上再次上疏弹劾已被罢相的吕夷简。宋仁宗本也不打算接纳吕夷简的建议，如今看到弹劾奏疏，也只能通过让吕夷简致仕的方式来表示对新政的支持。

范仲淹升任参知政事，欧阳修算得上厥功至伟，之后全心支持范仲淹主持变法。但他采取的方法实在过于激烈，而且和他一起的余靖、孙沔等人，每次谈及新政，都忍不住说两句打压吕夷简一派的话，这在政治上就显得十分幼稚。要知道，章得象、王拱辰、张方平，乃至后来也跟着官拜参知政事的陈执中等人都与吕夷简关系相近，这样一来就把这批人全部给得罪了。

新党其他的人如蔡襄、苏舜钦、王益柔等也浑然不觉危险已临近，相互间开宴会庆祝政治上的大胜利。谈笑风生间，偏偏又忘了被他们视为奸邪的夏竦之所以能做枢密使，少不了宋仁宗和韩琦的认可。如今新党君子们这般嘲弄于他，宋仁宗和韩琦听了不知作何感想。而晏殊、贾昌朝等老油条看到这批才俊的轻浮，认准了新党之势难以持久，态度也同样变得微妙了起来。新政还没开始，新党就把朝中大部分的人给得罪了。

庆历三年八月，韩琦再次出任陕西宣抚使，离京赴西北，《续资治通鉴长编》的作者李焘认为他可能未有机会参加天章阁召对。

新政伊始，新党在两府的力量即遭削弱。当时处理政务，范仲淹与富弼有不少事都要找时任宰相的章得象进行讨论，但章得象的反应是什么呢？

辄闭目数数，殊不应人。

章得象与吕夷简相近，不喜欢范仲淹等人，但又不敢得罪意图变法的仁宗皇帝，就用这种拒绝交流的方式给新党添堵。但堂堂一国宰相，竟然装聋作哑表示不配合，未免有失体统。年轻气盛的富弼看在眼里，他哪里受得了这个，恨不能上疏宋仁宗即刻将章得象罢免了，却被范仲淹以顾及大体为由，拦了下来。

范仲淹和吕夷简可是老冤家了，怎么现在主政了，反而变㞞了？难道也是"屠龙少年变恶龙"了？其中究竟是何缘由呢？

庆历三年九月，新政正式得到实施。范仲淹等人所提出的新政大纲便是《答手诏条陈十事》所说的这十条内容：明黜陟、抑侥幸、精贡举、择官长、均公田、厚农桑、修武备、减徭役、覃恩信、重命令。其中前五条都是关于吏治人事的改革方案，因为不管做什么事，第一点必然是先建立起一支可以信任的队伍，之后才能保证决策具体实施的执行力，建设国家的官僚队伍更是如此。

其一，明黜陟。随着社会日趋稳定，官场氛围也日趋保守。很多时候多做事反而容易犯错，不做事反而没事。长此以往，相比政绩，官员升迁更看重的是熬资历。那么现在老范告诉大家，之后不行了，如果一直不做事，资历够了也不能升官，相反如果有大善大功，不但可以特加优爵，还能获得升迁，就是说现在官员升迁和政绩挂钩了。

其二，抑侥幸。过去朝廷想着前朝士族当大官，官位世袭也算传统。宋代没了士族，就靠恩荫弥补一下高级官员们失去的特权。现在好了，恩荫太多，反倒成了国家的负担。所以老范也告诉大家，之后恩荫名额也要大幅减少，如馆阁这类重要岗位必须经过严格考核才能担任，如果你们对此不满意，可以先去和欧阳修、尹洙他们辩论，先看看能不能吵赢他们。

其三，精贡举。过去科举考试都是考辞赋墨意，结果选出来的人九成是"战五渣"，所以之后的学校教学和科举取士全部要以经世济国的学问为主，而不能再只专注于堆砌辞藻了，全国各地都要多建学校，多多培养人才，科举考试的选拔标准也要更加严格把控。

那么为了推动上面说的这些方案，就需要选拔出一批有足够能力的官员到地方去监督和执行新政，也即第四条所说的择官长。这也是新政伊始，最重要的一点。范仲淹、富弼经过与中书讨论，给出的名单里，最重要的几位分别是：受到名相蔡齐和三司使王尧臣提拔的张昷之任河北都转运按察使；宋真宗朝名相王旦之子王素担任淮南都转运按察使；曾经参与弹劾夏竦，并为晏殊和杜衍所看中的侍御史沈邈出任京东转运按察使。再加上这几个人都有吏干精明的特点，可以说这是一份让各方都能接受的名单。

然等三人到达地方后，却遇到了极大的阻力，三人也普遍被评价为"以苛为明"而"颇致骚扰"，至于这些形容词是真是假，就留给我们后人自行猜度了。但至少在这一阶段，朝堂大势仍然是支持新政的，所以他们三人也能对地方的贪腐问题做到查明究竟、绳之以法，并让下属官吏对新政和自己都敬畏有加。

其五，均公田。其实早在宋真宗时，为了针对吏治的贪腐问题就有过对策。如宋代施行官、职、差遣分离的制度，其中官为本官阶，或称寄禄官，代表官员的级别和俸禄；职也称为职名或贴职，所谓"职以待文学之选"，可用来定声望，提高政治地位；差遣代表官员的具体工作，象征着其权力和另一部分俸禄，实际意义最大。

但是能得到高官阶、多差遣的官员很少，这也就导致宋代真正升官快、待遇好的官员也只是一小部分。大部分官员的生活是很窘迫的，所谓"鲜不穷窘，男不得婚，女不得嫁，丧不得葬者，比比有之"。很多官员为生计所迫，只能借贷为生，又被放贷者以债务要挟，只能以公权帮助放贷者贪赃枉法、谋取私利。等有了污点以后，也就没底气公正执法了，长此以往基本上只能颓废堕落，和地方势力同流合污。宋真宗时为了应对这种情况，恢复了前朝的职田制度，由朝廷分给官员土地，期望以厚禄养廉。但时间一久，对于职田的分配管理又产生了混乱。

范仲淹本身是认可职田制度的，毕竟自己在地方任职多年，对下层官员的情况还是有所了解的，如果把这个福利也给砍了，那也不用指望别人帮自己做事了。所以老范对这个制度的建议是重新明确标准并严格管理，重新议定外官职田的分配数量，使得每个岗位都分得到职田，让那些优秀的才俊也愿意去地方当官。

理顺了吏治问题，下一步便是实际的民生治理了。

其六，厚农桑。这条算是庆历新政中政治色彩最淡的一项，所以也没有受到什么阻力。范仲淹本人即是水利名臣，他要求每年农闲时节，地方政府要对水利兴修做足准备。先收集吏员和农民的意见，再派官员到地方实地考察，绘画地图，经反复讨论落实，计算和准备工程材料后，再于每年二月开工，以半月时间完成水利工程，以至农利大兴。庆历四年正月，宋仁宗下诏全国上报各地陂塘、淤田、堤堰、河渠的信息，以作统一的修复管理。

第七条修武备我们放在最后，先说第八条减徭役。

范仲淹以宋时衰落的西洛河南府为例指出，河南府在唐武宗会昌年间，尚有户十九万五千左右，置二十县尚可。如今，河南府只有户七万五千左右，却仍置十九县。人口变少了，却还要负担差不多数目的徭役，百姓自然困苦。于是范仲淹根据当地人口数，重新划分合并了河南府的行政区域以作试行。只是这条法令出台最晚，最后也只在河南府施行了。

第九条覃恩信也是以维护百姓的利益为宗旨的。有宋以来，为了应对天灾，朝廷常常出台惠民政策，或者直接大赦天下以免除地方百姓的赋税和徭役。但这些法令下达后，尤其是下到一些偏远地方，当地的官吏顾及个人的利益得失，往往不予执行。致使国家虽免除赋役，稳定地方，但地方却并没有得到实利，赋役照收。只是这钱去不了朝廷，全进了地方官吏的口袋，地方官吏又拿这些钱去讨好朝中高官以上下通气。等到百姓怨愤，这些官员就将全部的责任推给所谓的国政不修。

如今范仲淹以五条法令重新打造官僚团队，为的便是淘汰这些朝中虫豸，让这些惠民政策得到真正的贯彻和执行。于是在此推动下，宋仁宗任命范仲淹昔日的老上级杨日严、侍制王质及主管财政的机构三司一同"详定不系侵欺、盗用、该赦欠负"。

而第十条重命令，则是再次重申国家治理必须严格执行法令刑律，也是为了针对当时地方大量巧取豪夺、盗匪横行的必要手段。只是范仲淹还强调了"慎乃出令，令出惟行"的主旨，治理非常事件，使用重刑在所难免，但做判决前必须慎之又慎。如果有官吏违反诏令公器私用，根据情节轻重，处以徒二年乃至杖一百的刑罚，并移交两府审查。

这十条皆是因宋仁宗求治心切而提出的救世急务，应该说都是新政的初步方案，至于具体细节其实还是有待商榷的。关于这十条的具体实施情况，史家历来有不同的看法。

富弼本人在后来给范仲淹写的墓志铭中表示，这十条十有八九未得施行，后世不少学者也采纳了同样的观点。然宋代文献记载复杂纷乱，近来不少学者经过研究，又发觉这十条法令中其实只有第七条修武备未执行，另外九条都有一定规模的施用。李焘在《续资治通鉴长编》中更将新法各条的具体施行时间记录了下来,除第七条修武备外,其他基本上在庆历四年五月之前陆续得到实施。而在范仲淹被外放后,这些法令的停止和续用其实也各有不同。

当然,新政实施的具体过程必然是阻力重重、备受压力的。毕竟这十条中有五条直指吏治,九条具备政治影响,这变法实在也是"天字第一号"得罪人的差事。

在勾画官员具体的升迁和黜落之时,向来正直,曾正面与皇帝和宰相章得象对峙的富弼也深感压力重大,迟迟无法下笔。反倒是在与章得象争执时,选择息事宁人的范仲淹一改先前的内敛退让,看到诸路监司有不称职者,直接一笔勾掉。富弼感叹这些官员如果被罢职,极有可能生计困难、陷入窘境,一笔将其勾除容易,却要多出一大家子为此哭泣了。范仲淹明白富弼的顾虑,为了开解他,说出了那句流芳千古的名言:"一家哭何如一路(类似今天的省级行政单位)哭耶?"一户人家的悲惨遭遇固然让人同情,但若是这一户家庭的幸福要以牺牲一方百姓的幸福为代价,孰轻孰重?

范仲淹如今握柄执政,尤其自己还是变法的领袖,关键时刻如果优柔寡断,你让下边的人怎么敢跟着你继续干下去,所以他也不会再像过去那样和宰相发生争执,去盯着监督别人的过错。如今他需要的是监督自己,让自己可以正确地使用手上的权力,而不是被权力腐蚀。他不能把时间再浪费于同僚间的无端争执,他需要稳定大局,以凝神聚气直面真正的黑暗。

在他的努力下,大量的有才之士如杜衍、韩琦、富弼、欧阳修、余靖、尹洙、蔡襄、孙沔、苏舜钦、王益柔、王洙等成为新党的骨干。原本与范仲淹不和,权知开封府的吴育逐渐也接受了范仲淹的做法，为吕夷简一派所提拔的包拯则更是亲近新党众人。就连向来与新党敌对的张方平，也对新政的个别法令颇为认同。

欧阳修与三司使王尧臣推荐了创立"千步方田法"的郭咨和孙琳前往亳、寿、汝、蔡四州丈量土地以作试点，并初步了解了各地豪强隐匿土地的情况。虽然为了不引起太过剧烈的社会动荡，丈量土地一事暂且作罢，但之后每隔几年，朝廷仍会进行一定规模的土地和财产审核，以作全局把控。到王安石变法时，"千步方田法"还成了其变法的核心之一。

大才子石介为了称道庆历君子们的伟业，写了一篇《庆历圣德颂》以表彰众人的功绩，只是这文章虽然文采极好，却是妥妥的拖后腿行为。范仲淹和韩琦看了这篇文章后，皆认为引起的风潮很可能会败坏新政大业，果然他们没有料错，真正的拖后腿行径，还在路上。

但不管怎么说，截至庆历四年初，范仲淹一众君子为国家作出的贡献还是很大的，除了上文提到的内政革新，西北的边防也成效显著。

当时西北最得力的四位守边大员——种世衡、张亢、狄青、滕宗谅皆是范仲淹举荐的。虽然范仲淹提议学习唐代府兵制的修武备之法没有得到两府的认可，但他大力推动的堡寨战法已然成了北宋之后拓边西北的基本策略。

张亢在边境时曾向韩琦和范仲淹提出一套新的整兵方案："以马步军八千以上至万人，择才位兼高者为总领。其下分为三将……每将以使臣、忠佐两三人分屯要害之地，若贼小入则一将出，大入则大将出……今万人以上为一大将，一路又有主帅……则泾原路五万人矣。"此提议被范仲淹进一步总结出"不量贼众而出战,以官为先后,取败之道也"的理论,于是才有了后来"分州兵为六将,将三千人,分部教之"的实操方案,最后成功遏制住了李元昊的攻势。后来张亢去了河北,也将此法带去了那里。到王安石变法时,张亢与范仲淹的这套兵法即成了将兵法的雏形。宋人即认为"熙宁将法,盖本范公之遗意也"。

实打实的功业摆在身前,保守派纵使千般不愿,也不敢再明着诋毁新党了。

范仲淹当然知晓新政之事不可一蹴而就,更凶险的挑战和暗箭还在前方,但几十年挫折都这么过来了,还有什么事可以再打倒他呢?可惜,这次他将要失算了。

光明或许能直面黑暗,但他永远无法了解黑暗。

十六

功臣难封：
《岳阳楼记》背后的政治博弈

在我的中学时代，曾有过这么一句谚语：一怕文言文，二怕写作文，三怕周树人。虽然现在时过境迁，早已遗忘了当年被知识海洋温暖包裹的快乐，但多亏当年父母师长的教诲，让自己在少年时背诵了这些于自己一生有益的名篇，在年岁稍长后，也能真正理解了一些。范仲淹的《岳阳楼记》作为中学时全文背诵的文言文之一，亦是如此。

> 庆历四年春，滕子京谪守巴陵郡。越明年，政通人和，百废具兴，乃重修岳阳楼，增其旧制，刻唐贤今人诗赋于其上，属予作文以记之。

《岳阳楼记》开篇寥寥数语，即交代清楚事情的来龙去脉，众人皆知岳阳楼乃是在庆历四年春季时由范仲淹的挚友滕宗谅重修的，而这年春天也正是范仲淹实施的庆历新政进入最关键的时刻。

范仲淹在守边西北时，即对滕宗谅的才能深深赞赏，并对其委以重任，让其镇守泾州。而滕宗谅也不负挚友所托，在定川寨之战新败，泾州一带防御空虚时，挺身而出布置防务，稳定地方，从而没有让入侵的西夏军找到可乘之机。

那为何在关键时刻立有大功，并展现出过人才能的滕宗谅，会在庆历新政的关键时刻，被谪守巴陵郡呢？想必大家能猜到，其中的蹊跷一定与伴随变法的各种权力斗争有关。

这一阶段，在西北边境正同时发生着两大公案，不但影响了范仲淹原本在宋夏边境的国防布置，更被保守派借题发挥，沉重打击了庆历新政的良好势头。其一名为水洛城案，其二名为公使钱案。

这两起公案的发生同时源自范仲淹的另一位好友，而这位好友是个曾经生猛到为整顿吏治，一度撬动整个北宋政坛的狠人。那么这个狠人又为何会对范仲淹的庆历新政形成冲击呢？这次冲击又与《岳阳楼记》产生了怎样的关联呢？

他与范仲淹的联系，和其家族兴衰紧密相关。

在贵族时代，贵族间要建立最紧密的联系无外乎"婚宦"二字，相互通婚既能达成政治联盟，又能利益捆绑，一荣俱荣，一损俱损。

而在大贵族几乎消亡的宋代，新兴的官僚阶层仍然会依据先人的经验寻找大家族联姻。同样地，科举带来的阶级流动，又让这群老狐狸意识到寒门进士中也蕴藏着无数的潜力股。其中投资最成功者莫过于富贵宰相晏殊了，简直可称"大宋最强老丈人"，他直接把女儿嫁给了无甚家族背景，又恰逢落榜的富弼。没想到富弼除了德才兼备，日后身居高位，还是个十足的好丈夫，老晏也是为女儿找到了一段可称千古佳话的好姻缘。

当然晏殊这能看中并提拔范仲淹、欧阳修、富弼等人的神级慧眼不是什么人都能学会的，北宋朝大部分的岳父仍然只能用最笨又最通用的办法为女儿找丈夫。于是，所谓的"榜下捉婿"便成了当时的传统。每次进士榜单公布，都会有无数岳父兵分数路埋伏在榜单四周，捕猎上榜的学子。

宋真宗大中祥符八年（1015），刚刚中举的范仲淹便在这样的环境下被太子中舍李昌言看中，招入门中为婿。李昌言本人虽不闻于史书，但他有两点需要我们注意：其一，他是宋太宗朝参知政事李昌龄的弟弟，家世煊赫；其二，李昌言曾言道："凡择女所配，必于寒素之门。"而以范仲淹当时一碗粥分三顿喝的家境来说可谓妥妥的"寒素"了。可是范仲淹那一年的进士排名是乙科九十七名，虽然已属难得，但也谈不上是多好的名次，李昌言之所以能一眼相中他，也算是颇有眼力的了。

过了近十年，又有一个布衣书生被李昌言相中，招入门中为婿，他就是郑戬。郑戬多年苦读，终于在天圣二年高中，名列一甲第三名，后来一直做到了枢密副使之职，因为郑戬当时也是布衣出身，恰巧符合李昌言的择婿要求，所以自然被李老先生招入门中。不得不说这李老先生看人的眼光确实毒辣。因为李昌言的关系，范仲淹与比自己小三岁的郑戬相识，二人都是德才兼备、胸怀大志的俊杰，又都有一股执拗的脾气，不久后即变成了相互认可的好友。然二人虽然是这种连襟加好友的关系，但在政见上却神奇地没有走到一起。

时间来到宝元年间，那时候的北宋政坛刚经历了范、吕之争，朝堂上下几乎都或多或少地受到二人争斗的影响，但庙堂和江湖都很大，总有人不随主流。郑戬、宋庠、宋祁、叶清臣等同科好友便成了游离于两派之外的第三股势力。这四人论考进士的水平，宋庠第一，叶清臣第二，宋祁原本能排第一，但因为是宋庠弟弟的缘故，被刘太后排到了第十。所以郑戬虽在第三名这样的高位，但在这帮同年里可能还是要屈居第四的，但如果论弄潮的水平，另外三人就是捆在一起也不如他。

宝元二年，郑戬权知开封府事，不久即查出了开封府胥吏冯士元所做的诸多不法之事。宋代胥吏家族的职务往往世代传承，又与地方势力盘根交错，故极难整治。而这冯士元更是手眼通天，不但与宰执家的衙内有关联，更为两府重臣的府邸打理了不少涉嫌不法的财货生意。这事碰上别人可能就不了了之了，但不巧碰上了郑戬。郑同学的答案是：法不容情！决不姑息！

于是冯士元被流放海岛，吕夷简的两个儿子吕公弼、吕公绰因此事受牵连一度被捕。参政程琳、知枢密院事盛度、御史中丞孔道辅被弹劾免职，孔道辅曾举荐的王旦之子王素也被牵连贬职。一番操作，两府和御史台各有官员被免职，前任宰相和保守派领袖的儿子也受到牵连，这事情引起巨大震动，以至宋仁宗还特地敲打了一下吕夷简："所决冯士元之狱，如闻颇惬中外之论……大抵法令必行，邪正有别，则朝纲举矣。"

郑戬因此事声名大振，深得朝廷重用，同科的好友宋庠、宋祁兄弟和叶清臣之辈也不甘示弱，纷纷在自己的任上做出了成绩。如此颇有才干的青年才俊，自然很合宋仁宗的心意，不久后郑戬升任枢密副使，宋庠升任参知政事，叶清臣任权三司使，宋庠判太常礼院、升迁为天章阁待制。一个个都比范仲淹年轻，正可谓"春风得意"。

但好景不长，只一年不到，吕夷简便首先发难，以范仲淹议和之事设计宋庠，最后的结果就是宋庠连带宋祁、叶清臣还有郑戬一干人等，全被外放出了朝廷，一朝之间，权柄尽失。这事把众人都弄得很郁闷，尤其是宋祁。原本少年得志，仕途顺遂，现在突遭变故，于是写了一堆诗文发牢骚。

而郑戬虽然打击贪官污吏雷厉风行，对待好友却能始终相伴，多次写信宽慰，哪怕他自己也是这次变故的受害者，宋祁心中感念，也把郑戬认作了自己的哲兄。其后数年，郑戬又辗转杭州、并州等地，完成了一些打击豪强、治理水患的工作，终于在范仲淹入朝主持新政时再次被起用，前往陕西主持守边工作。

但范仲淹怎么也想不到，这次的安排会让他的这位连襟加好友成为他日后人生中最大的变数。

郑戬以昔日的身份总领陕西四路，权位自然不是寻常的地方官可比的。只是权位是朝廷给的，威望却要靠自己做出来。范仲淹留在西北的那批人都是实打实地靠军功拼出来的，要压服这些人谈何容易？

事实上，郑戬与张亢、滕宗谅这些人相处得确实非常不愉快。

郑戬既然要站稳脚跟，首先便是组建自己的队伍，他大量招募以姚嗣宗、董士廉为首的关中豪侠担任自己的幕僚，这关中豪侠能量可不一般，此前投奔李元昊的张元与吴昊即是关中豪侠出身。姚嗣宗和董士廉虽混迹江湖，却都才兼文武，尤其是姚嗣宗，人称"关右诗豪"，范仲淹甚至认为他的才学足可入馆阁任职，可惜姚嗣宗并未考得功名，朝廷因此便没有接受范仲淹的举荐，姚嗣宗最后只得入陕西帅府担任幕僚。又加上姚嗣宗和董士廉二人皆无功名在身，因此必须依靠杀敌建功，才能谋求出路，这与郑戬内心所求完全吻合。尤其当时西北经过范仲淹的多年经营，建造碉堡容易建功已经成了边境众人的共识，于是郑戬和他的幕僚们便把目光投向了一个叫水洛城的工程上。

水洛城是与清涧城、定川寨等北宋堡垒相似的边防城寨，位于秦凤、泾原两路之间，西占陇坻，通秦州往来道路。早在庆历二年时，范仲淹便上疏建言修筑水洛城，认为其获利甚大。但此议遭到了韩琦的反对，因为韩琦久在秦凤、泾原两路为官，对当地的了解多于范仲淹，加上当时的宰相是范仲淹的死对头吕夷简，所以修筑水洛城一事自然就没有得到批准。

韩琦和范仲淹虽然对修建水洛城一事没有达成共识，但君子和而不同，二人依旧合作无间，并共同举荐了一位将军出任了这一带的守将，此人名唤刘沪。论及刘沪的家世，别说范仲淹一碗粥喝三顿的家境了，就是韩琦那世宦的家世也远不如。

刘沪祖上曾与赵宋皇室有姻亲关系，爷爷刘审琦当年跟着太祖皇帝征讨李重进不幸为国捐躯，伯父刘文裕曾因参与逼死杨业而被削职流放，但因其外戚身份被宋太宗赦免，刘沪的老爹刘文质更是宋太宗的爱将，长期参与征讨李继迁的战事，那家庭背景是妥妥的将门子弟。

只是宋太宗死后，他们家与皇室渐渐疏远，也就没落了。好在他的哥哥刘涣十分争气，虽然是靠恩荫做的文官，但是铁骨铮铮、不畏权贵，曾与范仲淹一同劝谏刘太后还政，又劝阻宋仁宗废后，到庆历年间已然是兼具名望和资历的重臣了。

刘沪虽然履历没有他哥漂亮，但是才能上也丝毫不逊色。三川口新败之时，边关城池大都闭门死守，流落在野外的百姓与畜产得不到庇护，多为贼人所得，唯有刘沪大开城门，收容百姓入城，是故极得边民人心。刘沪在静边寨担任寨主多年，以少数兵力不断在当地抵御外敌、招抚番人。庆历三年，经韩琦与范仲淹的举荐，授其阁门祗候，他再次击破敌对番部，将宋军在当地的控制区域扩大到章川堡一带。因为对边地的经营极其顺利，刘沪在当地招抚了大量番人部落，急需修筑一座新的堡寨作为巩固宋朝在当地统治的据点，这座新筑的堡寨便是前文所说的水洛城。

庆历三年，新到任的郑戬亲赴水洛城一带巡边，不想这些番人听闻有首长下基层，又动了歹念，在献地时突然发动叛变，计划杀尽官军，直取郑戬。幸得刘沪指挥若定、悍勇杀敌，再次将番人叛军击败，降服的番军才乖乖献地，以表恭顺。

一连串的变故算是更加坚定了郑戬修筑水洛城的决心，回去后就立即上疏给朝廷，极言水洛城不但位置好，土地还肥沃，如果任命刘沪在这里修筑城寨，妥善经营，没几年定能完全控制住周边的十几个部落，收编番军及弓箭手三五万人。

当时正是范仲淹主政的时期，看到好友也支持自己当初治边的方案，自然予以支持，工程因此得以展开。但还没修几个月，韩琦咨询了文彦博、尹洙、狄青等人后，又上疏对修城一事表示了反对。

韩琦认为如果以水洛城为据点，当地守备将面临两大问题：其一，当地道路艰险，又遍布降叛不定的番人部落，水洛城短时间内都可能自顾不暇，哪里还能抽出精力修寨，西夏军一旦入边，只需派遣数千兵力，扼守静边寨和章川堡方向，就可以隔绝水洛城外派的援军，而从出兵援救德顺军和镇戎军的路程来说，水洛城相较于秦州城和静边寨，也并没有太大优势。水洛城不但无法阻隔敌人，更可能为西夏入侵提供便利。其二，水洛城到静边寨和章川堡有百八十里，其间道路断绝，需修两大寨、十小堡方能互相为援，其土功自以为百万计，而且就算修建起来了，朝廷还要派遣兵将前去驻扎，兵将的钱粮又是一大笔花费，如此大兴土木，实在是劳民伤财。为了这么一座短期内没啥用处，副作用有一堆的城寨，实在没必要。

韩琦和范仲淹虽然都镇守西北多年，但范仲淹主要镇守鄜延和环庆两路，对秦凤和泾原路的了解远不如韩琦。而郑戬初来乍到，即使认真做了功课，对当地的了解也无法与韩琦、尹洙、狄青等人相比。

最后朝廷听取了韩琦的建议，同时又预料郑戬未必愿意接受朝廷的命令，于是下诏将郑戬从第一线调离，改知永兴军，但考虑到无故调他的职，为了照顾郑戬的面子，仍然让他遥领陕西四路都部署，水洛城之事则全权交由泾原路经略安抚使尹洙与泾原路副都部署狄青负责。

但欧阳修马上看出了这个任命中的隐患，如果让郑戬兼任四路都部署，那么他仍然拥有权力干预水洛城的相关事宜，这样很可能会引发新的争端。于是朝廷再次下诏，将郑戬的陕西四路都部署改为永兴军都部署，只是这两道诏令的下达一前一后隔了一个月，因为时效性，最后还是出了问题。

郑戬在听闻朝廷停止修城的诏令后，仍然不顾朝廷的诏令，派幕僚董士廉前往襄助刘沪修城。刘沪有了郑戬的支持，也有了底气跟董士廉一同拒绝尹洙介入。尹洙三番五次写信邀请刘沪和董士廉入渭州城商讨筑城事宜，可二人都提防尹洙有诈，拒绝前往。

这朝廷都下令停止修城了，郑戬、刘沪和董士廉哪来的底气违抗朝廷呢？就为了立功升官吗？那还真不是。从理论上来说，韩琦在水洛城一事上的战略眼光确实高于范仲淹和郑戬，毕竟他在秦凤、泾原两路任职五年，对当地情况更为熟悉，且韩琦对水洛城一事的消极看法有很大一部分原因是来自当地番人的降叛不定。但是谁也没有料到郑戬这边有一个十足的地头蛇刘沪啊，刘沪的到来，却能最大限度地镇服这些部落。

至庆历三年，刘沪已经基本稳定了水洛城附近的静边寨与章川堡一带的番汉关系，这与庆历二年范仲淹刚提出筑城时的情况截然不同，而刘沪招抚番人的能力是足可以跟种世衡相提并论的，可能当时任何人都没想到，在刘沪死后，番人因为过于崇拜他，当地甚至出现了刘将军信仰，并且其影响一直持续到了今天。

也正是有这么一位将军的身体力行，郑戬才敢拒绝执行朝廷的诏令，继续修建水洛城并上疏表达看法。

而刘沪与董士廉之所以不离开水洛城，除了提防尹洙外，也是因为朝廷停止修城的法令再度引起了番人部落的不安，也只有刘沪继续留在城中，才能稳定人心。番人们为了工程得以继续，甚至愿意自掏腰包修城，为朝廷节省经费。

郑戬的上疏和前线的纷乱让朝廷的立场再次发生了动摇。朝廷下令派遣盐铁副使鱼周询等人赶赴前线实地调查。尹洙听闻消息，预感到事情会发生新的变数，从他的角度看来，稳定地方局势，屯驻军队即可，何必要主将也一直待着？况且刘沪与董士廉的屡次违令早已将尹洙激怒，他当下派遣狄青亲往水洛城，将刘沪和董士廉枷项逮捕。刘沪和董士廉二人都是水洛城一带极有威望的守边长官，却被以枷项这种极具羞辱性的方式逮捕下狱，由此可能引发的边地纷乱可想而知，尹洙当时确已近乎丧失理智。

而狄青作为逮捕方案的具体执行者，自然成了平息纷乱最后的希望。从身份来说，狄青是韩琦和范仲淹共同举荐和提拔的将领，尹洙代表了韩琦的立场，郑戬则支持了范仲淹的提议，水洛城本质是意见之争，根本没必要上升到刑罚的高度，狄青是完全有立场来调和两方之间关系的。

虽然刘沪也得到过韩、范的共同举荐，但从身份来说，狄青的官位远高于刘沪，当时狄青已经位至副都部署级别的高级军官，是绝对有便宜行事权力的。而且狄青不但是尹洙的好友，更曾受到过范仲淹的亲自教导，不论从立场还是身份来说他都是有资格基于水洛城的纷乱情况，对尹洙进行劝说的。即使无法说服尹洙，也可以用比较温和的方式在安抚番人的同时将刘沪和董士廉带离水洛城。

但很让人意外的是，对于尹洙的命令，狄青竟然没有任何的异议，或许是出于知交间的义气，他到达水洛城后，在确实了解当地番人情况存在变数的情况后，依然于众目睽睽之下将刘沪与董士廉枷项逮捕，械送下狱。如此激烈的行动毫不意外地激起了各部番人的恐慌，他们开始"争收积聚，杀吏民为乱"。边境动乱进一步升级。

董、刘二人被捕后，董士廉背后的关中豪侠乃至相当一部分的西军将领皆仇视尹洙和狄青，他们散布各种尹、狄二人在狱中虐待拷打刘沪和董士廉的传言，营造尹、狄意图赶在朝廷特使到达之前杀人灭口的氛围，这不但让尹、狄二人的处境极为尴尬，背后矛头更是直指韩琦。而范仲淹又恰恰是修建水洛城的最早倡议者，一次原本极为普通的观点之争，却在庆历新政展开伊始，便激化为韩、范两位新政领袖之间的大冲突，其对新政的冲击，可见一斑。

等到鱼周询到达现场后，水洛城一带早已乱成一锅粥，从他们的角度来看，引发动乱的直接原因自然归到了尹洙和狄青的头上，而对于修城一事，鱼周询等人也站在了范仲淹、郑戬的一边。但韩琦也不会束手待毙，他马上上疏为尹洙和狄青辩护，将责任归于郑戬与刘沪等人的好大喜功，并再次重申了他反对修筑水洛城一事的观点。这下两边的对立情绪更加剑拔弩张。

关键时刻还是范仲淹格局大，他虽然也被卷入其中，却仍然带头站出来为狄青、刘沪等人说情。他认为狄青和刘沪都是立有战功的名将，如果因为这样的事被轻易问罪，不管处理谁都会让三军寒心，而尹洙也是身负大才，可以考虑将他和狄青调任他处，以回避矛盾。

谏官余靖和孙甫都赞同范仲淹的观点，而欧阳修则认为："大凡武臣尝疑朝廷偏厚文臣，假有二人相争，实是武人理曲，然终亦不服，但谓执政尽是文臣，递相党助，轻沮武人。况沪与洙争，而沪实有功，又其理不曲，罪沪则缘边武臣尽鼓怨怒。"大凡武臣常常会怀疑朝廷偏厚文臣，如果两方相争，即使武人是真的做错了，武人心中也会对文臣的判决感到不服，总会说朝中执政都是文臣，相互包庇，从而"轻沮武人"。更何况如今武臣刘沪与文臣尹洙相争,刘沪不但立有大功,也并没有做错什么,如果对刘沪治罪,则边境的武臣都会更加愤怒。

自澶渊之盟以后,宋朝为了纠正五代时期的武人政治,奉行崇文抑武的国策,当中确实存在矫枉过正的情况。原本宋廷寄希望于将家子弟肩负起国防重任,但连年战事失利已然证明,这条路不可行。那么如何扭转这一情况便成了当务之急。早在庆历二年,宋仁宗针对这"轻沮武人"的问题,便曾采纳臣下的建议,特召狄青、范全等军中新锐御前奏对,以示恩宠,只可惜当时边关战事紧张,这次召对最终因李元昊的再度袭来而作罢。

欧阳修如今又把其中的问题聚焦在此之上,并接着建议这件事情虽然狄青和刘沪都有责任。但狄青官大,如果因为刘沪之事而调任属于主次不分;刘沪有功,若是将他调任,则边地生乱,将领寒心;而尹洙作为文官,本就应该比武人更懂法令的重要,那么调任他,自然也没有那么多的顾虑。所以他的建议是留任狄青,释放刘沪,调任尹洙。

很明显,水洛城的动乱已然让朝中大臣的立场大都偏向于和稀泥的态度。

唯有韩琦始终认为,如果姑息水洛城一事,可能会激起更多边关守将的功名心,他们很可能会凭借番部的支持和远在千里之外的朝廷玩信息不对称,以此挑起边事,逼迫朝廷认可他们的功绩。

但宋仁宗最终还是采纳了欧阳修与余靖的建议,将刘沪和董士廉释放,虽然暂时降了他们的职,但仍允许他们完成水洛城的修建工作。尹洙被贬为庆州知州,与孙沔对调,但可能是孙沔不愿意蹚水洛城的浑水,装病拒绝调任,于是尹洙又被调任至了晋州(今山西临汾）。而狄青则被继续留任，仕途未受到任何影响。那么是不是说事情就这么过去了呢？并没有。

其实在争执水洛城的同时，还有一桩大案也被引爆了——公使钱案。

这桩案件的始作俑者依然是郑戬。

公使钱原本是朝廷批给地方政府用于招待过往官员的行政经费，但是随着时代的演变，很多还没有获得功名的士子也被加入到这个行列里，因为他们将来若科考中举，自然是要做官的，因此他们也成了公使钱的资助对象，到后来不但是官员和士子，连一些商贾和游士也进入了公使钱的使用对象里，那么其中存在的灰色地带就越来越大了。尤其是到了宋夏战争时期，种世衡、张亢、狄青、滕宗谅等人都有用这些钱或收买间谍，或资助商贾，特别是在危难时刻，散尽家财收买人心就是这帮人的被动技能，砸重金鼓舞士卒之事屡见不鲜。在一线做事固然需要便宜行事，但这当中有很多不清不楚的地方。

像庆历二年时，种世衡从知清涧城调到环州（今甘肃庆阳环县），不久即被原来的下属举报其在公使钱的使用上存在问题。结果这事被当地长官庞籍给压了下来，庞籍即认为在一线做事不能照本宣科，一定要根据实际情况权衡利弊，种世衡的问题是情有可原的。

要知道宋代对贪污腐败这事还是非常抵触的，宋太祖、宋太宗两朝动辄把贪官打杀弃市；宋真宗朝时虽然杀人少了，但是社会上对士大夫的道德要求却更高了，很多士大夫可以忍受被贬官流放，但唯独受不了名望受损，所谓"饿死事小，失节事大"。除了夏竦这种背景过硬又脸皮防弹的老油子，大部分有才能的士大夫一旦被冠上贪污之名，离社会性死亡也就不远了。所以纵使被史书评价为铁石心肠的种世衡，在听闻庞籍为自己辩护后，一度感动到流下泪水。可惜不是每个人都是庞籍，更何况是郑戬这个铁面无私，处理宰相的贪腐问题都不眨眼的狠角色，最后自然还是一查到底。滕宗谅和张亢在公使钱上都存在问题，而且顺着他们的线，狄青也被查了出来，种世衡自然也没有幸免，所以几人一起遭到了弹劾。

韩琦和范仲淹在西北辛苦多年才选拔出来的四位边关大员，一夕之间就被郑戬整成了四个贪腐大员，一次性几乎把北宋陕西边防体系废了，这业绩李元昊看了都得鼓掌。而御史台这边也盯上了这起贪腐大案，监察御史梁坚弹劾滕宗谅的公使钱账目中有十六万贯去向不明，御史中丞王拱辰、御史李京等言官也相继弹劾张亢、狄青、种世衡三人。

眼看着这四位军中翘楚都要被一锅端了，范仲淹连忙上前，为众人辩护。

他阐明边将在公使钱的使用上确实有很多不合规之处，但在一线做事突发变故太多，即使是他和韩琦二人在西北任上时，也常常会因为特殊情况，破格使用公使钱接济下属，以稳定局势。庆历元年到三年的局势非常不容易，滕宗谅、张亢等人都是在缺人又缺钱的环境下上任的，怎么可以渡过危机后，反而去清算他们在应对危机时的非常手段呢？如果滕宗谅和张亢所为真的不容于国法，那么烦请台谏官们再多辛苦一点，连臣也一起弹劾贬黜了吧！

> 候勘得滕宗谅、张亢却有大段乖违过犯及欺隐入己，

仰台谏官便更弹劾，臣甘与二人同行贬黜。

朝廷便派遣中使燕度前往一线调查，出乎范仲淹意料的是，滕宗谅竟然连夜将相关账目尽数烧毁。史书上给出的说辞是滕宗谅怕连累同僚，但真相究竟如何，确实很难说。不管怎么样，烧毁账目一事，滕宗谅就是跳进黄河也洗不清了。很快滕宗谅与张亢便一起被停职下狱，狄青与种世衡也岌岌可危。这事和同期的水洛城之争一起把范仲淹弄得焦头烂额，但是范仲淹始终相信滕宗谅与张亢的为人，仍竭力为他们辩护。

燕度勘到滕宗谅所用钱数分明，并无侵欺入己。张亢借公用钱买物，事未发前，已还纳讫……皆无欺隐之情。

因为史料的散佚，我们不知在滕宗谅焚毁账册的前提下，燕度是怎么做到证明如范仲淹所言，还滕宗谅与张亢二人清白的。但从事情的后续发展来看，这很有可能是范仲淹护友心切之下，对案情的错误判断。当年在泰州兴修堤堰，是滕宗谅亲赴雨雪交加的一线，支撑着位卑言轻的范仲淹冒险完成工程的；西夏入侵时，滕宗谅和张亢又同为范仲淹的左膀右臂，助其力挽狂澜，逼退李元昊；在近十年的对夏战争中，论功勋之耀眼，无人可出张亢之右；狄青是范仲淹的学生，种世衡是范仲淹的知己。于公于私，范仲淹都不相信他们会是祸国殃民的虫豸。韩琦、尹洙等人其时虽深陷水洛城之争中，也仍然上疏支持范仲淹的看法。

但王拱辰等御史也始终坚持自己捍卫国法的立场，王拱辰言道:"赏罚者,朝廷之所以令天下也。此柄一失,则善恶不足以惩劝。"一边事关国防安定,一边事关国法原则,如果你是皇帝宋仁宗会怎么选择呢?宋仁宗原本想着好好搞新政,渡过财政和边防的双重危机,没想到新政才刚开了个头,就又被这两件事给重重打击了一次。

关键时刻,还是欧阳修又给支了个招:"近来传闻燕度勘鞫滕宗谅事,枝蔓勾追……囚系满狱……人人嗟怨,自狄青、种世衡等,并皆解体……伏望速令结绝,仍特降诏旨,告谕边臣以不枝蔓勾追之意,兼令今后用钱,但不入己外,任从便宜,不须畏避,庶使安心放意,用命立功。"臣听闻自从燕度前往陕西调查滕宗谅之事后,牵连甚广,很多人因此被捕下狱,致使边关人心惶惶。自狄青、种世衡以下,都受到了影响……臣乞求朝廷可以为此告谕边关,朝廷不会再以此事扩大问责,力求安定人心。今后凡使用公使钱,只要不是中饱私囊,公使钱都可以便宜行事,不需要害怕回避,这样才可以让边将安心守边立功。

定下基调后,欧阳修又接着分析:"臣伏见国家兵兴以来,所得边将,惟狄青、种世衡二人而已,其忠勇材武,不可与张亢、滕宗谅一例待之。臣料青本武人,不知法律,纵有使过公用钱,必非故意偷漫,不过失于检点……乞特与免勘。"认为自西北用兵以来,边将中表现最为出彩的即种世衡和狄青二人,两人都是忠勇武略之才。尤其是狄青,出身底层武人,本来就不懂法律,纵然在使用公使钱上有疏漏,也可能不是故意的,所以他希望朝廷对狄青可以多点宽容。与之相对,欧阳修认为张亢和滕宗谅都是有功名的文官,通晓法令却知法犯法,就不能与狄青一例待之。

最后，宋仁宗在倾向范仲淹观点的同时，也听取了欧阳修的建议，他没有对狄青和种世衡进行任何惩处，而是在将滕宗谅与张亢略微降职后，马上又特地颁布了《赐陕西四路沿边经略招讨都部署司敕》，其中特别言明"但当循经费之式，去自润之私，取仰于官，均惠于众，由兹底绩，夫何间然？"简单概括，就是公使钱只要不进自己腰包，都可以放开花。

从制度上来讲，这确实存在漏洞，但对于当时的情况而言，已是最稳妥的处理方法了。然而王拱辰依旧不愿放手，眼看这事将要翻页，他干脆以居家求自贬的方式，要挟宋仁宗修改判决。

要说这王拱辰也不是寻常人物，虽贫寒出身，却与欧阳修同科中榜，并高中状元，后来两人又都娶了三朝重臣薛奎的女儿，成了连襟。但不巧欧阳永叔前文已经说到过，是个直言的实诚君子，所以可能是在言语上冒犯了这位连襟，所以二人的关系势同水火。而在政治上王拱辰又依附于吕夷简，以致庆历三年时，属于范仲淹真诚支持者的富弼明明出使辽朝有功，王拱辰却仍然上奏章弹劾于他。如今新政刚刚展开，保守派正愁范仲淹人设太完美，不论公事还是私德都找不到弹劾的由头，这公使钱案可谓"雪中送炭"，王拱辰作为保守派的骨干，还不得铆足劲儿攻击范仲淹！而论及私德，王拱辰也是官声清明，更位居御史中丞，妥妥的言官领袖。

反观滕宗谅这边的公使钱问题确实不清不楚、有碍清议，甚至已然影响到了新政领袖范仲淹的执政根基。

再三权衡之下，宋仁宗只能加重了对滕宗谅的判决，将他再次贬官，改知岳州（今湖南岳阳），也即《岳阳楼记》开篇的"庆历四年春，滕子京谪守巴陵郡"。

而宋仁宗内心深处对王拱辰也十分不满，他特地敕令王拱辰入见，当面训斥他沽名钓誉，但是王拱辰毕竟站在理字上，朝廷也不好直接处理他。

事情至此算是告一段落。

张亢虽然免去了牢狱之灾，但是名誉受损。他本来已经做到了泾原路都部署、经略安抚招讨使兼渭州知州的职位，是陕西四路的统帅之一，如今却先被贬为代州（今山西忻州代县）副都部署，不久后又被贬为钤辖，官衔也自从五品的引进使被贬为正六品的四方馆使。

虽然以唐宋时期的官品等级，做到七品已经是可堪重任的一方大员，但以张亢的才能本是极有可能入主枢密院的，却在此时被早早地毁掉了政治前途。在他之后的人生中，公使钱之事更时常被人拿作口实攻击于他，让他的余生都生活在无尽的质疑声中。直到嘉祐年间，张亢的仕途才又得以振作，进位防御使，然而此时的他又突患足疾，不得不远离军职。嘉祐六年九月，这位曾经立有赫赫战功，数度击败李元昊的名臣，带着半生的争议病逝在了徐州部署的任上，享年六十三岁。

种世衡虽然没有受到大的波及，但随着后来庆历新政的失败，朝中无人的他也停止了升迁。庆历五年，种世衡去世，享年六十一岁，止步于从七品的东染院使。种世衡去世后，其后代继承了他的事业，种家将也将为日后数十年的宋夏战争画上浓墨重彩的一笔。

狄青可谓四人中最幸运的了，欧阳修虽然将他定义为不通法律的武夫，但不得不说正是这句和稀泥的话确保了狄青的安然过关。经过水洛城之争和公使钱案后，狄青在归属韩琦的同时更引起了宋仁宗的注意，不久即荣升武人巅峰的三衙管军，这也为他日后入主枢密院，谱下了前奏。

反倒是一直提拔他的上级尹洙和韩琦却没能安然过关，二人在庆历五年新政失败之际又遭到了姚嗣宗、董士廉等关中豪侠的报复，为水洛城案与公使钱案的余波所冲击。

四人中最惨的，莫过于滕宗谅了，不但仕途全完了，而且还被贬官调职到了最远的岳州。当然滕宗谅虽然被贬了官，但他作为能臣的本质却依然不变，上任仅一年，便让岳州政通人和、百废俱兴。只是每当他看到破败多年的岳阳楼时，难免心中感慨，于是动了对其加以修缮的念头。只是这一次，学乖的滕宗谅再没有用公使钱抑或府库里的钱，而是另辟蹊径，他给百姓发了个告示，讲明凡有人遭到欠债不还的情况，可以将债务明细告诉官府，官府帮忙去催债，只是这钱讨回来后也算是献给政府修楼了。没想到百姓听闻这事，热情十分高涨，毕竟人人都厌恶老赖，反正靠自己钱也要不回来，现在就当花钱雇政府替自己出口气了，顺便还能修个旅游景点，带动地方经济。

这宋朝政府其他先不论，这收税能力可是家喻户晓的。现在更是举起了为人民讨债的大旗，这群老赖还能有退路吗？于是过不多时，竟然就收到了一万贯左右的钱，要不是囿于古代科技的局限性，这钱给岳阳楼修个电梯都够了。

而滕宗谅在账目上也玩了个小手段，一切相关账目出入皆由自己全权负责，照理说这应该是很犯忌讳的事，但毕竟岳阳楼修得实在雄丽，为诸多文人骚客所认可，老百姓也觉得他们家知州这么有才，脸上也倍儿有面子。而且很有趣的是，滕宗谅去世后，史书记载他"无余财",说明他也并不是真的大贪官。

但即使如此,滕宗谅仍然开心不起来。公使钱案对他的打击还是太大了,他身负大才,原本已经做到了待制级别的重臣,现在却被提前结束了政治生命,还是以这种非常不光彩的方式被贬官,以至于他在听闻友人称赞岳阳楼落成之时,竟然失态悲戚道:"落甚成?只待凭栏大恸数场!"

在此背景下,范仲淹收到了滕宗谅请他为岳阳楼作文的书信,自然没有任何的怠慢。文章以滕宗谅被贬官到岳州为起始,简述了修缮岳阳楼的背景。然后以三段内容描写洞庭湖的宏大气象,并以此上升到一悲一喜的两种览物之情。

直至最后道出真正的内心所想:

> 不以物喜,不以己悲,居庙堂之高则忧其民,处江湖之远则忧其君。是进亦忧,退亦忧。然则何时而乐耶?其必曰"先天下之忧而忧,后天下之乐而乐"乎!

范仲淹、滕宗谅、张亢、种世衡、狄青、刘沪、董士廉、尹洙、韩琦乃至郑戬,他们都在用自己的人生谱写属于他们的传奇,但是任凭这些公侯将相如何天纵英才,建功立业,面对时势变迁、政治倾轧,他们很多人甚至连自己的名誉都无法守护。他们前途崩坏,精神受挫,肉身经历苦难。明明为国家为理想献出半生,到头来却是名利两空。待到终于卷土重来时,却早已两鬓斑白,物是人非。

那么还有什么东西是可以坚持的?范仲淹给出的答案或许很难

说服大部分人，但是至少他在面对自身的渺小时，却能始终坚信理想——"不以物喜，不以己悲""先天下之忧而忧，后天下之乐而乐"。

或许大部分人都无法做到这一点，但在漫长的历史中，却终有人以自身为光留下星辰，让我们相信黑暗终将过去，黎明不久就会到来。

庆历七年（1047），因为治理岳州有方，滕宗谅被调任江南重镇苏州为官，不久后即在任上去世，享年五十七岁。

千古名篇背后的故事自此也告一段落。

十七

君权的底线：
明君贤臣难再共治

北宋熙宁四年（1071）三月，距离范仲淹主持的庆历新政失败已然过了二十六年。这一年，年轻而富有朝气的宋神宗赵顼重开新政，重用王安石，力图革除朝廷弊病，富国强兵。此次新政果不其然又遭到了相当一部分士大夫的激烈反对，更间接引发了名为"庆州兵变"的恶劣事件。

围绕庆州兵变，朝野之中展开了激烈的争论，其中宋神宗、文彦博、王安石三人间的这番对话，更时常为后人所引用。其时的文彦博虽然官拜枢密使位在宰相之下，但他身为两朝老臣，又在宋仁宗朝做过宰相，王安石都是他提拔的，单以名望而论，宋神宗和王安石都要让他三分，然而很不巧的是，这时的文彦博是反对新法的。

文彦博认为："祖宗法制具在，不须更张以失人心。"

宋神宗认为："更张法制，于士大夫诚多不悦，然于百姓何所不便！"

对于宋神宗的辩驳，老臣文彦博并不放在眼里，他进而又说出了那句流传千古，被后人唾弃的名句：

> 为与士大夫治天下，非与百姓治天下也。

在很多的文章中，这段对话基本收录到此也就结束了，打开李焘的《续资治通鉴长编》，翻到熙宁四年三月，把对话往下引，果然宋神宗和王安石对文彦博的话不以为然。

宋神宗言道："士大夫岂尽以更张为非，亦自有以为当更张者。"

王安石继续说道："法制具在，则财用宜足，中国宜强。今皆不然，未可谓之法制具在也。"

宋神宗和王安石的一番辩驳，丝毫没给老臣文彦博半点面子，那么主张与士大夫治天下的文彦博又是怎么回答的？

文彦博是这么说的："务要人推行尔。"

多么天才的计划，都是要靠人去执行的，在那个百姓缺少发声渠道的时代，如果一件事违反了主流的精英价值观，触动了太多人的利益，又如何不折不扣地去执行呢？况且在这个执行的过程中产生的变数，又何止于士大夫之中呢？地方胥吏、地方豪强、军官、宦官等，即使是主张变法的革新派内部，也会冒出许多投机倒把分子。

当然文彦博的这番话并没有打击到王安石的意志，《续资治通鉴长编》中仍然记录了王安石之后的辩驳，实在是条理分明、鞭辟入里，尽显这位贤相的才华。

> 若务要人推行，则须搜举材者，而纠罢软偷惰，不

奉法令之人除去之。如此，则人心岂能无不悦？如赵子几在府界，案一王恺有滥有赃，而近臣乃或以子几案恺为刻薄小人，不当奖用。上下相扇为苟且，不欲奉法，类多如此，则谁肯推行法制者？陈留一县因赵子几往彼修保甲，发举强劫不申官者十二次，以数十里之地而强劫不申官者如此其多，则人之被扰可知矣。条保甲乃所以除此等事，而议者乃更以为扰，臣所未喻也。然更张事诚非得已，但更张而去害则为之，更张而更害人则不可为。又有事诚可为，而时势之宜未可以为者。如讨夷狄，拓边境，于今时事之宜是未可为者也。且《礼记》以为"事前定则不跲（jiá）"，今天下事要须前定，不可临时为人论议所移也。

虽然如此，但是这次变法在后来的执行中，依然波折连连，文彦博的担忧并非空穴来风。文彦博年轻时虽没有深入参与庆历新政，但庆历君子中有不少人都是他的好友，如富弼者。当年围绕新政产生的权力斗争，那些龌龊的冷箭暗算，作为过来人的他实在比王安石和宋神宗明了太多。

事实上，当时还健在的韩琦、富弼、欧阳修无一例外都站在了王安石变法的对立面，从曾经的革新派转变为保守派的他们，除了因岁月流逝而消磨了锐气，又何尝没有当年庆历新政失败的余悸呢？那么当年的庆历新政，到底为何会失败呢？宋代的皇帝与士大夫之间，到底是一种怎样的权力结构呢？这种权力结构对新法的影响有多大呢？

经过水洛城案与公使钱案的冲击，庆历君子内部的矛盾加剧，范仲淹本人也因为替滕宗谅、张亢、狄青、种世衡等人在公使钱问题上辩护而清望有所损伤。

偏偏祸不单行，早在庆历三年七月时，原定升任枢密使的夏竦因台谏的集体弹劾，连皇城门都未进即遭罢免。其后新党一派的石介作文《庆历圣德颂》歌颂新党众君子的才德以及将要开创的美好景象，同时指斥夏竦为奸邪。《庆历圣德颂》一出，朝野哗然。在此局势大变之时，此褒贬之文必然会得罪一些人，已经有人开始对新党之人心怀不满，然而这才刚刚开始。庆历四年四月，新政实施后，由于恩荫减少、法度严苛，毁谤新政的言论逐渐增多，指责范仲淹等人朋党的议论再度出现，连宋仁宗也开始怀疑，但他还是想从庆历君子这边得到一些解释。

然后，欧阳修就给仁宗上了那篇千古奇文《朋党论》："臣闻朋党之说，自古有之，惟幸人君辨其君子小人而已。大凡君子与君子以同道为朋，小人与小人以同利为朋，此自然之理也。"文采极好、思维逻辑非常清晰，那么这是当时的局势需要的回答吗？

政敌诬陷他们结党，并引起了舆论纷乱。宋仁宗其实只是希望庆历君子们表个态，平复表面的纷乱。因为朝中和地方除了反对新政的保守派外，还有很多默默做事的中立派，现在这些中立派也被带偏了，新政的实施其实仍然需要靠这些中立派，当然就需要澄清一下谣言。结果切直刚正的欧阳修直接大大方方地承认：是的，我们就是朋党。

攻击新政的官员一看这不是送上门的买卖吗，遂联合抨击范仲淹等人结党。之前被痛打落水狗的夏竦也终于在这个敏感的时间找到了机会，遂于庆历四年六月于亳州上疏万言为自己辩护，又遭到了新党一派的学士孙抃的辩驳，斥责他有名无实，重利轻义。这下夏竦算是彻底和新党水火不容了，由是开始凭借自己多年为官的政治能量，暗中散布谣言指斥杜衍、范仲淹、富弼等人是朋党，恐对宋仁宗不利。

夏竦知晓石介曾在信中告诫富弼要效仿尹伊和周公一般辅佐宋仁宗，便悉心教导身边女婢日夜苦练石介的字迹，伪造了一封石介劝说富弼行尹伊、霍光之事的信件，还诬称石介已经为富弼写好了废旧立新的诏书，弄得像是富弼意图政变推翻宋仁宗。

宋仁宗虽然把这些当笑话看，但朝野内外因为庆历新政对新党不满的人实在是太多了。想想也确是如此，庆历君子们大多年轻气盛，容易得罪人。施行的十条新法条例，五条直指人事，九条带有政治属性，自然得罪人。这帮暗怀不满的士大夫和胥吏如今见夏竦发难，也乐得相助，一时间指斥新政的飞语甚嚣尘上，宋仁宗想不去注意也难了。

夏竦的布局还不止于此，宋仁宗身边的宦官蓝元震也被他拉拢，危言耸听地在宋仁宗旁边诬陷范仲淹、欧阳修、尹洙、余靖、蔡襄等人一直在朝中广结朋党、培植势力，现在每个人至少都招揽了十几个门生，这些门生自己也会招纳门生，只要再过几年，范仲淹一党的门生岂不是要遍布朝野内外，为所欲为？蓝元震这长时间的飞语轰炸，终于影响了宋仁宗的情绪。

然后，欧阳先生就给仁宗上书了那篇千古奇文《朋党论》。什么叫"史诗级猪队友"行为？说实在的，每每联想起欧阳先生和他的高足苏大先生年轻时的政治心性，如果不是同时代的王安石稳住了大文人兼政治人物的口碑，我真的要怀疑天才文人青年从政是否都是奔着毁灭去的。

  臣闻朋党之说，自古有之，惟幸人君辨其君子小人而已。大凡君子与君子以同道为朋，小人与小人以同利为朋，此自然之理也。

  文采好吗？非常好。思维逻辑如何？非常清晰。那么这是当时的局势所需要的回答吗？夏竦听了这个回应想必会非常开心。

  政敌诬陷他们结党，说他们要串联，并引起了舆论纷乱。仁宗只是希望庆历君子们表个态，平复表面的纷乱。因为朝中和地方除了反对新政的保守派外，还有很多默默做事的中立派，现在这些中立派也被带了节奏，新党们也不会影分身，做事执行仍然需要靠他们，当然就需要澄清一下谣言。结果明明一向擅长和稀泥的欧阳修不但不调和，反而热血上头，添油加醋地承认：是的，我们就是朋党。

  我让你打扫一下厕所，你不但不清理，还往马桶里扔手雷？

  恰如欧阳修所说，君子结为朋党，自然是自古有之，但汉代的党锢之祸，唐代的牛李党争，这些斗争又何尝没有君子高呼大义的身影？但之后的过程与结果又是什么？

  范仲淹在新政失败后曾给叶清臣写信，信中论及汉代的党锢之祸，总结原因即是"黑白太明"，这又何尝不是他对庆历新政失败原因的总结呢？

  眼看着宋仁宗彻底被激怒了，范仲淹感到了满满的无力。事实上庆历君子们的许多风气都离不开他的影响。当年为言官时激烈弹劾吕夷简,早早地与保守派矛盾公开化;蔡襄等人又作《四贤一不肖》诗将保守派众人污名化,早已断绝了合作的可能。而身为宰相,能够维持各方势力的平衡与认可,又往往是非常重要的,如果做不到这一点,又失去了皇帝的支持,还能做什么呢?

但现在,曾经支持自己的宋仁宗也越来越疏远,范仲淹对于他们君臣间的关系其实也一直存在误解。

中国历代皇帝的权力一直是动态变化的,对于君权无限的认知只存在电视剧和人们的臆想之中。魏晋南北朝的乱世消磨了君权的神圣性,而唐末五代的纷争又结束了人们对血缘门第的推崇,贵族阶层其实已经完全变了样。

唐末以前,政府选拔人才的标准,门第比起人才本身的才能来说,更看重其门第。譬如说唐代中叶的名臣李泌,虽然是经世济国之才,但连这样的人物也为通过参与平等竞争升迁而感到耻辱,"操尚不羁,耻随常格仕进",因为他是北周八柱国之一李弼的六世孙,他们家是关陇士族出身。

但随着中晚唐的纷争,又经历了藩镇割据、黄巢之乱,五代乱世后,至入宋时,选官的标准已从看重门第转变为看重人才本身的政绩和能力了。

这样的标准极大地削弱了人们对贵族阶层的认可,好的方面就是让社会变得相对更平等,但坏的方面便是一度让国家缺少一个强有力的核心来维持国家的秩序,毕竟人人都觉得自己有了权力后就能当皇帝,也就谁都不服谁了。所谓"兵强马壮者为之",所以我们看到短短五十多年间,中原换了五个王朝,皇帝都换了十四个,还动不动爱杀前朝遗孤的全家。所以当宋太祖政变上位时,大部分人也都认为这只不过是第六代王朝。

为了保证自己的时代不真的成为第六代,宋太祖自然要通过多种制度上的设计确保王朝的稳固传承,再加上宋太祖本人的英雄气概,确实能够折服人心。到了宋太宗时,宋太宗又善于权谋,玩弄权术进一步加强集权。而第三代皇帝宋真宗是依靠宰辅拥戴而继位的,做不了强权天子,便通过完善制度、开明纳谏、礼遇士大夫来稳定政治,但又因为天灾人祸过于频繁,导致后期的政局仍然遇到了困境,到头来还是要通过"天书封禅"这种剑走偏锋的方式来消除危机。以我们后世的角度,自然对这种封建迷信的行为嗤之以鼻,但对当时的人而言,怎么活下去才是关键。

后世所谓的"共治"一词,于宋代即出自治蜀名臣张咏的谢表之中,此间的共治不但代表皇权与相权,更囊括了言官所代表的谏权。宋真宗朝前期的宰相张齐贤,便是宋代第一例因言官弹劾而被罢免的宰相。

宋真宗病逝后,宋仁宗年少继位,由刘太后摄政治国,刘氏稳坐太后多年,党羽遍布朝野内外,直至宋仁宗成年时亦不还政。这就让后来亲政的宋仁宗极度缺乏安全感,所以宋仁宗对士大夫也采取了宽和礼敬的态度,以求统治的稳定。

宋仁宗仁孝恭恕的品性,让他在与士大夫的交流中,始终可以保持谦和温润的态度以广开言路,乃至分享权力。但这也隐藏了他作为封建君主注重权力稳固的另一面,以至于让很多士大夫对他抱有了许多不切实际的想法。

宋真宗、宋仁宗父子两代皇帝宽厚开明的政风确确实实感染了如范仲淹等一批品性高洁、矢志报国的士大夫，强化了他们的时代使命感。范仲淹深受《孟子》的影响，作为政治家与儒学大家，他进而认为皇帝并不应该参与到大部分的政务之中，只需要掌握部分的人事权即可。

> 圣帝明王常精意于求贤，不劳虑于临事。精意求贤，则日聪明而自广；劳心临事，则日丛脞而自困。

他即是以此为中心思想，一步步地展开施政，带领他身边的君子党人奋力施为，力求为宋仁宗开创清明盛世。但这种有些复古的儒学思想在封建时代其实是不切实际的，当范仲淹提议让宰辅的权力能够直接深入六部时，马上遭到了政事堂诸人的一致反对，新党、旧党都明白这是在触皇帝的逆鳞，反倒只有非新党一派的贾昌朝赞同范仲淹的部分观点。

如今朋党论四起，在承受了长时间的明枪暗箭之后，范仲淹是真的感到累了，同时他也认为，反对派的这些作为，一切的矛盾源头都只是针对他范仲淹本人，既然先前公使钱案时已然清望受损，那就再多承担起一份责任吧，最后范仲淹选择放下权柄，自请外放。既然说我们结党，那么现在朋党领袖都走了，还能说我们什么呢？范仲淹认为这样也能保住在朝中继续做事的同道，维持新政的推行。

然而出乎意料的是，一直被他深深倚重的学生富弼也有着同样的想法，二人竟然一同上疏，自请外放。杜衍和韩琦对此做法极力反对，四位新党领袖之间发生了非常激烈的争执，但最终都没能拗过范仲淹。

宋仁宗虽然始终没有怀疑过范、富二人的忠诚，但二人的做法已然触碰了他的逆鳞，权力分配上的对立是很难调和的，再加之流言蜚语引起的朝堂纷乱也让宋仁宗对庆历君子的不满再难抑制。于是在庆历四年七月，朝廷从范仲淹所请，以参知政事范仲淹为陕西、河东路宣抚使巡边西北，同年八月以枢密副使富弼为河北宣抚使，前往整顿当地军政。

根据《龙川别志》的记载，范仲淹途经郑州时遇到了已然致仕的吕夷简，吕夷简询问他为何离开朝廷，范仲淹以经制西事作为回答，却被吕夷简看穿了真实想法，这位范仲淹昔日的政敌竟然有些惋惜地认为，天下中心莫过于朝廷，经制西事如何比得上在朝中直接处理更稳妥呢？如今范仲淹于危机之时离开朝廷，又如何能有机会再解决危机呢？果然，后续的发展都为吕夷简所料中，保守派的反击愈演愈烈。

在章得象与贾昌朝的建议下，宋仁宗下诏，从此选拔台谏官不再考虑宰辅所举荐的人才，庆历君子们的影响力被大幅降低。恰在此时河北边境重镇保州（今河北保定）于八月五日发生兵变，引起兵变的责任人竟是庆历新政中被委以重任派到河北的按察使张昷之，富弼此番前往河北的首要任务便是平定保州兵变。

十八

新政的失败：
欧阳修《醉翁亭记》背后的自我救赎

欧阳修与他的弟子苏轼一样都是少年得志的天才文豪，且都具备一定的政治才能，但同样地，他们早年时的政治才能又都被其更加幼稚的政治觉悟掩盖。直到经历过重大的人生挫折后，才完成了自我蜕变和沉淀。不得不说，相较苏轼的时代，欧阳修要幸运得多，那时的朝堂党争虽然也处处藏雷，但毕竟还留有底线，皇帝也足够宽仁。所以欧阳修虽被贬官，倒也不至于背井离乡到岭南。在被贬官到滁州（今安徽滁州）任上时，写下了流传千古的名作《醉翁亭记》，其与范仲淹的《岳阳楼记》并称为中国古代散文革新的里程碑。

从作者的创作背景角度来说，两篇文章的相似之处也颇多。《岳阳楼记》是庆历新政遭遇挫折时，范仲淹为了安慰被贬官的好友滕宗谅而作；《醉翁亭记》则是欧阳修在庆历新政失败后被贬官的抒情之作，两文都阐述了作者的心境，同时表达了作者的施政理想。

欧阳修是范仲淹最忠实有力的追随者，却也是庆历新政昙花一现的责任人之一。然即使是犯有这样的大错，后世评价欧阳修时，除了认可他的文学成就，仍然评价他为政治家，这是什么原因呢？庆历新政后期的挫折究竟为他带来了怎样的蜕变，从而诞生了名留千古的《醉翁亭记》？在庆历新政失败之际，范仲淹、富弼、韩琦、欧阳修等庆历君子，又遭遇到了怎样的困局？

庆历四年中，新政严重受挫。宋仁宗原本希望改革派对朋党流言做出解释，欧阳修却负气上疏《朋党论》，在夏竦与保守派等敌对阵营的猛烈攻击下，朝野冲突越发激烈，由此彻底惹怒了宋仁宗。范仲淹与富弼主动承担责任，自请外放，得到了朝廷的允许。这样的局势除了让庆历君子倍感不安，也让另一人露出了忧色——宰相晏殊。作为范仲淹的推荐人、富弼的岳父、欧阳修的老师，改革派诸多骨干的恩主，晏殊虽然一直与新政保持着距离，但实在有着无法分割的关系。

其实早在宋辽谈判时，晏殊即与女婿富弼发生过冲突，当时富弼远赴辽朝据理力争，坚决反对辽朝以"纳"的名义接受岁币，不想朝中的晏殊却支持吕夷简的立场，跳过富弼直接同意了辽朝加"纳"字的要求，怒极的富弼在归朝后愤而指斥自己曾视若恩人的晏殊为奸邪。

而晏殊的门生欧阳修对于晏殊的为官之道也颇不以为然。宋夏战争期间，天寒大雪，欧阳修竟在晏殊的私宴上作赋嘲讽晏殊不懂体恤边防将士，"主人与国共休戚，不惟喜悦将丰登。须怜铁甲冷彻骨，四十余万屯边兵"。庆历四年八月五日，正当新政因为范仲淹外放出朝而受到沉重打击之时，远在河北边防的重镇保州，发生了兵变。在富弼被派往河北不久后，欧阳修也被任命为龙图阁直学士、河北都转运按察使离开了朝廷。

谏官蔡襄和孙甫力求宋仁宗将欧阳修留在朝廷，而晏殊却力谏外放欧阳修，最后两位谏官的谏言被驳回。那么晏殊要求外放欧阳修，是否就是因为二人之间的矛盾呢？

二人后来的关系可从欧阳修写给晏殊的一封信中找到答案：

> 出门馆不为不旧，受恩知不谓不深……孤拙之心，易危而多畏！动常得咎，举辄累人……偶因天幸，得请郡符。

欧阳修中榜时的主考官是晏殊，他出任谏官的推荐者亦是晏殊，自然在信中感谢晏殊的知遇之恩，而写到后面欧阳修又言明自身笨拙的政治觉悟常置己身于危难之中，继而连累身旁之人，能够被外放到河北实在是天大的幸运。从中可以看出，在这一阶段的欧阳修已然明了曾经的口不择言带来的后果，能够得到外放，于己是避祸，于新政而言也可不连累同道。

《朋党论》给改革派造成的伤害实在太大，善于调和朝政的晏殊自然深明欧阳修所言，外放欧阳修既是保护他，也是保护新政。

奈何晏殊的做法虽然点醒了欧阳修，却遭到了蔡襄与孙甫的误会，二人深恨晏殊为了保全自身背叛庆历君子们的友谊，以晏殊为章懿太后（李宸妃）写墓志铭时未注明章懿太后是宋仁宗生母为由对其弹劾，又加之晏殊私调士卒为自家修缮府邸这等可大可小的事件，使得宋仁宗将其罢相外放。

朝中局势接连发生巨变，但富弼和欧阳修已经顾不上了，他们俩的当务之急是要平息保州兵变，以免为保守派增添攻击的口实。张昷之作为范仲淹亲自选择的河北都转运按察使，他在地方施政成绩的好坏自然对新政能否继续实施极为重要。

新政所针对的核心问题除了吏治便是解决"三冗"问题，以缓解财政压力。三冗中最为严重的问题又当属冗兵，所以张昷之便想从这方面下手。

宋朝的兵制是募兵制，但其实募兵制在汉唐时便小规模实行过。前代掌握大量土地，又有配套的户籍制度做保障，可以限制人口流动，从而拥有稳定的征兵动员能力。而朝廷之下又有士族、豪族等庄园主帮助管理基层，朝廷所施行的募兵制与其说是募兵不如说是募将，招募一个地方豪族，这些人都会自带随从士卒，招募的军队自然素质高、战斗力强。

然经过唐代中叶的变革，到唐末时俨然变成了另一个朝代的制度，土地制度更是发生了翻天覆地的变化，之后又经五代彻底打乱国家秩序，至宋代，朝廷不再掌握大量土地，社会上也没有了豪族管理基层，人口流动自由度极高，整个国家的组织结构进入了前所未有的松散状态，所以有宋一代的内政重点便一直聚焦在强化内部组织的稳定上。

那么此时的募兵除了承担国防功能，自然也带有将大量社会上的闲散人员重新组织起来统一管理，以防止他们骚扰地方治安的功能。所以宋朝的募兵制与前代的募兵制可以说完全是两回事，兵源也是天差地别。禁军如果常年对外作战，自然可以保持战斗力，一旦远离战事，则战斗力肯定会随着更新迭代而下降。再加之封建时代的军队又缺少意识形态教育，很多士卒参军前本就是社会闲散人员乃至地痞流氓，这些人本就很难得到社会的尊重，又确实容易惹事，那么当然自带极大的隐患。

宋朝为了养那么多兵，军费常年居高不下，到了宋夏战争时期，国家又进一步大增兵，再加之连年大灾的赈济，国家财政自然紧张。

保州城作为边防重镇，驻扎在此的云翼军自宋太祖时就备受朝廷重视，城中的军队凡是承担外出巡视任务的，都可以额外获得一份赏赐。后来朝廷派内侍来这里做副长官，内侍仗着在朝中的背景作威作福，于是只要是由内侍统率的军队不管出巡与否，都可以得到特别的赏赐，所谓不患多寡，只患不均，这自然让非内侍直属的军队非常不乐意。

保州通判石待举与知州刘继宗都支持新政，石待举便向张昷之献策以武臣代替内侍统军，并且不再给不出巡的军队发放赏赐，以此节省军费。这一提议得到了张昷之的支持。不想当时统军的内侍也是个狠角色，此人可能就是当年逼死曹利用的大宦官杨怀敏，他直接让手下散布谣言，说是石待举意图削减全云翼军的军粮。

不少士卒一被挑动就成了蜡烛，纷纷扬言朝廷敢削减军粮他们就敢造反。石待举可能是想要平息军中怨愤，便和云翼军都监韦贵来了个"弯弓赌酒"，希望能打成一片，不想一不留神真的就打了起来。韦贵大怒之下在军士面前斥责石待举"以削减兵粮为己功"，士卒们也都是气血上头，纷纷持刀造反。

石待举与知州刘继宗相继被杀，城中不少百姓遭到劫掠屠杀。发狂的士卒们想要推举都监王守一做他们的统领，王守一不从，士卒们便将其杀死，再推举韦贵做统领。奇怪的是原本带头惹事的韦贵此时却变得畏首畏尾，看到王守一惨死后才勉强答应了下来。然士卒们仍然不解恨，接着将石待举的首级割下，挂起来当靶子练箭。

张昷之听闻消息后惊觉不妙，马上组织各路兵马包围了保州城，并派人前去请杨怀敏前来。杨怀敏竟敢无视张昷之的命令，直到张昷之以军法警告，才不急不慢地来到前线。

朝廷闻知此事后，先是任命富弼前往河北坐镇，又让同为改革派的知制诰田况拥有便宜行事的权力，赶赴前线配合平叛。

保州城内的士卒一看朝廷来了真架势，顿时就慌了。本来这群人就只是热血上头，大部分士卒都是被裹挟着才造反的，所以绝大部分还是愿意投降的。只有如张渎等几个读过书的指挥使意识到造反是多大的罪责，所以铁了心不投降。只是很奇怪的是，都监韦贵竟然始终对投降保持着坚定支持的立场，并拥有与官军取得联络的能力，这是为什么呢？

事实上这韦贵的背景不一般，他本是刘太后侄儿刘从德府中的家仆。刘从德作为刘美也即刘太后前夫龚美的儿子，一直是被刘太后当作亲儿子来养的，一度权势极盛，韦贵作为出身于刘府的军官，自然格局不一样。

而杨怀敏原本就是刘太后最亲信的宦官，与同为刘太后重用的大臣夏竦交好，如今夏竦与庆历君子们对立，杨怀敏自然也不会对庆历君子有什么好脸色。所以自他来到河北统军伊始，便常常与改革派的张昷之发生冲突，联系起同时期夏竦对范仲淹等人发起的攻势，保州兵变的时间点也实在巧得离谱。韦贵作为与杨怀敏深有渊源的亲信军官，又带头挑事引发了这次兵变，其中的蹊跷自是不言而喻。

被杀的知州刘继宗、通判石待举都和改革派亲近，都监王守一也曾得到过欧阳修的称赞。而带头挑事的韦贵竟然转头便尿，并且作为兵变的源头，竟然一直非常有底气地联络官军商讨投降之事，仿佛也是在告诉我们，韦贵早就被人安排了后路，整场保州兵变就是一场有计划的政治阴谋，他的目标很明确，搅乱按察使张昷之在地方的施政，从而打击庆历新政。

而杨怀敏这边为了进一步整倒张昷之，也是无所不用其极。他以宦官的特殊身份上奏宋仁宗，说叛军只需得到张昷之的头颅便会投降。

当时朝中的范仲淹、晏殊、富弼、欧阳修都已外放，话语权逐渐被保守派掌握，再加之宋仁宗也确实责怪张昷之引起祸端，竟真被说动，破天荒地下了狠手，让中使奉剑前往军中斩杀张昷之，幸亏富弼也在前线，连忙拦住中使，避免错杀了无辜。

事实上，在改革派等官员的及时应对下，保州城的局势已趋于好转。云翼军士卒想方设法求得生路，他们先杀掉了军中十余个软弱可欺的士卒，谎称这些人是首恶以求得朝廷原谅，然未待朝廷答复便又害怕反悔。

田况让知定州（今河北定州）的王果去城下宣读宋仁宗的诏书，言明只要开城，便宽大处理，若是逼得朝廷用武力破城，则必祸及全家。不想叛将跟田况、王果这些人不熟，他们只认识李继隆的儿子李昭亮，希望能由真定路总管李昭亮来对他们允诺，李昭亮便马上赶来城下，结果叛军又反悔，场面一度十分尴尬。

关键时刻，还是一个名叫郭逵的小将派上了用场，他乃是宋夏战争时名将郭遵的弟弟，郭遵战死三川口后，郭逵被朝廷除授官职，并长期跟在范仲淹身边得到了培养。如今，保州城内有一名叫侍其臻的军官是郭逵的旧交，两人曾一同追随范仲淹多年，不想此番兵变，侍其臻被裹挟于军中，深陷泥潭。郭逵来到城下，亮出昔日信物紫囊知会侍其臻，在侍其臻的劝说下，韦贵也顺水推舟，让郭逵得以单人匹马进入保州城劝降叛军。

郭逵劝道：

> 我班行也，岂不自爱？苟非诚信，肯至此乎！朝廷知汝非乐为乱，由官吏遇汝不以理，使汝至此，今赦汝罪，又以禄秩赏汝，使两制大臣奉诏书来谕汝！

我本有大好前途，向来爱惜自己，若非可以给你们十成的保证，又如何敢到这里来冒险？朝廷知道你们并不是有心作乱，是官吏待你们不公平，才逼得你们走投无路。如今朝廷不但愿意赦免你们的罪，还愿意给你们升官赏赐，并且已经让朝中大臣奉诏书来告诉你们！

经郭逵这番劝说，叛军们的斗志彻底被瓦解，但仍有一部分军官尚自犹疑不定，郭逵便自愿做人质，陪着他们一起下城投降。士卒们彻底放弃挣扎，纷纷下城开门投降，保州兵变由是平定。

然而叛军们没想到的是，此时的官军这边早已拿定了主意，认定这些叛卒平日里骄横惯了，又在保州城这样的边防重镇造反，如果不下重手处罚，杀鸡儆猴，万一其他河北禁军也有样学样，该怎么办？尤其是改革派内部，非常担心保州兵变的后遗症会影响新政实施，毕竟解决冗兵问题一直放在日程上，裁军是难免的事，只有立下重威才能确保之后无事。

杨怀敏那边也有着相同的打算，毕竟他作为背后发动兵变的首逆，实在也很有必要进城灭口，于是杨怀敏与田况二人率先入城，很顺利地得到了叛军中四百二十名"造逆者"的名单，遂将其全部坑杀，当然这些造逆者中自然不包括韦贵的名字。

包拯对此事的处理结果就极为不满，他认为："保州云翼兵士，见谋背叛……韦贵不能死节，仍助凶威，主领叛徒，凡二十日，劫夺财物，戮辱良善，一城生聚，死者几半。"保州叛军穷凶极恶，对保州城内百姓也是多行劫掠屠戮之事，致使城中死者几半。韦贵作为首恶竟然被赦免，太过不可理喻了。堂堂包拯也无法奈何小小的韦贵，毕竟作为刘从德的家仆、杨怀敏的手下，韦贵牵扯到的人太多了，结果竟然是让他继续担任军官。

富弼当时也在前线，看到了保州城内炼狱般的景象，深自担忧如果放任这批暗怀怨愤的降卒分散至河北其他地方，肯定会引起更大范围的祸乱。自从亲赴辽朝谈判以来，富弼对于河北防务的担忧与日俱增，如今新政又受挫，他的内心早已被悲观的情绪充斥。向来持身以正、体恤基层军民的他，竟然做出了一个偏激的决断，他要将云翼军剩余的两千余降卒尽数坑杀。好在这一决断尚未实施，便被一人拦了下来——新任河北都转运按察使欧阳修。

> 祸莫大于杀已降，昨保州叛卒，朝廷已降敕榜，许以不死而招之，八井之戮已不胜其怨，况此二千人者，本以胁从，故得不死，奈何一旦无辜就戮？争之不能止，

因曰："今无朝旨，而公以便宜处置，若诸郡有不达事机者，以公擅杀，不肯从命，事既参差，则必生事。是欲除患于未萌，而反趣其为乱也，且某至镇州，必不从命。"

祸莫大于杀已降，保州的叛卒是因为朝廷的赦免诏书才投降的，如今已被杀戮了这许多人，早已心怀怨愤，现在活下来的两千人，本就是被叛军裹挟，无奈跟从的无辜之人，怎能将他们也杀死？现在朝廷并没有处决他们的旨意，如果富公您擅自行事，招致敌对之人的反感，遭到弹劾，到时不但处决降卒不能顺利进行，还会引起不必要的祸端。就算是我，也一定不会听从富公您的命令。

听了欧阳修的劝阻，富弼权衡再三，终是打消了杀降卒的念头。只是这些心怀怨愤的降卒被打散后分管于河北各地，确实又引起了各地治安上的混乱，几十人规模的军中闹事更是屡见不鲜，进而与后来的贝州王则之乱也有一定的关联。

宋仁宗朝兵变的症结也并不只在保州降卒一处，这和那个时代连年的国家危机也有着深深的关联。但是欧阳修的进言毕竟阻止了一场血腥的屠杀，也正如他所说的，避免了部分社会危机。自从被晏殊外放至河北后，欧阳修的为官风格也从过去的重于清谈变为重于务实。除了劝止富弼坑杀降卒，对于降卒的家人以及一些叛乱的善后事宜，他也十分重视。

真定路总管李昭亮在城破时，明面上严令禁止军队侵犯叛军家属妻女，自己私底下却将看中的女子纳入家中，一些亲近李昭亮的军官便也跟着上行下效，影响极坏。朝廷不但不追究，还以平叛之功为李昭亮升官，相较之下确确实实在平叛时出了大力的军官王果却替杨怀敏杀降卒背了锅，遭到降级。同样参与杀降卒的改革派田况，也在调职上被边缘化了。

欧阳修上疏为王果辩护，弹劾李昭亮有违军法，却全部石沉大海。欧阳修并没有气馁，既然朝廷公正指望不上，他便在地方吏治上下功夫。

原来朝廷下放地方的便民政策，地方官吏常常阳奉阴违，不予执行，欧阳修便对此进行认真勘定，将善政实行以及时减小百姓的生活压力。一些地方为了省草料，让厢兵负责推磨，厢兵骄横惯了，推磨时难免和百姓起争执。欧阳修两害相较取其轻，便恢复用驴推磨，同时又加盖军营，改善士卒的生活条件，以调和军民关系。朝廷要求欧阳修调遣一千民夫去河东修防御工事，欧阳修觉得过于劳民，便上疏拒绝。军民得到实惠后，对于欧阳修的工作也越发配合。

原本大名府、邢州（今河北邢台）、磁州（今河北邯郸磁县）各地盗匪横行，甚至敢于杀伤衙门的巡检和县尉。欧阳修一边更换不称职的官吏，一边又让地方民户五家结为一保，加强地方的组织度，平时相互检察联络共同抵御外敌，也防止有个别民户与山贼暗中勾结。对于转运使司的调兵权，欧阳修也上疏朝廷希望可以得到强化，如果能适当调遣禁军参与缉捕盗匪，必然事半功倍。

在欧阳修的悉心努力下，河北军政困局得到了一定的缓和，他的下属官吏在感佩欧阳修的同时，又不禁疑问道："公以文章儒学名扬天下，而治此俗吏之事乎？"欧阳修却是这么回答的："吏之不职，吾所愧也。系民休戚，其敢忽乎！"俗吏之事乃是天下根本，若是做不好会使我感到羞愧。事关天下万民的安定休戚，我又岂敢怠忽！此时的欧阳修，已然颇具卓越政治家的风范，奈何他一个人的蜕变还是改变不了新政的倾颓之势。

在庆历四年的十一月，朝中发生了巨大的政治地震——进奏院案。

范仲淹展开新政之初，提拔了相当数量的中青年士大夫共同参与改革，这些人当中有不少是理想主义者，而理想主义者又常常带着理想的属性，比较浪漫且爱喝酒，其中最著名的当数太宗时期的宰相苏易简的孙子苏舜钦了。当年苏易简因为嗜酒如命而英年早逝，不想孙子不但继承了苏易简的才华，同样继承了他的嗜好：可以不吃饭，不能不喝酒，肚子实在饿了，拿《汉书》的文章下酒亦可。

苏舜钦志向高远、品性高洁，和范仲淹、富弼等人志趣相同。又是宰相杜衍的女婿，于是苏舜钦被委以重任，主管颁发朝廷诏敕、两府宣札以及接收地方上交给进奏院的公文。因为平时公文积累太多，所以进奏院堆积的废纸也特别多。于是官员们便想了个法子，每年春秋两季祭祀时，就拿这些废纸出去卖钱置办宴会，整个部门一起团建一天。

不想新政时期的这届官员里才子特别多，且各具风流。吟诗作对不够，还招来官妓歌舞助兴，来的客人除了进奏院的官员和馆阁的官员，社会上一些名流才子也多有出席。除了苏舜钦本人，还有寇準的外孙、王曙的儿子、大才子王益柔，以及范仲淹的老友王洙等，这批人凑一块儿，文斗起来自然是谁都不服谁。

酒宴到最高潮时，王益柔已然忘乎所以，竟然作诗云："欹倒太极遣帝扶，周公孔子驱为奴。"这般大逆不道的诗句甫一说出，便被有心人记了下来，传到了御史的耳朵里。在宰相贾昌朝、陈执中的支持下，御史中丞王拱辰带领监察御史刘元瑜、鱼周询等言官一起上疏弹劾苏舜钦、王益柔等人。宋祁和张方平也同时上疏，认为王益柔其罪当诛。

宋仁宗原本就因欧阳修的《朋党论》和范仲淹、富弼的一些改革举措对改革派起了疑心，如今保州兵变没过多久，王益柔又写下这般诗文。于是宋仁宗当下便派人将苏、王二人逮捕下狱，从严处置。而其余如刘巽、王洙、周延隽、宋敏求等参与宴会的士大夫也尽皆遭到处罚，范、富、韩、杜四位新政领袖费尽心血栽培起来的馆阁精英们，一朝之内就全被贬黜，保守派的王拱辰兴奋地说道："吾一举网尽之矣！"

其实宋仁宗在外放范仲淹、富弼后，仍然想继续维持新政，所以他在外派欧阳修和田况时仍然给予他们颇重的名位和权力，同时在中书又升任改革派的杜衍为宰相并让他兼任枢密使，以保证新政的实施。杜衍为相近百日来公正严明、不畏权贵，时人赞其为"清白宰相"，宋仁宗也自觉颇为得人。不想进奏院案一出，原本领导层已经受到打击的改革派，现在直接整个团队基本上被一锅端了，就剩一个宰相杜衍和枢密副使韩琦，还搞什么新政？可以说自此时开始，庆历新政已然宣告失败了。

苏舜钦被从严处置，杜衍作为苏舜钦的岳父不便发言，幸得韩琦回京痛斥张方平等大臣放着边防战事不管，非要跟王益柔纠结文字狱，简直是主次不分，不成体统。宋仁宗听得韩琦所言，算是稍微平复了情绪，于是对进奏院案相关众人的处置从轻发落。苏舜钦和王益柔释放出狱后，虽分别遭到了贬黜，但是好歹留下了性命，后来数年间朝野都被保守派把持，王益柔直到多年后才有机会回归朝廷；苏舜钦则在庆历八年英年早逝，人生的最后几年他在苏州留下了沧浪亭的名迹。

范仲淹听闻朝中剧变，自知大势已去，面对舆论压力他只能上奏自请罢去参知政事，却没有得到宋仁宗的同意。庆历五年，富弼自河北还朝，又在入朝前遭到了保守派言官钱明逸的攻击，钱明逸弹劾富弼与范仲淹结党营私、扰乱朝纲，没想到富弼竟然和当年的夏竦一样，连城门都进不去，此时能在朝堂说得上话的韩琦与杜衍不顾个人安危，上疏为富弼、范仲淹辩护，历数他们曾经为国家立下的汗马功劳，指斥朝廷不该这般对待富弼、范仲淹。但是经过朝中多番变故，宋仁宗已经认准了改革派的结党行为，他这一次没有再采纳韩琦、杜衍的建议。不久后，在贾昌朝、陈执中等人的推动下，富弼和范仲淹皆被罢去，出为安抚使。

谏官蔡襄和孙甫紧跟着也被外放，杜衍想挽留他们，结果又加重了宋仁宗对改革派结党的不满，终于独木难支也被罢相外放。

韩琦虽然是改革派领袖，但他个性稳重，并没有像其他改革派那般有事没事就嘲讽攻击保守派同僚，再加上他与保守派关系和睦，导致保守派与他私人间的关系并不太坏。王拱辰甚至主动劝他离开改革派，却为韩琦所拒绝。如今大势已去，韩琦的命运也早已注定。

当年在水洛城时被枷项下狱的董士廉一直记得与韩琦、尹洙之间的仇恨，他在姚嗣宗的指点下，又从公使钱的方向下手弹劾尹洙，这事又被保守派借题发挥，尹洙直接被逮捕下狱，而御史李京也顺着这条线弹劾韩琦，认为尹洙之案的主要责任在于韩琦处置不当。韩琦也懒得辩驳，直接自请外放，不久后被罢，以淮南安抚使出知扬州。自此,改革派的四位宰辅尽皆去位,保守派完全掌握了朝堂的话语权。

其后数年间,改革派遭到了连番迫害。

庆历五年七月,石介病死,夏竦却不依不饶,以同在山东的孔直温谋反之事诬陷石介,说石介是假死,实则逃往契丹意图谋反,便要派人去挖开石介的墓穴,开棺验尸。幸好杜衍在当地为官,组织起数百人前往抗议,众人感佩石介德行,以全家性命担保石介已死,石介终于得免无妄之灾。

被一再针对的尹洙也因名声染上污点而遭到连番贬黜,在庆历七年四月郁郁而终。身在远方的韩琦为他书写了墓表,尹洙之子尹构后来也被韩琦带在身边悉心培养。狄青作为尹洙最看重的下属和爱将,在尹洙去世后,尽全力照顾安置他的家人。范仲淹、欧阳修虽然在水洛城一事中与尹洙闹了别扭,但如今时过境迁,昔日的不和与争执尽皆付诸一笑。尹洙去世时,范仲淹为其料理了后事,欧阳修为他书写了墓志铭。曾经自求贬官、甘愿与范仲淹同甘共苦的尹洙就这么死在了流放地,向来疾恶如仇、刚正不阿的尹洙却以这种毁誉参半的方式结束了人生,这大概成了庆历君子们心中永远的痛。

欧阳修虽然在河北任上颇有政绩,但最终敌不过新政失败的大趋势,于庆历五年八月遭到钱明逸的弹劾,被落去学士头衔,贬官到了滁州任知州。仕途受挫、好友去世、理想蒙尘,对于这些后果欧阳修是需要承担一定责任的。

当诸般际遇化作种种情感交织于欧阳修心头之时,他在滁州任上进入了文学创作的高峰期,《丰乐亭记》《啼鸟》《自勉》《永阳大雪》《沧浪亭》《重读徂徕集》《新霜》等,作诗五十一首,共作文七十一篇。

在将滁州的政务打理得井井有条之余，欧阳修把内心的孤寂、人生的感悟付于山水笔墨之间，寄情言志。直到那一天与民同乐的出游，他以清新宁静的气息写下了传诵千古的《醉翁亭记》，世人方知欧阳永叔之心，虽经千锤百炼犹自不改炽热。

醉翁之意不在酒，在乎山水之间也。

字里行间的洒脱与通透到底暗藏着多少坎坷往事，醉翁心中的山水之间究竟意在何方，这或许也只有欧阳修自己知晓了。

或许自这一刻起，庆历君子们都开始了自己的蜕变。

十九

动乱中的星火：
文彦博讨平王则起义

弥勒教与摩尼教是讨论宋代各种起义时无法绕开的话题。据现有记载，宋仁宗年间总计发生的起义数为六十次，这六十次起义中有二十四次发生在庆历年间，其中兵变的数量又占了十五次。要知道宋太祖朝至宋仁宗朝，北宋总共发生兵变四十四次，其中有两个高峰，一是宋太祖时，发生兵变十一次，占总比例的百分之二十五；二是宋仁宗朝发生的十九次，占总比例的百分之四十三。庆历年间的十五次兵变基本已经接近宋仁宗朝所有兵变的总数了，而这些兵变大都伴随着秘密宗教的影子。

那么这究竟是何原因呢？为何庆历年间的兵变能那么突出呢？

前文说到的保州兵变提到过一个原因：士卒因为误解了朝廷将要削减他们的军粮而起兵叛乱，拥戴监军做领袖不成便杀了监军，这颇有一种唐末五代牙兵逼迫节度使造反的遗风。宋初兵变频发的问题，便是这五代下克上风潮的延续，而向来被认为崇文抑武巅峰的宋仁宗朝，怎么士卒们也这么"武德"充沛呢？

按照正常思路，宋仁宗在位四十多年，为两宋最长，那么肯定各种事件发生得也最多。不，偏偏这兵变就很反常，十九次兵变有十五次集中在了庆历短短的八年时间里，比如规模最大的弥勒教贝州动乱，即发生在庆历年间。

这一切的由来我们还要从五代时期说起。对，那个五十三年换了十四个皇帝的五代时期。

我们曾提到因为中晚唐时期制度的演变，社会价值观从此前的推崇血缘门第转化为人才本身的能力和政绩。而自藩镇割据引发五代乱世后，下克上的风潮席卷全国，所谓兵强马壮者即可为天子，华夏过去所传承的君权神授观念支离破碎，国家极度欠缺一个强有力的核心维持长期稳定的统治，所以宋朝的君权必须通过各种制度上的措施以及与臣下的合作才能重铸秩序，终结乱世。

除了上层架构没有强有力的核心，基层架构也开始变得松散。旧时维持国家基层管理的士家豪族都在乱世中被消灭了，老百姓不再被庄园农奴制束缚住人身自由，流动性提高，这对国家的经济层面有很多益处，但对国防动员能力和地方治安等方面来说却造成了极大的问题，这导致宋初极度缺乏一个中间阶层维持基层的组织和秩序。为此朝廷不得不将许多四处流窜的社会闲散人士收编进军队，这批人中相当一部分是地痞流氓，加入军队基本只为了混日子，人送外号"就粮禁军"，而士大夫们则开始建设家族宗庙，本质也是为了解决基层组织的问题。与之相对，民间也有自己加强组织结构的方式——结社和秘密宗教。

这又是缺乏强力核心，又是基层组织前所未有的松散，再加上宋初人口的高速增长，至宋仁宗朝，自然气候也因进入寒冷期，影响加剧，自然灾害高发，那前所未有的社会问题必然层出不穷，国家治理难度堪比从二元一次方程跃至哥德巴赫猜想。

但即使如此，宋仁宗朝最初的十多年，国家仍然保持了稳定的发展，毕竟宋太祖、宋太宗、宋真宗三朝积累了大量的财富，刘太后摄政也是治国有方。而宋仁宗本人并没有好大喜功的毛病，为了应对全国灾情，他从继位伊始便削减宫中用度，如范仲淹、韩琦、富弼等大量人才也在这几年间被飞速提拔，厚实的家底加上宋仁宗重视人才又不爱折腾的执政风格，消除危机问题不大。

可惜守业并不是这么容易的，如果一个困局压不倒你，那就来两个。

西边的李元昊在宋仁宗朝本着赌一把的原则，配合着宋仁宗朝的数十次大灾，挑战大宋朝近十年，战术上有所斩获，战略目标却半点也没有实现，在付出了惨重的代价后，终于成功把宋夏两国人民都折腾到了生死边缘。

宋朝这边对西夏恨得牙痒痒，但马政不行，没能力短期灭夏，只能通过疯狂修碉堡，外加增兵至一百二十万的方式布防陕西至河北数千里边境线，以防止西夏和辽朝的偷袭。本来基层组织就成问题，这下为了应对边防战争，大量驻防内地的厢军被调往边地，内地的山贼土匪们迎来了属于他们的时代。

而在河北地区，这里虽然临近宋辽前线，但国防压力远不如宋夏边境，驻扎此地的军队多以缺乏战斗力的禁军为主，也即所谓的"就粮禁军"，就粮禁军在社会上的口碑并不好，因其多以地痞流氓为主。在保州兵变后，宋朝赦免了大部分叛卒，将他们的编制打乱，分散驻防到了河北各地，这群叛卒心怀怨愤，暗中闹事，弄得河北各地纷乱不断。在这个社会问题层出不穷的时期，一支支存在隐患的军队在治安混乱的河北蠢蠢欲动，偏偏河北自东汉末年起便盛行宗教结社，从黄巾起义到北魏年间的法庆之乱，每一次叛乱都因借助宗教组织的能力而声势浩大，故向来为封建统治者所忌惮。

如今，当一切叛乱的因素再次萌芽，新的战火即将被重新点燃。

庆历七年，河北贝州战火重燃，军校王则以弥勒教为信仰鼓舞教众和军中士卒发动叛乱。王则原本是辽朝涿州（今河北涿州）人，那一年的结冰期对宋辽两国都很公平，涿州大旱，王则在辽朝活不下去，就只能南下宋朝碰碰运气，他的母亲舍不得他，便在他的背后刺了一个"福"字作为记号。王则在流亡到贝州后，表现出了特别的经商天赋：他把自己卖给了一户人家帮人牧羊。没想到放了一阵子羊之后，王则这么一个越境黑户，竟然也能享受到大宋朝"贼配军"关爱政策的温暖，他顺利加入了贝州的禁军之中，还成为一个小校官。那么既然是流民，又是怎么混上校官的呢？这可能和弥勒教有关。

弥勒信仰自东汉末年时由僧人安世高传入中国，到隋唐时已经颇成气候，至两宋时又与摩尼教的"两宗""三际"的教义相融合。所谓"两宗"即光明与黑暗、善良与邪恶，"三际"便是过去、现在和未来。弥勒教的三行法会便由此而来，而王则日后起事的口号便是"释迦佛衰谢，弥勒佛当持世"。

王则来到贝州后不久，便加入了弥勒教，可能是基于他本身的魅力和才能，州吏张峦和卜吉都自愿为其效力，他们利用王则背后的"福"字作为炒作的由头，给他树立了颇具宗教神秘感的人设。

当时弥勒教的信众大多是没有接受过教育的底层百姓，又加上当时国家连年纷乱，大量的流民遍布于河北各地，绝望黑暗的生活让这些无奈的百姓急需一种精神力量抚平肉体上的痛苦，这自然成了王则传播弥勒教的土壤。不过数年，王则的势力已经从贝州、冀州传播到了山东的德州、齐州一带。自觉羽翼已丰的王则便与张峦、卜吉等人密谋于庆历八年起事，在他们的计划中，河北、山东等数十郡的城池都会积极响应，就连连接河南的澶州（治所在今河南濮阳）也会为他们所控制。

奈何在预备起事的关键节点上，出了个拖后腿的。一个名叫潘方净的教徒竟然带着兵刃直接前往河北重镇大名府拜谒北京（宋代四京之一）留守贾昌朝，目的很简单——劝他投降。

此时距离庆历新政的两派党争已然过了好几年，贾昌朝斗倒了新党后，也没笑多久，便在和吴育的争执中两败俱伤，被外放到了河北。但这再怎么仕途受挫，当年也是给范仲淹、富弼添过堵的狠角色，怎么会被一个邪教分子恐吓到呢。贾昌朝大怒，当场便让手下把潘方净给摁倒了。

王则那边一听到消息，眼看计划暴露，也不多话，一咬牙就提前起事了！

庆历七年十一月二十八日，乘着贝州知州张得一带着官衙僚属前往道观观礼的时机，王则在军中发动兵变，一举将贝州城拿下。知州张得一、通判董元亨等官僚都被俘虏，只有极少数官员逃出了生天。

王则兵变成功后，当即称帝建国，国号为"安阳"，取意自弥勒信仰中的安养净土。他自号东平郡王，以张峦为宰相、卜吉为枢密使，又很有创造性地将贝州城中的每一幢楼房以州城命名，每幢楼中都设一名知州负责管理，城中所有十二岁以上、七十岁以下的百姓,脸上都要刺上"义军破赵得胜"的字样。这看着有点像胡闹,实则却透露出了极强的团体组织和控制能力。王则等人先用州城这种通俗易懂的命名作为城中各组织单位的称号以便分工;宰相、枢密使、知州各级长官权责分明,城中百姓不管信不信弥勒教,全部脸上刺字裹挟上贼船,再加上原本便有大量的信众作为基础,可以说王则与他的部众在最短的时间内便完成了贝州城中一切资源的统合与分配。这便是秘密宗教让每个封建统治者真正感到毛骨悚然的地方。

北宋朝廷闻知贝州兵变,马上便组织军队前往平叛。

权知开封府的明镐被任命为河北体量安抚使前往贝州前线,北京留守贾昌朝则坐镇后方,协助明镐调集各路军队。曾在西北战场上立有赫赫战功的名将王凯与王信都参加了这次平叛,而在基层军官中,杨遂和马遂两位指挥使更成了后来明代小说《三遂平妖传》中的角色原型。然而很让人意外的是,一样是重兵围困,贝州叛军却表现出了远过于昔日保州叛军的抵抗意志。

贝州城本就是河北重镇,城墙高峻坚固。明镐不愿强攻徒增伤亡,便花费大量物资打造攻城器械,结果眼看要完工时,却被王则军突袭焚毁。造攻城器械不成,明镐又想了个法子,白天假装猛攻北城麻痹敌人,晚上在南城猛挖地道准备偷袭。结果到了正月,地道还没挖完,城内突然有百姓暗中联络宋军,表示愿意充当内应,配合攻城。

当夜,宋军派出军队与内应接洽,以绳索悄悄爬入城中,只是刚有数百宋军进入贝州城,带头的军官自觉攻陷贝州的功劳已经十拿九稳,竟然直接将绳索斩断,欲独占破城大功,结果可想而知。

当然，如果这宋军军官手脚麻利点，马上控制城门还好说，偏偏这动静闹得太大，王则军被惊动，这数百宋军直接被包围，一部分人好不容易突围逃到了城外。

明镐看了军报差点没被气死，偏偏朝中的枢密使夏竦跟他有矛盾，夏竦一如既往地品行恶劣，对明镐的前线工作屡加刁难，明镐是有苦说不出。

城外官军活得像贼寇，城内叛军倒是气定神闲。要说王则就占着一座贝州城而已，哪来的自信呢？因为在他的战略布局中，可不局限于贝州一地。

弥勒教在河北到山东各地都建有据点，每个据点的头领都以剑印作为信物发布命令，其内部制度结构的严密可见一斑。河北到山东的禁军之中也多有其信徒，都准备在王则起事的同时，对地方州城发难。但是王则左等右等，这贝州城外就是一点动静都没有，贝州城内虽然守得固若金汤，但城外的宋军也是越来越多，完全不像被其他地方动乱牵制的模样。

要说这原因呢，也只能怪王则自己，当初兵变的时候，放跑了几个官吏，当中就有一个叫田京的文官。

田京是个很特别的书生，人唠叨又迂腐，却出奇地和武人关系很好，在西北前线任职多年，就爱跟大头兵和流氓打交道，董士廉、郭京这些关中闻名的豪侠军校都是他的好友。田京从贝州逃出后，便径直前往贝州南关的骁健营安抚士卒，掌管了这路兵马。正巧遇上从保州而来的振武军兵卒意图焚烧民宅，策应兵变。田京当机立断率军镇压，又将埋伏在附近的弥勒教教士抓捕后明正典刑，驻扎在贝州城外的二十六个指挥由是被镇服，再没有人敢乘乱闹事。而王则事先埋藏的联络暗线大都被田京截断，兵变在贝州城外的影响力被降到了最低。

而在山东齐州一带，弥勒教也组织了千人禁军意图发难，以屠杀齐州百姓威慑地方。不巧当时的山东长官正是富弼，富弼在山东的治政极得人心，齐州兵还没兵变，任所在青州的他就已经得到了密报。富弼连夜派人前往齐州控制住军营，未等叛军反应，便将带头闹事的百人就地处决，剩余盲从的士卒也被及时管制。

贝州与齐州这两处关键据点被宋军压制，河北与山东的形势自然得到了稳定。

田京后来也加入了收复贝州城的序列之中，有感于失城之辱，他作战尤其卖力。王则军畏惧田京的武勇，便将他的妻子和孩子四人绑到城头，威胁他退兵。

这时田京表现出了他狠辣的一面，竟然命令士卒将自己的妻儿尽数射杀，吓得叛军这边反而不知所措了。

田京的暴虐之举虽有违人伦，却无疑震慑住了王则军。在同一时刻，宋仁宗又下达了一条新的人事任命，参知政事文彦博被派到了前线，成了宋军新的统帅。

明镐的才名与文彦博不遑多让，但与之相较，文彦博多了一个优势——人脉，文彦博与宋仁宗的宠妃——张贵妃的家族有世交，此番文彦博能被托付重任，便多得张贵妃的举荐。除此之外，这也代表文彦博在前线做事，便不会再像明镐那样，被夏竦百般刁难。那么文彦博的平叛方略是怎样的呢？本质还是明镐的老法子：佯攻北城，在南边猛挖地道。

坐镇大名府的贾昌朝亦感知到大势已定，便派遣指挥使马遂进入贝州，劝降王则。王则虽穿着盛装在贝州前任知州张得一的陪同下接待了马遂，却终不为所动。马遂见劝降不果，便暗示张得一配合自己刺杀王则，张得一没有回应他，无奈之下马遂只得独自刺杀王则，最终失败反被众兵士斩断一臂，被绑缚到庭前肢解示众。此前被王则军俘虏的贝州通判董元亨等人都死在了类似的酷刑之下。

然而不管王则愿不愿意投降，大局已然无法扭转。庆历八年闰正月一日，宋军挖通地道攻入城中，有说法认为王则曾组织了火牛阵意图冲击宋军，结果被宋军用长枪刺中牛鼻子，火牛惊痛之下反而回身冲溃了王则军，贝州城由是收复。王则与张峦、卜吉等人突围至城郊村舍，为王信所部包围。

宋军见到为首者穿戴华丽，认定其是王则，竞相争抢，混战之中张峦和卜吉相继身死。弥勒教众或被捕杀，或自焚殉教，唯有王则在王信的舍身保护下被生擒，为期六十四天的王则之乱被平定。一个月后王则被押至开封城公开处决，用的也是肢解之刑。然而在他将被处决的前五天夜里，宫廷中也离奇地发生了动乱，即坤宁宫之变。好在有曹皇后居中调度，将其平定，这次动乱虽然普遍被认为是张贵妃与曹皇后之间的后宫斗争，却也被怀疑与弥勒教有关。

宋仁宗虽然依靠庆历新政前后的一系列作为稳定了边防局势，但是国家在战争与灾祸中早已被压得喘不过气。宋初时有赖国家经济的高速发展，五代遗留的社会结构等问题尚能被掩盖，然而到了庆历年间，这些问题已然危及了国家的根本，甚至连皇宫之中也有所波及。

为此，国家出台了多种灵活变通的政策试图改变这种现状，比如在应对兵变的问题上，除了颁行五保法等进一步加强基层组织的法令外，对于各种兵变的事后处理方式也有了一定的法度，我们可以简单概括为三点：捕杀、招抚、分化源头。对于带头叛变的士卒朝廷大都从严捕杀，少有姑息；被裹挟进叛乱的百姓则多是予以优待，以安抚为主，毕竟宋仁宗朝的荒政本就被连年大灾逼成了中国古代救灾史上的一个里程碑，对于大量灾民、流民的安置向来是比较到位的；地方豪强地主则成了朝廷的拉拢对象，县衙通过他们组建乡兵配合五保法强化地方组织，士族代表的庄园农奴制虽然退出了历史舞台，但豪强地主的崛起，逐步代替了士族曾经的位置，担负起了基层治理的任务。

天圣年间，朝廷曾出台法令禁止地主限制佃农的人身自由；到了景祐年间，朝廷又将佃农、商人、奴婢等前朝的贱民编户齐民，百姓的社会地位得到了提高，同时国家还出台相关的法令保护他们的私人财产。这些让人感到美好且合理的发展趋势，到头来却仍然摆脱不了封建社会生产力发展的局限。出于保护地主的利益，朝廷又一次出台法令：地主打死佃农后可以不用偿命。这与天圣和景祐年间的革新相比显得格外刺眼，然而所谓的历史，大都如这般在螺旋前进的轮回中一步步走了下来。

回到眼下的河北边防，宋仁宗陆续派遣富弼、韩琦前往河北整军，虽然这些举动对于河北禁军的战斗力提升有限，但至少让兵变的数量和规模明显减少，国家也重新回归了安定。然而兵变的症结仍然是国家财用不足，为了根治这个问题，文彦博在拜相后便马上提出了裁兵的方案，多年来因为担心引起兵变，裁兵的方案虽屡被提起，但官员们怕承担责任，所以裁兵始终得不到有效执行。如今文彦博与庞籍表示愿意承担一切责任，终于在他们的坚持之下，国家成功裁军八万，至宋神宗时宋朝军队从一百二十万成功裁减到了八十余万。

至于秘密宗教的传播，则成了宋朝亟待解决的首要问题。王则之乱后，全国各地掀起了一场清查妖邪的风潮，动辄有十余人、三十余人规模的秘密结社被处理，审刑院的七十余封奏疏中，竟有二十余封是关于妖邪之事。当然秘密宗教的传播土壤，本质还是源于封建社会的各种压迫，纵然士大夫中有一部分人矢志不渝地开创清平盛世，然而他们终究抵不过时代的大势，在北宋末年还会有一位名唤方腊的宗教领袖率领着摩尼教部众再次起事。

但不管怎么说，宋仁宗朝一系列政策的调整仍然收效显著，配合着宋太祖、宋太宗、宋真宗三朝留下的底子，社会问题得到了一定程度的改善，后人又继承宋仁宗朝的制度，虽然其间又生了如侬智高之乱乃至靖康之耻这样的战乱，但两宋的国家制度仍然在修修补补中维持了三百余年。

二十

范仲淹之死：
以一生持正换江山之固

庆历四年六月，范仲淹为了维持新政继续施行，承担起了一切事件的责任，自请外放得到了宋仁宗的许可，他被任命为陕西、河东宣抚使，再次守边西北。

这相当于今天管理两个边疆大省的军政权力，表现出宋仁宗对范仲淹的信任。但这让范仲淹更加感到不安，毕竟当时的他已经明白，作为新党领袖的他在这个时候外派出京还掌握巨大的军政权力，如同把他架在火上烤，保不准就会万劫不复。

因为当时朝中保守派的势力越来越大，自己在外若是出了差错，连申诉的机会都没有。他在写给韩琦的信中便感叹自己屡涉风险，已然埋下太多祸患，如今身体大不如前，不但失去了克服危难的能力，反而进退失据越陷越深。

盖年向衰晚，风波屡涉，不自知止，祸亦未涯，此诚俱于中矣。

然而即使承受着这样的心理压力，范仲淹也始终没有怠慢守边政务。狄青重新归在范仲淹的麾下，虽然在水洛城事件时，狄青与范仲淹之间发生了矛盾，但范仲淹并不以此为意，依然极为器重狄青。途经长安重遇郑戬时，范仲淹也选择放下公使钱案时的争执，与这位老友把酒共勉，临别时仍不忘各自的报国之志。

同在这一年，范仲淹还提拔了另一个人才——杨文广。堂堂杨家将的第三代，怎么还需要别人来提拔？一切只能怪他生不逢时，五岁那年就赶上了澶渊之盟，青年时代直接跟军功无缘。十五岁时虽然靠父荫当上了基层军官，但宋代大部分的恩荫官基本上就是发给功臣子弟的安慰奖，除非家族势力能跟当朝宰辅有关联，不然图的就是个特权阶级的体面。就仕途升迁而言，升官慢、工资少的同时还要被同僚瞧不起，反正能恩荫的家族大都有点底子，少发工资也饿不死。碰巧宋真宗时这恩荫发得又特别多，这升迁环境就更加恶劣了。

杨文广一没功名，二没军功，堂堂杨家将第三代，十五岁开始做官，混到四十岁可能还只是九品的三班借职，比他小九岁的狄青虽然是底层行伍出身，却在宝元元年做到了同是九品却比他高两阶的右班殿直。

庆历三年，杨文广虽然靠平定张海之乱升到与右班殿直同级又稍高的左班殿直，但狄青已经凭借在宋夏战争中的表现升到了从五品的秦州刺史，主管泾原路兵马的泾原部署。

不过这杨文广与狄青的对比也不能怪朝廷不公平，毕竟冷兵器时代，武将要出人头地，离不开个人武勇和军功。狄青那可是没事就戴着面具披头散发冲阵的存在，范仲淹提拔的那批边将里，就算是文官张亢那也是敢带着运输队冲阵的水平，个顶个的狠人。连种世衡在这批人里都只能算例外，老种相公虽然政绩不错，但关于他个人武勇的记载比较少，所以也确实到了五十多岁才发迹。而杨文广，史书上关于他武勇的记载也很少，范仲淹会看中他还是因为那三个字——修碉堡。

后来韩琦经略河东的时候，发觉很多战略要地曾修筑过堡寨，仔细一打听才知道都是昔年杨业留下的工程，韩琦不由感叹杨老令公精深的业务能力。杨文广作为杨家将第三代，自然也继承了这一祖传手艺，如今范仲淹一见奇之，他终于迎来了发光发热的春天。在之后的岁月中，他不但辅佐范仲淹完善了麟、府二州的堡寨布局，在范仲淹离开后也得到了新上司狄青的器重，狄青平定侬智高时也曾点名让杨文广一同前往。后来韩琦再次出知陕西，杨文广便在其麾下的秦凤路大修堡寨，终于在宋英宗治平年间升任武人巅峰的三衙管军，可谓大器晚成的杰出代表。

我们再把时间线拉回到庆历四年，当时范仲淹的身边不但有狄青、杨文广这些得他提携的晚辈，还有多年来一直与他并肩作战的老友相伴，种世衡便是其中之一。只是当时种世衡已然六十岁，因常年镇守边疆、深入苦寒之地，所谓"夙夜乃职，星露厥身"，早已是疾病缠身、英雄迟暮。但是作为开创种家将近百年基业的稀世名将，种世衡又岂会惜身而放下责任！他听闻范公又要修建堡寨了，立马亲往一线支援，防范西夏、安抚羌人、昼夜修筑细腰城，一如这么多年来，他们一直做的事情。不久后，细腰城即顺利落成，然种世衡也耗尽了自己最后的生命，史载其"城成而卒"。种世衡的骤然离世成了压垮范仲淹的最后一根稻草，他对这位知己的追忆凝结成了三千七百余字,这可能是范仲淹一生中写过的最长的一篇墓志铭了。

庆历五年末,范仲淹因身体状况越来越差,即上疏朝廷自乞解除边任,出知邓州调养,宋仁宗许可,升他为给事中、知邓州。邓州气候温和、民风淳朴、政事极简,又是医圣张仲景的家乡,在宋代向来是高级官员修养的好去处。

范仲淹来到邓州后不久,便把寄养在京城的妻子张氏、二子范纯仁、三子范纯礼及小女儿接来了邓州,范仲淹站在风口浪尖数十年,此刻终于可以和家人相伴,享受天伦之乐了。

多年来,追随范仲淹镇守西北的一直是他的长子范纯祐,史书说范纯祐在少年时便极为聪慧,却为了追随父亲而没有参加科考。范仲淹镇守西北修建堡寨时,范纯祐常主动请缨率兵击退前来骚扰的西夏军,终因多年辛劳而身患心疾。后来虽然靠父亲恩荫得到了官职,但范纯祐早已不习惯当官了,他选择了辞官继续陪伴父亲,来到邓州时已至病残。如今范纯仁与范纯礼也渐次长大,便主动承担起了侍奉父兄的责任。

范纯仁在庆历三年时也得到荫补官职,却同样没有入仕。范仲淹看出他是做官的苗子,对其多加培养,最后只用了四年时间,他便考上了进士,范纯仁依然没有入仕,他选择继续陪伴父兄,直到父母都去世后才赴任官职。

家人的相伴很快便让范仲淹的身体有了极大的好转,他在邓州除了兴修水利、重教办学等,还和妻子张氏在庆历六年(1046)又生了一个儿子,也即后来宋神宗朝的名臣范纯粹。这样久违的惬意生活让范仲淹对邓州产生了别样的情怀,同时也想把这份情感分享给昔年的故友。他将邓州百花洲的绝美风景写作诗文送给了在陈州任官的晏殊。

后来转任青州,途经陈州时范仲淹又特地上门拜访了晏殊。这对知交数十年的老友虽都步入老年,但待在一起仍能彻夜谈天说地浑无倦意。范仲淹始终感念晏殊昔年的知遇之恩,直到此时仍将比自己年轻的晏殊视为师长。最后二人在养浩存真的共鸣中分别,却不知这竟是他们人生中最后一次相见了。

庆历七年,好友滕宗谅与尹洙的先后离世又唤起了范仲淹心中的悲凉,他一度请旨将病重的尹洙接到自己身边调养,但最终也没能阻止尹洙的病逝。庆历新政虽然已经失败了两年,但其余波却仍在继续。

范仲淹的宿敌吕夷简早在庆历四年底病逝,这位自宋真宗时期便享誉天下的柱国能臣,晚年却因与范仲淹相争而落得毁誉参半。欧阳修虽然在为范仲淹写的墓志铭中描述了范、吕二人在庆历年间的种种,也写到二人最后达成的和解。但直面了范仲淹晚年的范纯仁却否定了欧阳修的看法,范纯仁与欧阳修甚至因为这件事的分歧而反目。事实上在吕夷简死后,保守派一度想置范仲淹于死地,只是碍于宋仁宗的态度才勉强作罢。

掌管两府的贾昌朝与陈执中在利用台谏的力量驱逐了庆历君子后,马上便不满于宰相章得象的态度,他们再次怂恿台谏弹劾章得象,章得象也习惯了,直接自请外放逍遥去也。

庆历七年,随着宰相贾昌朝与陈执中不再兼任枢密院的职位,嫉恨新党如仇敌的夏竦得以回朝担任枢密使。富弼、欧阳修、余靖、尹洙、石介等人皆遭到了更加严厉的打压。只是贾、陈、夏三人一路利用言官排除异己，却忘了朝廷的台谏那可从来都是"双刃剑"。

当时的台谏之所以反对新政，是因为新党君子们的骄纵确实对朝堂氛围造成了极大的危害，再加上封建君主向来对朝中朋党深恶痛绝，皇帝的态度也让台谏的天平倒向了反对新党的一边。然而若是回归到纯粹的政见上，其实不管是台谏还是吕夷简的党羽，其中有相当一批士大夫仍然是认可新政改革的。譬如全程参与进奏院案的张方平与鱼周询，他们就相当赞同新政中针对官场混资历、权贵家恩荫待遇过高以及科举弊病等几个方面的改革。

曾经与范仲淹不睦的参知政事吴育，在庆历党争发生后，更是始终站在维护新政的立场上。贾昌朝为了打压吴育更是无所不用其极，吴育也不含糊，正面应对，二人因为争执，一度在朝堂上公开互骂。吴育权威不如贾昌朝，但贾昌朝也不是干净人，于是在庆历七年二人一同被罢免外放。

贾昌朝走后，陈执中与夏竦之间也爆发了矛盾。原因无他，互相瞧不上对方。在宋朝做官，尤其是做到宰辅级别的，别管奸臣、贤臣，大部分除了长于吏事外，那文学修养也得是才华横溢的。夏竦就是有才无德的极致代表，和欧阳修交锋都不虚的那种，但陈执中与之相较，一没军功，二没学养，唯独有点吏才，这点本事放在宋仁宗时期的朝堂上，不说多惊才绝艳，只能说是一无是处了。

陈执中之所以能做到宰相，一是因为他不结党，二是因为他是最早支持宋仁宗做储君的。夏竦便因此特别瞧不起陈执中，还在朝会上提议各大臣比拼文采，为的就是让陈执中当众出丑。连队友都瞧不上他，言官那边就更不用说了。皇祐元年（1049），陈执中因遭弹劾出知陈州。

然而陈执中离去的背影，夏竦并没有机会看到。在陈执中外放之前，他便因为包庇大宦官杨怀敏被卷进了后宫事变的余波中，遭到了以张方平、何郯为首的一干大臣的弹劾，被外放出知河间府。虽然朝廷对他屡加优礼，但夏竦终究再没有机会回归权力中心。皇祐三年（1051），夏竦去世，死后在名誉上他再次遭到士林的非难。

随着贾、陈、夏三人的离去，庆历党争的余波渐渐消弭，立场相对中立的文彦博与庞籍成为新的宰辅，厚农桑与择官长的相关条例再次陆续出现在朝议的记载中。包拯趁热打铁，接连上疏请求恢复对庆历君子的任用，得到了宋仁宗的认可。虽然庆历新政失败了，但它留下的种子已经以另一种方式再次萌芽，成为庆历至嘉祐时期的连音线。

那么皇祐年间的范仲淹对于当时的朝政是什么态度呢？我们现在已经很难知道了。晚年的他除了在写给叶清臣的信中，用"黑白太明"表达了对汉代党锢之乱的看法，便绝少再对新政事宜发表看法。

皇祐元年，范仲淹再次上疏朝廷，希望能改知杭州，宋仁宗不但再次答应了他的所请，还特地赐凤茶给他，以示对老臣的恩宠。杭州靠近范仲淹的家乡苏州，虽然生长在山东朱家的范仲淹，一度因被怀疑争抢家产而遭到范家排挤，但是往事随风，过去之事谁还去在意？如今站在他们面前的范仲淹，不但让家族引以为豪，更已然得到了全天下的敬重。

然而范仲淹却发现范家虽然可算大族，但家族中有不少子弟仍过着贫困的生活。我们在讨论唐末至北宋时期社会基层组织度松散的问题时发现，以当时的技术条件而言，各家族通过重塑宗庙权威提高族中凝聚力，是强化社会基层组织度最好的办法。

同时宋儒们坚信通过亲族血缘连接族人，进而予以教化、培养，才会让社会秩序真正得到稳定。在这一背景下，范仲淹主动出资购置一千亩田地设立义庄，无疑给了族人实质上的经济支持，比其他士大夫更进了一步。

在为范氏义庄设立的规则中，除规定按照族人不同情况应该给予的钱米数量外，首先强调了对族中晚辈求学的支持，让他们赴京赶考都能得到经济上的帮助；其次是族中女子无论是出嫁、改嫁还是守寡都要给予其财物上的照顾；最后若是乡里有人因贫困而遇到急难，义庄也要予以帮助。范仲淹与他的后人为了强化这些规则，还特地请来官府监督，严禁范家子弟违反规定。由此一来，范氏义庄的功能除了给予族人支持，加强宗族建设以承担社会责任外，更多出了一项接济百姓的慈善义务。在苏州建立范氏义庄后，范仲淹又在山东建立了朱氏义庄，以回报继父朱文翰昔日养育自己的恩情。

范仲淹虽然因位至宰执，俸禄极厚，但他个人生活向来是极为简朴的，曾有人劝他在洛阳购置庭院而被其拒绝，如今为范、朱两家购置田地建设义庄却义不容辞，要知道当年不管是朱家子弟还是范家族人，多有羞辱非难范仲淹者，范仲淹却只记得两家对他的恩情，从未因那些敌对而产生丝毫芥蒂。当在与朱家的书信来往中得知族中有年轻子弟考中科举、光耀门楣之时，范仲淹亦大感宽慰。

现在有些观点指责范仲淹兴办义庄实际加剧了土地兼并，然而按照目前留下的记载，至少在范仲淹父子经营义庄时，并未以巧取豪夺的方式购买任何土地，相反还会时常利用本身的资源接济贫民。后来在南宋中期，朝廷虽对义庄予以免税，但也是百年后的事情了，即使宋代士大夫兴办义庄的文化于后世发生了质变，我们也不应该只看结果不看过程。从来没有任何制度是能永远完美的，我们如果总是因为一个制度的结果而去忽视它漫长演变的过程，进而简单粗暴地斥责，那实在是缘木求鱼，以小人之心度君子之腹了。

范仲淹不但让新政在朝中埋下了种子，也培养出了相当数量的名将良相。这一群名将良相继承了他经世济国、忧乐为天下的理想，继续在大宋发光发热，如当时在青州为官的富弼即是如此。

皇祐元年，黄河又发生了大灾，再加上庆历年间其他地方的天灾兵祸，河北地区遍地都是难民，其中有相当一部分难民流向了青州城。青州一直是宋代比较富裕的城市，在宋太宗太平兴国年间户口就已经达到五万余户，此前发生灾荒，王曾等名臣都能依靠本地的物力化解灾情，如今此地由富弼治理，自然也不虚。

意外的是，当青州收拢难民的名声一经传播，更多的灾民慕名而来，以至于先后到达青州的难民数量竟然有四五十万人。这么多人聚在一起，堪称管理的灾难，身边的人都劝富弼退避三舍，却遭到了富弼的拒绝。富弼马上就会用神级操作告诉他们，作为范仲淹的传人什么叫"献丑"了！

富弼先是从难民中招募了一万人加入军队，这一万人不但可以协助富弼赈灾，同时也可凭借粮饷养家糊口，这一万人每个人都自带家人四五口，这一下就解决了四五万难民的吃饭问题。

在有了充实的人力后，富弼安排他们为难民修建庐舍，一是限制了难民的无序流动,二是让他们不至于在寒冷的季节也风餐露宿。安置难民的地点也非常讲究,人员不能太过密集,防止疫情暴发。

除了赈灾相应的粮食、物资上的分配,富弼对青州府衙的官僚队伍也是严格要求。首先,每一个来到青州的难民都要做户口登记,记录他们的受灾程度、家庭人数以及性别、年龄;其次,绝对不允许在大街上看到有难民乞讨的现象,官员若是执行不力,必将遭到严厉处罚,若是执行得力则会得到奖赏,当地官员感念富弼的为民之心,纷纷愿效死力。

但是青州城毕竟物资有限,那官府的物资用光了怎么办?我们还有人民群众和大自然的力量呢。富弼把青州本地富户与百姓分为五等,按各自家庭条件的承受能力进行劝分,即让本地富户和百姓拿出粮食帮助赈灾,并在灾后给出资的百姓和富户相应的奖赏。难民则在官府的管理下被允许前往野外狩猎、捕鱼、补充薪草。就这么一系列措施执行下来,青州成功坚持到了朝廷赈灾物资的到达。

朝廷得闻青州的情况后,马上给钱六万贯、米二十六万斛,同时支援药物。在成熟的荒政制度的运作下,终于算是控制住了青州一带的灾情。至皇祐二年(1050),河北粮食丰收,难民重返家园,五十万生灵最终得以保全。

百姓感念富弼的恩德,为富弼立生祠,宋仁宗也对富弼的作为深为赞赏,想要授予他吏部侍郎之职,富弼一再推辞。然而向来谦虚稳重的富弼内心确实对自己救荒活民之事极为自豪,后来在他写给欧阳修的信中便说道:"某在青州,做得一实头事,全活数万人,大胜如二十四考在中书也!"我在青州为官时做了一件深感自豪的大事,救活了数万人的生命,这份骄傲实在远胜过在中书做宰相!就是自夸的时候都要把几十万谦虚成几万,富弼真是一如既往的低调。

自庆历年间以来,富弼的心情时常处于低谷,他的女儿在他出使辽朝时早夭,新政失败后他又接连遭到保守派打压,虽然凭借自身德行,他可以屹立官场不倒,但升官发财实在没法治愈他那颗伤痕累累的赤子之心。直至今日在青州救活一方百姓,方才纾解心中郁闷,真国士也,谋事不谋名矣,一如范仲淹多年来对他的言传身教。

皇祐三年,富弼移知蔡州(今河南驻马店汝南县),朝堂风气回归平和,宋仁宗对庆历君子们也陆续起用,范仲淹再次被委以重任,调知青州并兼青、淄、潍、登、莱、沂、密、徐州及淮阳军九地的安抚使。当范仲淹到达青州时,看到这里的灾后重建,深深为富弼感到自豪。范仲淹在知杭州任上时,曾在回复富弼的诗《依韵答青州富资政见寄》中这么写道:

龚黄政事追千载,齐鲁风谣及万箱。
……
故人待看调元后,乞取优游老洛阳。

范仲淹不但描述了山东百姓对富弼功业的众口相传,更预料到了富弼日后必将再入朝廷经世济国,最终荣归故里的锦绣前程。只是当这些美好的前景将再次展开时,范仲淹的身体却撑不住了。

皇祐三年,范仲淹请求改知颍州(今安徽阜阳)调养身体,宋仁宗同意。只是途经徐州时，范仲淹病情再次恶化，只得留在徐州调养。宋仁宗与韩琦得知后，连忙派遣医者携带药物前往徐州为范仲淹诊治，但为时已晚。皇祐四年（1052）五月二十日，庆历新政的领袖、一代名相范仲淹与世长辞，享年六十四岁。

宋仁宗听闻噩耗后嗟叹良久，亲自为范仲淹撰写"褒贤之碑"，并在朝野上下的一致呼声中为范仲淹追谥"文正"。昔日夏竦病逝时，也曾初议谥其为文正，却因朝野上下的激烈反对而改谥为"文庄"。南宋史家李心传曾在《建炎以来朝野杂记》中提到，"大臣谥之极美者有二，本勋劳则忠献为大，论德业则文正为美"。文正之德业，范仲淹确实做到了。然而华夏千古悠悠，历朝历代谥文正者却亦有名不副实者，那些人谥文正，实为身后添光；而范仲淹谥文正，乃为文正的荣耀。

范仲淹的童年正是宋辽战争的时代，他在求学时又亲历了北宋朝由乱而治的阶段，然在他入仕为官后，天下却又灾乱频频，西北边地更有西夏虎视眈眈。庙堂上的宋仁宗虽然天性仁厚，与他的父亲宋真宗一同开创了宽和的政风，却因年幼时的大权旁落，造成其个性的患得患失，朝中宰执频繁更换，到头来虽求得了皇权稳固，却动摇了国政。

是范仲淹与一批士大夫在这样的时代化己身为薪火做天下表率，无论是力劝刘太后还政、反对宋仁宗废后，还是怒斥吕夷简专权，他们始终都在为时代发声，为导正天下秩序直面一切强权。

正因有这样的精神作指引，有这样的一批仁人志士共赴国难，所以宋朝挺过了蔓延全国的灾害，挺过了辽夏合围的军事压迫，也挺过了宋初制度中留下的隐患，庆历新政虽然失败了，但它留下的种子却在之后生根发芽，其影响力甚至推动了宋代儒学日后的百家争鸣。至嘉祐年间，庆历旧臣陆续回朝执政，此时的他们早已洗尽铅华，再没有了当年那许多的骄纵荒唐。宋仁宗也终于能做到用人不疑，宰辅大臣得到长期任用，庙堂也少有剧烈波动。那个人一生的坚守，终于等到了君子们的成熟，也等到了宋仁宗的自我沉淀。

何谓一生持正？何谓江山之固？

天地正气，第一流人物，其名为范仲淹。

二十一

从逃犯到宰相：
狄青的升迁之路

多年来狄青一直作为论证宋朝崇文抑武的范例而为人们所惋惜。其中传播度最广的故事，莫过于韩琦与狄青之间的纠葛了，鉴于韩琦的职位一直都比狄青高，所以有一些观点甚至认为狄青不被宋朝重用。我们先不谈记载韩琦与狄青故事的《默记》是本怎样性质的书，单说狄青这么一个带有案底的逃犯，最后竟然能晋升为北宋宰相地位的枢密使，这怎么叫不受重用？

而关于狄青的记载，宋代文人赞美他的笔记实际上多如牛毛，光韩琦自己的回忆就基本上是对狄青的赞美，偏偏用来论证狄青悲惨的《默记》，恰恰是把狄青当作反面人物来写的。为什么说《默记》是把狄青当作反面人物来写的？真实的狄青又是怎样的？

论及狄青人生的传奇度，真就是说不完的奇人奇事。早年罪犯的身份先不说，事实上他一辈子可以闹到上公堂的事总共有三次。

第一次是在家乡时，据说狄青早年因为武艺出众，颇得乡里少年游侠的推崇，古代游侠多带有些混混的属性，这样看来狄青也算是半个大哥了。他的兄长得了这么个出色的弟弟，难免跋扈了些，有一次年轻气盛，就将一个叫"铁罗汉"的人溺死河中，铁罗汉这名字，一听八成也是道上混的。狄青听闻兄长惹事，为了解救兄长竟然主动承担起了罪责。但将要被捕时，狄青又说自己有办法救活铁罗汉，于是众人在半信半疑间看着狄青举起铁罗汉的尸体，将其腹中之水逼出，铁罗汉竟然神奇地复活了。

这则故事来自狄青之子狄咏对苏轼的转述，而宋人记载中又常说狄青是为逃避罪责而参的军，既然救活了铁罗汉又何必要逃避罪责呢？

在南宋人编纂的《锦绣万花谷》中又给了新的说法，书中描述狄青世本农家，因为识字被县里聘为乡书手，也算半个文武双全。结果因为移易税赋，被县里发现，逃罪到了开封，甘愿脸上刺字入拱圣军做大头兵。至于是帮自己偷税漏税，还是帮朋友偷税漏税就不得而知了。如果这事是真的，那以狄青任侠的脾气，也很有可能是帮朋友才惹祸上身的，突然就有点《水浒传》的味道了。

来到开封不久后，东华门外就发生了处于人生低谷的狄青遇到了刚刚高中状元的王尧臣的故事。看着王尧臣在众人的簇拥喝彩中远去，狄青放出要以才能立下不世功业的豪言，然后走上了自己的阶级逆袭之路。

好不容易在禁军基层老实了十年，终于被调职到西北做小校，可是刚到西北狄青就又吃上了人生中的第二次官司，因为犯了军法，一度闹到要被斩首的地步，结果是当时主管西北的老臣范雍爱惜狄青的武勇才帮他免了罪。

据沈括的《梦溪笔谈》记载，一次与西夏人的作战中，狄青取得了大胜，西夏军逃跑时，狄青率军跟在后面追奔数里，结果追着追着,西夏军突然就停了下来,狄青麾下诸将都觉得是西夏人被山川险要阻隔了前路,便争着上去收割军功。

唯独狄青担心这是西夏军的诱敌策略,故而阻止了追击。等到西夏军离去,宋军上前察看地形,发觉果然是深涧阻挡了西夏军的前路,并没有什么埋伏。众将士皆后悔错过了天赐良机,狄青却不以为然地说道:"万一落其术中,存亡不可知。宁悔不击,不可悔不止。"

在狄青看来,用兵之道在于持重,只要能在正面战场取得胜利,那么让小部分残寇逃走,也不算可惜。反常的事只有很小的概率是真的出于巧合,大部分情况都很有可能是对方的算计。

> 奔亡之虏,忽止而拒我,安知非谋?军已大胜,残寇不足利,得之无所加重。

在西夏军以往的战术中,多有利用小股部队引诱宋军入包围圈后进行合围的先例。不管是三川口之战的刘平,好水川之战的任福,还是定川寨之战的葛怀敏都是死于贪功冒进,而狄青作为三十岁出头的新锐军官,却能领悟带兵持重的重要性,这自然很快便让他脱颖而出。

另一方面,狄青虽然用兵持重,然而一旦抓住战机则又会表现出勇猛不畏死的一面。他习惯戴着面具,披头散发地带头冲锋,与西夏军的二十五次交战中,曾中过八次流矢,尤其是安远之战时还受了重伤,但一听闻战况紧急,稍微休息一会儿便又重新上阵了,西夏人畏惧他的勇猛,称他为"狄天使"。这不下于河东猛将张岊的凶悍,加之谨慎持重的用兵风格,当然极得军心,又得朝廷器重。所以猛将如孙节、张玉,智将如贾逵等人皆争相追随狄青,大臣如范雍、尹洙、韩琦、范仲淹、庞籍等也对其评价极高。

所以综合下来,虽然狄青在宋夏战争中并没有赶上什么大战役,立下的战绩也不如张亢、王凯等人,但在此过程中表现出的军事素养却堪称一流。

范仲淹守边西北时,还亲自传授狄青兵法,虽然单论战术范仲淹未必比得上狄青,但在战略眼界上当时的范仲淹还是远胜于狄青的。再加上韩琦与庞籍的共同举荐,狄青很快便被宋仁宗看中,庆历二年时点名要召见狄青,但是因为西北战事严峻狄青走不开,便改让狄青进献阵图时入朝。

其实在康定元年时,宋仁宗便通过多次御前阅兵逐步提高了各军阵演练的动作难度,以选拔更适合战场的军中精锐。不想军队建设的速度赶不上前线武将送人头的速度,澶渊之盟后过于依赖将门子弟的国防隐患爆发,三川口、好水川、定川寨三败直接令西军精锐军官断层。

宋仁宗为了应对危机,第一是分享大量权力到西北边防,划分陕西四路以方便地方长官重铸边防秩序;第二便是通过朝廷选拔军中才俊树立榜样,从而激发全军士气。狄青、范全、王信等人便是在范仲淹的举荐下,成了其中第一批幸运儿。

狄青是在天圣五年开始从军的,到宝元二年,差不多十一年的时间才做到正九品的右班殿直。结果在得到朝廷的重视后,庆历二年十月直接跳级升到了从五品的秦州刺史。而在狄青第三次上公堂的案件,即庆历四年的公使钱案,其他涉案的滕宗谅、张亢、种世衡乃至提拔狄青的尹洙等人都结束了自己的升迁之路的时候，只有狄青在同年末再次升任被誉为武人巅峰的三衙管军，这一年他还未满四十岁。

在《宋史·安俊传》中，曾留下了庆历二年辽朝趁火打劫宋朝时，狄青与范全、安俊几位军官一同进京面圣的记录。虽然这段文字向来为后世学者所质疑，但也差不多自这段时间起，京师开始盛传狄青"狄天使"和"敌万"的勇名。

宋人的笔记中并没有吝啬对狄青的称赞，王辟之在《渑水燕谈录》中即这样描写狄青："公识度宏远，士大夫翕然称之。"周辉的《清波杂志》中更直言："世言武襄乃真武神也。"因为狄青喜爱戴面具带头冲杀，常被后人联想到南北朝时的兰陵王，更衍生出狄青也是因为容貌秀美才要戴面具上战场的传说。事实上宋代的冷兵器战争一直处于重装铁甲遍地走的时代，为了防止各种弓弩流矢，武将们恨不得连透气的地方也给堵上，戴面具属于正常操作。君不见河东那边的张岊和王凯脸部接箭。

虽然历史上关于狄青容貌的记载很少，只说他清秀、胡子少，另外就是些类似容貌"奇伟"这样比较笼统的记载。但他的儿子狄咏则被时人赞为"人样子""颇美丰姿"，那么从遗传学的角度来说，狄青丰姿伟貌也是很科学的了。

庆历四年宋夏和议，西北边境重归安定，而狄青则在庆历五年调任河北做真定路副都总管，级别也在数年间自防御使升到了正四品的节度观察留后。

那几年的河北非常不安定，又是保州兵变，又是王则叛乱。军队不但战斗力不行，军官还克扣军饷，常常激起士卒兵变，残害老百姓，已经到了必须整治的地步。

虽然在庆历二年时，朝廷曾派遣老将王德用前往河北整军，暂时稳定住了局面，但终归治标不治本，他人一走，兵变便蜂拥而起。

庆历八年，韩琦被任命为定州路安抚使，前往整顿军政。而《默记》中所载的那个"东华门外"的故事便是以此为背景的。

在《默记》的记载中，狄青麾下一个名叫焦用的旧部被下属举报克扣军饷，韩琦得闻后便要将焦用诛杀以正军法。狄青连忙求情称焦用有军功，是好男儿！韩琦听了后却不以为然地说："东华门外，以状元唱出者，乃好儿也，此岂得为好儿耶！"然后便直接将焦用处死了。

这个故事大概是被用来论证韩琦压迫狄青最出名的了，但问题是这个故事如果联系历史大背景，怎么看都不是韩琦有错，为何？因为当时正是韩琦前往河北整治军政的严打时期，焦用在这种时候顶风作案，不杀了立威难道要留着他的命鼓励其他军官继续克扣军饷，挑唆手下兵变吗？

狄青如果会因为这种事情在公开场合向韩琦求情，这说明什么？说明在《默记》的刻画中，狄青视私情重于国法，贪污受贿、轻视国法的人，岂配称为好儿？

另据《默记》记载，在某次韩琦的设宴中，一个名为"白牡丹"的歌姬嘲讽狄青脸上的刺字，唤他"斑儿"，狄青碍于韩琦的面子不敢发作，直到数日后才找机会暴打了白牡丹一顿发泄怒火。

后来狄青做了枢密使，常爱穿黄色的衣服招摇过市，天上因此出现了彗星异象。狄青不但不以为意，还总是和人炫耀，说他和韩琦的功业旗鼓相当，缺的不过是一个进士出身而已，所谓"言者皆指青跋扈可虑"。狄青后来被罢免外放，韩琦继任枢密使，彗星果然就消失了。

这书可以说从头到尾就是在各种变着花样抨击狄青，很难想象为什么会有人拿这书来给狄青申冤？

那么历史上狄青和韩琦的关系是怎样的？

根据韩琦本人的回忆，在定州时狄青曾宴请韩琦，当时一同赴宴的还有一位名叫刘易的老儒生。这刘易素来博学好古、喜谈军事，是个比较有社会名望的老先生，但脾气非常暴躁，韩琦对他的评价是"疏讦"，差不多就是嘴贱的意思。

不巧狄青安排的传奇剧目中有拿儒生开玩笑的桥段，刘易一听直接爆炸，怒骂狄青这个脸上刺字的贼配军安敢如此无礼？刘易骂完还觉得不过瘾，摔完了杯子才走人。那么狄青是什么反应。"气殊自若，不少动，笑语温然"。儒雅随和，一点事也没有。到了第二天，狄青还特地去跟刘易赔礼，韩琦知道后连连赞叹，说狄青有器量。

事实上狄青即使在做了枢密使之后，不管是见到韩琦、韩琦的夫人还是子女，都是持之以礼，为时人称道的。这记载说明什么？说明狄青不但没有因为自己发达了而和老上司韩琦摆架子，相反始终感激韩琦的知遇之恩，和韩琦的家人也是常有来往。如果我们再把狄青对待刘易的态度拿去跟对待白牡丹的态度比较，那反差感更加明显。所以以时人对狄青的其他记载相对比，《默记》中的记载可信度是极低的，杜撰的成分比较大。

而从韩琦率边定州的结果来说，更证明了韩、狄二人皆未因私废公而发生过冲突。韩琦一方面将定州军队训练至"攻守奇正，坐作进退，悉有法度"；另一方面将河北流民"广储菽粟，设区以待流徙之民，远近归之如市"。所以在韩琦调任后，"定人遮留设祖，哭声动野，刻德政三十条于石"。

在此过程中，狄青始终与韩琦保持着良好的关系，焦用、白牡丹之事若属实，以韩琦在河北的成就不至于不敢非议狄青半字，要知道韩琦可是连宋仁宗和曹皇后都敢批评的狠人。就算在嘉祐年间，韩、狄二人因为政见发生了分歧，但在狄青去世后，韩琦仍然为狄青书写了祭文，于宋英宗朝提起狄青时，仍说狄青"才业为中外所伏"。每每回忆起刘易与狄青的纠葛，韩琦更评价刘易"疏讦"，称赞狄青有器量，从私交而言，韩琦对狄青的态度不言而喻。

而从士大夫的角度来看，固然有一些人轻视和排斥狄青，但这群人也谈不上是大多数，更谈不上什么所谓的文官集团集体压制狄青。

狄青的一路升迁靠的就是文官提拔，文官内部斗起来也是心狠手辣，我是看不出这些人如何能被定义成"集团"的，更不用说集体压制狄青了。当然，这也不是说狄青在仕途上真的就一帆风顺，他在升任高位后仍然遭受到了政治倾轧，下文会具体讲到。

庆历五年，随着新政宣告失败，当年提拔狄青的士大夫们陆续被外放，甚至遭到了政治迫害；庆历七年，狄青的伯乐尹洙去世，狄青尽力照顾其家人；庆历八年，狄青位迁侍卫亲军马军司副都指挥使；至皇祐四年，宋仁宗在将狄青升任从二品节度使的同时，又在大量朝臣的反对下任命其为枢密副使，同在这一年，广源州侬智高发动叛乱，狄青在宰相庞籍的举荐下，挂帅征讨侬智高。

二十一　从逃犯到宰相：狄青的升迁之路　241

二十二

西南的变局：
侬智高与其家族的崛起

侬智高本是北宋与交趾交界处的羁縻州广源州的领主，广源州在唐代文献中未见记载，所以有学者怀疑其雏形可能来自唐代的笼州（今广西扶绥新宁镇）。不过因为广源州地处高山密林之中，其北部大量地区常年属于无人区，山中峒民部落又好斗轻死，因此极难管制，且管理成本与收益严重不成比例，故统治中心遥远的中原政权对于当地的管辖向来不怎么上心。

唐朝灭亡后，广源州归属南汉，但在宋初潘美攻灭南汉后，广源州又在战乱中投靠了大理国。直到宋太宗太平兴国二年（977），当地酋长侬民富带着十处首领请求归附宋朝，才开始归于邕州（今广西南宁）管辖之下。到了侬智高的父亲侬存福时期，其势力又进一步扩大，于是在刘太后摄政时的天圣七年，侬存福再次上表请求归附。

既然之前已经归附了，为何此时又要归附？

查阅史料发现，在天圣七年之前的五十年时间里，宋代的史料并未有任何关于广源州的记载，联系起交趾在这一阶段确实又趁着宋朝忙于北方战争的机会，蚕食宋朝边境领土，加之宋仁宗后来所言的"广源州本隶交趾"，所以有学者认为，很有可能在这一阶段，广源州一度又被交趾染指。直到天圣年间，侬智高之父、傥犹州（今广西靖西东部）知州侬存福在当地崛起，他兼并了侬民富的地盘，占据了广源州，从而才会再次选择归附宋朝。但大臣章频却反对朝廷接受侬存福的归附。送上来的地盘为什么不要呢？

天圣七年因为交趾王李公蕴的去世，章频曾代表朝廷前往吊唁。得闻一年前，交趾刚刚发兵重创了靠近广源州的七源州与上文州，拥兵自立的侬存福很可能便是因此感到了危机，从而寻求依附宋朝。

然而宋朝的国防政策始终都是以防备北方为主，在南方向来驻军极少。长江以南禁军满编加起来也不过两万五千人，算上封建军队管理的普遍水平，实际数量估计连一半都没有。宋代的岭南又遍布瘴气，气候与北方差异巨大，连去岭南做封疆大吏都未必有人肯，更遑论派大量军队前去驻扎了，即使是边防重镇的邕州，军队数量能破一千都是谢天谢地了。后来不管是狄青南征还是郭逵南征，禁军士卒光是因为水土不服和疫病问题就减员超过半数，十多万儿郎就这么白白送了性命，能征善战的郭逵也不得不感叹"愿以一身活十余万人命"。

再加上交趾明面上是宋朝册封的郡王，所以宋朝前中期对于岭南地区的态度向来是交好交趾，多一事不如少一事的，稳住北方才是头等大事。在意识到侬存福与交趾之间可能发生的对立后，宋朝最终拒绝了侬存福的归附。但这样看似稳妥的政策，还是惹出了更大的麻烦。

二十二　西南的变局：侬智高与其家族的崛起　243

宋朝拒绝侬存福的归附其实还有一个原因，便是侬存福政权本身也实力颇强。广源州当地产金，侬存福本身拥有一定的财力，这些金子如果要运到与广源州水路不通的中原地区自然是劳民伤财，但放在当地流通却是效果拔群。且当地民风彪悍，"地峭绝深阻，产黄金、丹砂，颇有邑居聚落。俗椎髻左衽，善战斗，轻死好乱"。这样一股兼具财力与战斗力的势力，又表现出了相当的扩张性，自然引起宋朝与交趾的警惕。

宝元元年，侬存福经过扩张改州为国，国号长其，自称昭圣皇帝。侬存福的自立引起了交趾王李德政的极度重视，为了将侬存福彻底击败，李德政不但御驾亲征夷其城池，还将侬存福与其子侬智聪一同俘虏回了首都升龙。侬智高在乱军中逃过一劫，便想用黄金赎回父兄性命，不想李德政收了金子后，照样斩杀了侬存福与侬智聪。

侬智高悲愤之下与母亲回到傥犹州再次建立大历国，不久后又为交趾所灭，侬智高也被交趾军俘虏。然而李德政虽然数度打败侬存福与侬智高父子，但广源州一带的高山密林实在难于掌控，为了对广源州金矿进行可持续性地盘剥，李德政选择用怀柔政策拉拢侬智高，放他返回广源州，帮助交趾管理当地。然而侬智高是个很有骨气的人，他从未忘记对李德政的刻骨仇恨。

庆历四年，侬智高乘着朝贡李德政的机会，想买通其身边重臣发动政变，不想被人告发，只得再次逃回广源州，请求归附宋朝，却再被拒绝。

侬智高的政治谋划虽然全部失败了，但在其父死后的近十年时间里，他与交趾国虚与委蛇，又借助家族根基经营，本身实力一直在增长。再加之庆历年间宋朝的状态，侬智高不但与不少宋朝边地的峒民部落取得联系，更得到了不少边境流民的依附。

庆历八年，他再次请求内附宋朝不果后，便联合宋朝边地一带的勿恶峒势力，又起兵对抗交趾，建国号大南，改元景瑞。交趾国发兵攻打，这一次战况明显更为激烈，史载："交战之日，天地晦冥，俄而轰雷震于洞中，其酋长支体磔裂，举洞惊骇，遂降。"此战之后，交趾军虽然重创了侬智高，甚至斩杀了勿恶峒酋长，然并没有伤害到侬智高的根基。

在之后的几年中，侬智高虽然在交趾国的搜索下离开广源州，但他的实力继续水涨船高，不管是北部的田州还是西部的特磨都与他结成联盟，宋朝境内如黄师宓、黄玮等一批智谋之士也归于其麾下。

皇祐二年，侬智高再建立国家，名为南天国。这一次，宋朝的广南西路转运使萧固意识到侬智高问题已经无法回避，便派遣邕州指挥使亓赟前往打探情况，结果亓赟轻视侬智高，擅自出兵讨伐，反被侬智高击破俘虏。侬智高留着亓赟的性命想要打探宋朝情报，不想亓指挥打仗水平一般，口才却特别好，竟然再次说动侬智高归附宋朝，当然也可能是侬智高始终没放弃归附的念头，借亓指挥做个跳板。

对于这一次归附，察觉到侬智高实力的萧固表示了赞同。鉴于当时交趾国经过数代发展已经颇成气候，北进的意图也越发明显。所以萧固认为，侬智高固然是南方的隐患，然若是能招抚他抵御交趾，也不失为制衡之策。

其实宋朝当时在西北的招抚之策也是类似的方式，如府州折家、丰州王氏、绥州高氏皆是原来西北边地的番人领袖，受到朝廷招抚才发展成地方将门，帮助宋朝抵御党项人和契丹人。

侬智高固然在此前三番五次建国称帝，野心勃勃，但毕竟其实力不如交趾国，扶持其对抗交趾，总好过完全放任，萧固的建议是有一定道理的。但朝廷仍然选择了保守的策略，继续对侬智高的内附不予理睬。不过经此一事，朝廷算是在一定程度上意识到了侬智高和交趾的威胁，从而让广南西路加强守备，但这则命令并未得到腐败的岭南地方县衙的有力执行。

在此期间，交趾国与侬智高之间的矛盾越发激烈，迫于压力侬智高再次上疏宋朝归附，继续被拒绝，这一下进退失据的侬智高彻底失去了耐心。皇祐四年，侬智高起兵五千反宋。

皇祐年间的宋朝刚刚在大灾和战乱的组合拳中歇了一口气，各种棘手的问题还在等待处理。岭南地区在宋代时本就开发有限，本地人才又缺少资源培养，此时泥菩萨过江自身都难保的大宋又根本腾不出手来管理岭南这边，侬智高在这个时候起事，自然效果拔群。

当时靠近广源州的邕州兵力稀少，知州陈珙又轻视侬智高，并未把朝廷加强守备的命令放在心上。侬智高料准这一情况后，先破横山寨，进而一举攻占了邕州，当时在城墙上犒劳士卒的陈珙，就这么稀里糊涂地被俘虏了。史书记载侬智高从府库里搜出了之前请求归附朝廷的文书，原来都被陈珙压下来没有上报，侬智高一怒之下便杀了陈珙。但是无论文书有没有被压下来，宋朝本就没有打算接纳侬智高，陈珙固然昏聩，但在这件事上，他不该承担主要责任。

攻陷邕州后，侬智高建立了人生中的最后一个国家，国号大历，后改为大南，年号启历，自己为仁惠皇帝。

宋朝在岭南驻军极少，任命的官员也少有人可堪大任，除了曹觐、赵师旦、马贵几位官员力战殉国，其余大都弃城而逃。因此侬智高所部一路势如破竹，如入无人之境，接连攻陷横州（今广西横州）、贵州（今广西贵港）、藤州（今广西梧州藤县）、梧州（今广西梧州）、康州（今广东肇庆德庆县）、端州（今广东肇庆）、龚州（今广西贵港平南县）、封州（今广东肇庆封开县）八州。侬军一路杀人放火、奸淫掳掠，到兵围广州（今广东广州）时，侬智高兵力已不下两万。然后又攻破昭州（今广西平乐县），昭州数千百姓逃到城外山洞避难，全被侬军纵火烧死。

广州知州仲简此前虽然已收到军报，但发自内心轻视侬智高，认为这是谣言，甚至严令城中军民不能随意交流侬智高之事，以致广州全无防备。等到侬智高真的兵临城下时，城中发生大规模的恐慌，大量城郊的居民争相逃入城中，许多人因此死于拥挤踩踏，而来不及逃入城内的百姓，无奈之下只能投靠侬智高。

陈珙、仲简等人自然是不堪重任，然在危难之际亦有能挺身而出者，刚刚上任的英州（今广东英德）知州苏缄，便是这样的一个人。

其实按照当时的情况，作为英州长官的他完全可以独善其身、自保为先。但苏缄认为广州是广南东路的首府，又与英州相近，如果眼睁睁看着广州沦陷而不去救援，是不义的行为。于是他先是组织了数千士卒前去救援，随即又设计将侬智高麾下谋主黄师宓的父亲捕杀以挫敌锐气，同时再恩威并施分化敌军，竟然招抚了六千余名原本依附于侬智高的百姓。苏缄虽然兵力有限，难以击退侬智高，但仍然缓解了广州城被围困的危机。

不久后，侬智高席卷广南东、西两路的军报传至开封，朝廷大为震惊，当下调遣知韶州（今广东韶关）的武将陈曙率军讨伐侬智高，不果。皇祐四年六月，朝廷再次下达新的人事任命，起用曾经纵横于辽、夏两国之间的能臣，同时也是岭南人的余靖为广南西路安抚使；杨家将的后人，虽是文官却常年在南方平定蛮人作乱的杨畋为体量安抚广南、提举经制盗贼事；知韶州的陈曙被调任广西钤辖，成为余靖副手，协助军事行动。同时，朝廷又派遣了范仲淹的旧部张忠和蒋偕两位勇将前往平叛，二人皆在宋夏战争时军功彪炳，为朝廷所重，但也因为过去的战功，导致他们骄横自负，不愿听从杨畋节制。

当时侬智高连日攻打广州不果，番禺县县令萧注血战突围，招募了两千勇士后乘飓风夜起，火攻侬智高军。最后侬军不但船只被烧，军力亦损失颇重，又得闻朝廷大军将至，当下便撤了广州之围。蒋偕带着尚方宝剑进入广州城问责知州仲简，算是暂时稳定住了局面，不想战情接着又急转直下。

张忠和蒋偕仗着在西北的战功，轻视侬智高，用起兵来一个比一个随意。

张忠曾对部下说："我十年前一健儿，以战功为团练使，若曹勉之。"然后就在一次冒进中被侬军标枪射杀。蒋偕以进士文官起家，素号"谋将"，但随意起来也和张忠不遑多让。先是在正面对敌中为侬军所败，然后也是轻敌冒进中了埋伏，遭到掩杀。

那么主管军事的杨畋呢，他毕竟刚被起用，麾下除了张、蒋二将，也只有心腹幕僚陶弼可用，张、蒋二将的折损导致他在之后的战事中几乎一筹莫展。

面对两员大将的突然阵亡，余靖那边也只能勉强稳住阵脚，侬智高之势越发高涨，兵力一度激增至五万余人。朝廷为了防备他北上湖南，在庞籍的建议下，再次任命庆历旧臣中的孙沔前往湖南，为荆湖南路、江南西路安抚使，原本负责讨伐侬智高事宜的杨畋则被贬官至鄂州（今湖北鄂州）。连番挫折使得朝廷不得不正视侬智高，明白了这位广源州的领袖是一个具备割据一方实力的豪杰。

可惜这时，范仲淹刚刚过世，已无法继续守护边疆了。然而就像余靖、孙沔这些庆历旧臣被朝廷选中前往岭南一般，范仲淹虽然去世了，但他留下的遗志已经有人继承，始终保护着国家。张忠、蒋偕固然都曾是他的部将，但范仲淹桃李满天下，被他提拔的将领又何止这两位呢？

皇祐四年六月，宋仁宗再次拜将南征，这次的统帅名为狄青。

故人已逝，今人犹在。

二十三

武曲星闪耀：
狄青平定侬智高

北宋皇祐四年四月，广源州首领侬智高起事叛宋，他在极短的时间内即攻陷邕州，兵围广州，兵锋所指遍布整个岭南地区，一时朝野震动。同年六月，狄青再次升官，不但成为从二品的彰化军节度使，更从知延州擢升为枢密副使，真正进入权力核心成为当朝宰执。

或许是觉得杀鸡焉用牛刀，宋仁宗虽然一力提拔狄青至高位，却并没有任命他带兵讨伐侬智高，而是调遣了同是范仲淹旧将的张忠、蒋偕二人领兵南征。不想张、蒋二人自恃军功，轻敌冒进，先后为侬智高所部击杀，严重打击了三军士气。面对如此局势，狄青上表自请出战：

　　臣起行伍，非战伐无以报国！愿得蕃落骑数百，益以禁军，羁贼首致阙下！

宋仁宗看后大加赞赏，又经宰相庞籍举荐，正式决定拜狄青为宣徽南院使、宣抚荆湖南路北路、经制广南盗贼事，率领三万军队南下平叛，广南诸将皆归狄青节制。虽然诸如王举正、韩绛等大臣都以狄青行伍出身，反对朝廷委之以如此重任。但在参考了谏官李兑与宰相庞籍的意见后，宋仁宗不但授予狄青重权，更对他表现出了极大的信任，一不设宦官监军，二不派文官做副手。当然，大臣因为狄青出身行伍而表示反对并不代表崇文抑武，那么究竟为何？我们在狄青拜枢密使时再细说。

皇祐四年十月，宋仁宗于垂拱殿为三军壮行：

青有威名，贼必畏其来！

是月，狄青率军南征，剑指侬智高，这位被时人誉为武神的将星即将走向他人生中最高光的时刻。

大军出征之前，宋仁宗经与狄青商议，采纳了枢密副使王尧臣的建议，将地域广袤的广南西路分为宜州（今广西河池宜州区）、容州（今广西玉林容县）、邕州三州，各自设立武臣以便地方统合军力。然而在道别之后，宋仁宗虑及侬智高于广南西路一带的势力，还是担心会对初来乍到的狄青不利，便马上又遣特使传递旨意，告诫狄青一定要让特别亲信之人随侍饮食起居，千万不能让侬智高有可乘之机，重演昔年东汉时公孙述刺杀岑彭故事。

其实狄青也知岭南此行的凶险，出征之前便特地嘱咐家人不要告诉母亲南征之事，便是怕母亲担心。而何冠环先生认为，狄青此行的日常起居，很可能都是让两个儿子，即狄咏与狄咨直接打理的。当时的岭南形势确实越发严峻，随着张忠与蒋偕战死，原来的平叛主帅杨畋被免职贬官，只有幕僚陶弼被留在了岭南。侬智高虽然在起兵之初即攻陷了邕州，但苦于当时只有五千兵力并未设防，所以待他离去后，邕州又为朝廷所收复。

然而新任命的邕州知州宋克隆，虽然名叫"克隆"很有科技感，但实际上并不会任何黑科技。他就是个贪生怕死、杀良冒功的败类。结果等到侬智高扩军五万从广州撤围回军，宋克隆一听就弃城而逃，邕州复为侬智高所得。

看着再次占据邕州的侬智高军，安抚广西的余靖深感无力。想当年余靖不管是出使辽国，还是推动庆历新政，那都是谈笑风生的，不想今天竟然被一个蛮族酋长弄得焦头烂额，实在是世事无常，凄凄惨惨戚戚。但是人和人的区别就在于，败类会在危难之际浑水摸鱼、溜之大吉，而名臣即使饱受挫折仍会砥砺前行。时任广南西路安抚使的余靖始终坚守前线，招募人才，尽可能在狄青到达之前多挽回些局势。

当时有个名叫石鉴的邕州书生自家乡逃至桂州（今广西桂林），他的家人多在侬智高破城后遭到屠杀，与侬智高之间有着血海深仇。石鉴知晓邕州一带有三十六个峒民部落向来深受朝廷恩惠可以争取，便对余靖表示愿前往游说这些部落，以断绝侬智高外援。余靖答应了他，同时又派遣在广州之围立有奇功的县令萧注协助石鉴，二人深入险境以恩信结交这些部落，成功截断了侬智高这一兵源。

同时余靖又派遣广西钤辖陈曙出兵讨伐侬智高，不想陈曙欺负余靖缺乏军旅经验，常常违反节制擅自冒进而作战失利。而且陈曙治军不严，所到之处多有劫掠，反而让军情雪上加霜。

交趾王李德政感到有可乘之机，便致书余靖说因为侬智高作乱，导致今岁上贡宋朝的道路被阻，愿以步兵五万、骑兵一千帮助宋朝平叛。余靖当时正担心侬智高后方的兵源，得知李德政愿意出兵协助，便上疏朝廷请求与交趾相约合围侬智高。

当时宋朝与交趾交好数十年，虽然在庆历年间张方平曾上疏称交趾国暗藏野心需加以防备，但交趾王毕竟一直接受宋朝的郡王册封且愿意上贡，交趾国又常年与侬氏作战，经验丰富，朝廷便下赐两万贯钱犒军，又让余靖准备了万人粮草以支援交趾军后勤。就在交趾王的图谋将要得逞之际，皇祐五年（1053）正月，狄青大军抵达了宾州（今广西南宁宾阳县）前线。

精通军旅之事的狄青听闻交趾王所言，立刻明白了其中的蹊跷，马上上疏朝廷。他认为，如果宋朝不能靠一己之力平定侬智高，必然会让交趾国心生觊觎，到时候交趾军入境，请神容易送神难，又该如何应对？还请朝廷罢去交趾国的助兵。

> 假兵于外以除内寇，非我利也。以一智高而横蹂二广，力不能讨，乃假兵蛮夷，蛮夷贪得忘义，因而启乱，何以御之？请罢交趾助兵。

宋仁宗接受了狄青的建议，解除了与交趾国的约定。交趾王李德政果然有所图谋，听闻出兵被拒，一怒之下竟然打算出兵支援侬智高，只是动作太慢，没有赶上后来的大战。

不久后，孙沔的军队也到达宾州，三军会合士气高涨，但是在陶弼的提醒下，狄青马上察觉到了军中的问题，意识到并不能立刻开战。余靖与孙沔毕竟是文官出身，难以镇服手下的骄兵悍将。军队纪律极差，不但欺压百姓，军中上下也是号令混乱。岭南地方的官吏很多是当初弃城而逃的责任人，他们见侬智高势大难治，便也消极懈怠。

为了麻痹侬智高军，狄青曾故意拖慢准备粮草的时间以待战机。不想广西钤辖陈曙却为了贪功，擅自带领八千士卒突袭侬智高，结果在昆仑关被打得大败，损兵两千。昔日欺负欺负余靖就算了，但如今坐镇军中的可是狄青啊，这如何能忍？

等到陈曙归来，狄青便当着三军将佐的面，将陈曙与其麾下的三十二将官全部拿下，当众历数其有违军法之处，然后全部斩首。余靖自认有节制不力的责任，主动请狄青问罪，但是狄青认为余靖是文臣，军旅之事并非他的专长，他无须承担责任。

其实早在庆历年间，狄青被朝廷超速提拔时，余靖曾连上四疏反对朝廷的任命，措辞也极为激烈。如今余靖算是彻底为狄青所折服，从此二人引为至交，狄青去世后，余靖还为其书写墓志铭。

斩杀陈曙等将后，狄青对军中上下开始了严格管教，若有一个士卒少食，必斩随军转运使；若有一个士卒因为买菜时多拿了货物，即可抓捕处斩。他从西北带来的孙节、张玉、贾逵、和斌、刘几、杨文广等名将都是禁军精锐，拉出来镇住场子自是不在话下。经过这番整治，三军风貌焕然一新。

曾经的狄青亦是破坏秩序、三上公堂的"不良少年"，但在经历了多年的磨砺后，如今的他已具备了不折不扣的将帅之姿，成了重铸边地秩序的柱国良将，一如当年的范仲淹。

只是即使如此，《默记》还是暗地里将狄青此次所为再次污名化,说狄青在处理陈曙时,提刑官祖择之也负有责任,也要受到处罚。不想待到狄青责问他时,祖择之竟然胡诌曾受到过宋仁宗的金口宣谕,三军不得冒犯,直接就把狄青给镇住了,只能眼睁睁看着祖择之走出军队,逃过一劫。

这么一句无根无据甚至明晃晃欺君的话就把狄青给劝退了?联系起昔日关于狄青包庇焦用贪污军饷的记载,这《默记》里的狄青真是一如既往的表里不一,"薛定谔流"的从严治军啊!当然就算是用心抹黑狄青一千年的《默记》,于狄青平南一事上,还是不得不赞叹:"故其军食足而成功捷,此善为将帅者也。"

料理完了内部问题,接下来便是平定叛乱了。

正月十五上元节,狄青突然兴致大好,大张灯烛和三军将校在前线开起了宴会,宴会的动静大到连侬智高那边都能在线看"直播"的地步。又是慢慢准备军粮,又是举办宴会,再加上陈曙友情送上的人头,实在很难不让侬智高相信,狄青也不过如此,原来废物一个。次夜二鼓时分,狄青假装喝多了回到房中,让孙沔代替自己主持行酒。回房后,狄青服药解酒,然后连夜带上主力出城,一举攻克战略要地——昆仑关。

连着一年,侬智高依赖偷袭席卷整个广南两路,不想今天自己也被人给偷袭了。大惊之下立刻出兵,却见"不讲武德"的狄青早已在昆仑关外的归仁铺摆好了军阵。狄青以人送外号"张铁铜"的张玉为先锋,谋将贾逵为前军左将,勇将孙节为前军右将,湖南路兵马钤辖刘几统管右军,布阵之地在山上,意图与隐匿阵后的两千蕃落骑兵合击敌军。

侬智高这边虽然失了先机,但毕竟一年来连战连捷,声势浩大。其麾下士卒各持标枪、大盾，身着红衣，列三锐阵御敌，从远处观之，如同熊熊烈火。待得前锋军与敌军交战，孙节亦率右军自山上冲下猛扑而来，孙节自延州时便追随狄青，攻城拔寨军功显著，向为三军所拜服。不想此番合击，竟不能顺利击溃敌军，相反前军攻打不力，军阵竟然向后退却，而身在右军的孙节冲阵太猛，一不留意，竟被长枪刺中而死。

开战未久，便折损大将，这对士气是沉重的打击。当时孙沔与余靖都自后方赶到狄青阵中，听闻孙节战死，无不惊骇彷徨。危急时刻，幸得右军主将刘几挺身而出，鼓舞全军奋力搏杀，才稳住了前线局势。这刘几本是进士出身，因在西北追随范仲淹而转武职，此番入岭南追随狄青平叛，多有建树。

而在山前候令的贾逵闻知局势不妙，连忙率军攀登上山，先敌军一步占据地利。当时，狄青为了禁止军队冒进，曾严令"不待军令而举者，斩"。贾逵经过对战情的充分把握，终于还是把战场形势放在了个人安危之上，他整顿阵形自山上冲下，如奔涌的怒涛狂啸着涌入侬智高的大军阵中，溅起无数血花后，一举将侬智高军断为两截。猛将张玉看准时机猛击敌方前军，和斌则率骑兵绕后掩杀，战局瞬间逆转，刘几见战况稳定，抽身返回本阵传达情况。狄青心中了然，带着失去孙节的悲痛，登上高丘挥动白旗，使出最后的杀招！

两千蕃落骑兵自阵中冲出，分为左右两翼绕至敌军枪阵之后反复来回冲击。

侬军再被切割成三段，双方鏖战近两个时辰，侬智高军最终彻底崩溃。此一役，宋军乘胜追击五十里，斩首两千两百级，重创侬军三千三百人,侬智高麾下心腹侬智忠、谋主黄师宓等五十七人皆被斩,侬智高军主力尽溃,大局已然奠定。

交趾王李德政听闻自己还未及出兵,狄青已击破侬智高,史载他"欲因此乘势以邀利",却"终不果行",不由得望天哀叹。他的这份恶毒怨念一直传至了后代,并将再次荼毒北宋岭南的百姓。

侬智高前方溃败、后援断绝,自知无力再战,不得不焚毁营垒,逃回邕州。

早在他第二次进入邕州时,虽然已经扩军五万,但面对狄青大军来临,侬智高并未有丝毫兴奋,而是端坐邕州城楼,内心彷徨地感叹道:

帝业未成人已老,王封申锡国同休。

这一句话表明了侬智高性格的复杂性,他虽怀有野心,却始终希望得到宋廷的认可。因为他明白自己与宋朝实力的差距,若得不到朝廷的认可,他的地盘终不能长久。如今三入邕州,侬智高自知大势再难挽回,不久便弃城出境,避大理国而去。

次日黎明,狄青即率领大军收复邕州,获侬智高遗留下来的金帛巨万、杂畜数千。在搜索侬智高及其余党的过程中,难免有将士私藏财物,只要无伤大雅,统帅也是睁一只眼闭一只眼。狄青为了答谢贾逵在归仁铺一战的奇功,便将专门搜捕侬智高遗留财宝的差事交给他负责,以此"酬谢"他的这位爱将。事实上在归仁辅大战过后不久,贾逵曾主动前往狄青帐前,自请违令出战之罪,而狄青则是轻抚贾逵后背笑曰:"违令而胜,权也,何罪之有?"狄青对贾逵的爱惜看重之情，不言而喻。

然而此时邕州城中，面对上司的有意酬谢，贾逵却表示了拒绝，这不由让狄青更加赞赏这位部将。后来贾逵与张玉在狄青担任枢密使期间得到了飞速提拔，至宋神宗朝时期，二人都先后位至三衙管军，贾逵更是做到了节度使。宋仁宗中期以后，朝廷一直在着重提拔底层出身的武人充任要职，在塑造出狄青这位军界战神后，由他指挥的归仁铺一战又让更多杰出的将才有了展示的机会，除了贾逵与张玉，其他如刘几、和斌等后来都受到重用，官品极高。自宋夏三大败仗之后造成的宋朝军官阶层短缺的问题，自这一刻起得到了缓解，这也为日后的宋夏再次开战储备了资源。

虽然彻底平定了叛乱，但侬智高本人始终没有被擒获，他的势力仍在特磨道一带盘踞。有军官运来一具穿龙袍的尸体，想以此劝狄青上奏侬智高身死，求得不世之功。此时狄青再次表现出了他有别于同时代其他贪功少谋的武将的独特优点，他冷静地说道："安知非诈邪？宁失智高，不敢诬朝廷以贪功也。"我怎么知道这具尸体是不是敌人的诡计呢？我宁可错失擒拿侬智高的功劳，也不敢欺骗朝廷以贪功。不久后，朝廷即得到了侬智高逃入大理的情报，而狄青的实事求是，也让宋仁宗对他更增好感。

对于侬智高的结局，后世一直众说纷纭，一说他在逃入大理国不久后，便因宋方的外交施压而为大理兴宗段思廉所杀，当萧注雇用死士前往大理国暗杀侬智高时，段思廉已将侬智高的首级送至了开封；第二种说法认为他是被元江哈尼族的首领毒杀；第三种说法则认为他是在大理国病死的。然而不管哪种死法，最后他的首级都被送往了宋朝。基于侬智高结局的记载各有不同，以至第四种说法认为侬智高最终的结果应该定为下落不明。但是不管他的结局如何，侬智高的势力都遭到了毁灭性的打击，不久后特磨道也为宋朝所控制。

相较侬智高结局的讨论，今人对于他起事的性质也一直争论不休。

认可者觉得他力抗交趾北上多年，并一直请求归附，且曾参加科考，是仰慕中原文化，捍卫国家统一的英雄，而且宋代在岭南的统治黑暗腐朽，侬智高招募流民乘势而起，在极短时间内席卷广南两路是民心所归。

反对者则认为侬智高虽然学习儒经参加科考，却三番五次建国称帝，野心勃勃，顶多算个枭雄。侬氏政权的扩张性与独立性有目共睹，且作为广源州山林中的部落政权，长期身处与外界隔绝的环境之中，其政权很明显仍处在奴隶制的阶段，因此在侬智高起事后，多有屠杀宋朝百姓的情况，也有不少百姓被他裹挟入军队。这些百姓一经朝廷招安，便又脱离而去，即使宋朝在岭南的封建统治落后腐败，但较之奴隶制无疑是更为先进的，若是让侬智高割据一方，无疑会造成更大的灾难。

这些观点孰是孰非，我们不做评断，但有几点我们是可以确认的。

第一，宋朝在对待侬智高归附问题的处理上确实有失策的地方。虽然岭南之地在当时仍处于半蛮荒时代，但战略价值巨大，此时如有一个具备武力的家族自愿投效宋朝，无疑可成为抵御交趾北上的屏障。这点可参照昔年招安府州折家将、丰州王氏这些蕃将家族。

然而宋朝并没有这么做，我觉得这或许是因为宋朝过于轻视交趾国，他们担心扶植起了侬智高，一旦侬智高击破交趾，便会反过来威胁岭南地区。这种担心不无道理，然从事实来看，当时交趾的军力已不是简单扶持侬智高便可压制的，扶植侬智高反而更有利于地区平衡。

在侬智高起事失败后，宋朝一定程度上认识到了交趾国的狼子野心，加强了对交趾国的防备，邕州的驻防兵力提高到了四千人，整个广南西路的驻军也提高至近万人。虽然许多年后，随着宋夏再次开战，朝廷的注意力回归北方，这里的兵额又严重缩了水，但从宋朝的国策倾向而言，已从交好交趾改为随时准备用兵的状态。

第二，宋朝终于不再拒绝南方部落首领的归附。经济上愿意赐予他们物资，还实行免税，开放互市以改善当地峒民与百姓的生活；政治上宋朝设立土官制度，以部落首领与留在广南的南征将士为土官，允许他们世袭相传，并且组建峒兵为私人武装，土官制度为后来元明时的土司制度奠定了基础，并被认为是壮族历史上的重要发展阶段。后来宋朝虽然通过远征交趾，重创其国力解除了南部的威胁，但广南西路地方峒兵的发展也是维持其长期安定的重要因素之一，从这点来讲，侬智高起事确实有其正面意义，值得为后世纪念。

在清剿了侬智高麾下的核心成员后，宋廷于皇祐五年二月颁布了"赦广南令"，大量释放叛军部众，诏其回乡生产，并要求逃难的百姓在一年内回归家乡复业，给他们免除两年赋税、三年徭役。余靖在狄青回朝后，便留在岭南开展全面治理的工作，收效显著。嘉祐年间交趾王再次北上邕州劫掠人口，余靖在交涉无果后，便与占城王相约同时陈兵交趾南北两方边境，准备征讨。交趾王听闻后倍感惊怖，连忙上表谢罪，并派遣特使上贡开封以示悔意，宋交边境暂时保持了安定。

在侬智高兵势鼎盛之时，宋仁宗曾短暂出现招安侬智高的想法，但大臣梁适马上予以劝说，让宋仁宗明白了侬智高的实力是可以彻底割据一方的。后世史家也普遍认为狄青南征的含金量不下于一场灭国战争，他将一场可能发生的国土分裂消弭于无形。以宋朝当时的外部环境与内部状态而言，一旦让侬智高崛起，届时南北军事重压只会让中原百姓更添负担，狄青在此期间的贡献不可谓不大。

在此次平叛中，狄青不管从战略、战术、治军还是理政等角度都展现出其过人的才华，且以出身底层行伍的杰出将帅的身份，追随着那些庙堂上的背影，一步一个脚印，不但让曾经高高在上的余靖、孙沔等士大夫对他拜服，而且创造出了足以流传千古的丰功伟业。亦如昔年他在东华门外遇到高中状元的王尧臣时，所立下的豪言一般：

顾才能何如耳！

二十四

枢密使风波：
争斗从不只在文武

皇祐五年四月，狄青在平定侬智高之后，率领三军凯旋。宋仁宗不但在垂拱殿为狄青接风洗尘，还提议让三军将士于殿前重演当日破贼时的布阵，以表彰武勇。

狄青麾下爱将、负责此番演武的张玉于演武后即得到宋仁宗的赞许，寄禄官自九品的右班殿直越级升为七品的内殿崇班，种世衡奋战一生也不过七品而已。

宋仁宗如此安排，一是庆贺平叛胜利，二是为国举才，三是要进一步提高狄青的声望。因为他已然下定决心，要任命自己的这员爱将为西府相公、枢密使。

宋仁宗的这则提议再次遭到朝中重臣的激烈抗议，就连曾经一力提拔狄青至枢密副使的庞籍亦带头反对。他们以宋初慕容延钊和曹彬平定天下亦未得枢密使之重赏为由，认为授予狄青枢密使，恩赏过重，于国法不利。然参知政事梁适却支持宋仁宗的任命，他以文彦博平定王则之乱后进位宰相为先例，认为狄青平定侬智高之功远过于文彦博平定王则，如何不能进位枢密使？

两方争吵激烈各不让步，直到数日后，还是庞籍占了上风，宋仁宗表面上同意放弃任命狄青做枢密使，改为为其诸子加官晋爵，庞籍带头表示认可，朝堂似乎重归平静。

过了月余，宋仁宗又突然召见两府大臣进对，再次要求任命狄青为枢密使，其间宋仁宗声色俱厉，完全不似平日温文尔雅的模样。庞籍等两府大臣估计是看惯了宋仁宗往日的模样，如今来这么一下，不免有点弄不清状况，但老狐狸们果然还是反应快，马上回复说这事太过重要，需要先退回中书商议，明日再奏。宋仁宗直接回复了两个字：不行。然后竟然关上了宫门，把两府宰执全都堵在禁中，如此雷霆手段，宋仁宗一生是绝少使用的。

勿往中书，只于殿门阁内议之，朕坐于此以俟。

"不要去中书了，就在殿中商议此事，朕就坐在这，等你们的答复"，宋仁宗回复道。在万般无奈之下，庞籍等两府大臣只能被迫接受了对狄青的任命，宋仁宗由是容色乃和。

皇祐五年五月，狄青进位枢密使，成为权位仅次于宰相的东府相公。

那么问题来了，为何曾经一力举荐和提拔狄青的庞籍会如此激烈地反对狄青做枢密使呢？参知政事梁适又为何要支持狄青呢？而得到宋仁宗这般看重的狄青，最后却为何又走向了郁郁而终的结局呢？

在以往关于狄青的讨论中，常常认为狄青是两宋唯一武人出身的枢密使，并且把文官做枢密使特化成宋代压制欺辱武人的例证，并因此推导出狄青之死的根本原因源自"文官集团"的谋杀。

那么真相是不是这样呢？

要解答这个问题，首先我们要了解清楚狄青官拜枢密使的大背景，以及为何官拜枢密使会让他招致险境的原因，要理顺这两个方面，我们还要从宋代枢密使和枢密院是怎么诞生的讲起。

在宋代，枢密使是枢密院的最高长官，枢密院主管的是全国军政，与主管全国民政的宰相统领的中书门下（政事堂）并称东、西两府。枢密院为西府，中书门下为东府，枢密使的权位仅在宰相之下。

宰相之位先秦时便已出现，虽然历代以来其职能与名称有所变化，却毫无疑问是历史悠久的。相较之下，枢密院和枢密使则"年轻"得多。枢密使最早起源于中唐时期，对于其具体出现在哪个皇帝，碍于唐代史料的局限，学界争议极大，在此先不展开了，但有几点是可以确认的。

第一，我们知道中唐时宦官的权力特别大，一个个的社会影响力可以碾压百官，甚至可以决定皇帝由谁来当都问题不大。那皇帝被压制得久了肯定得想个应对之策，这枢密使即是中唐时皇帝为了制衡权宦势力而设立的职位。一开始只有一到两人担任此职务，其负责的工作主要是宣传皇帝的旨意、草拟文书以及陪侍皇帝参与中枢决策会议等要务。

第二，枢密使一般都是由皇帝极其信任的宦官担任的，其职能与翰林学士类似，因此需要具备一定的文学素养，而与皇帝的关系较之翰林学士则更加亲近，所以很多重要场合，中晚唐的皇帝会把宰相排除在外，却允许枢密使随侍在侧。

第三，大部分学者认为，到唐末唐宣宗时期，随着枢密使执掌的要务越来越多，枢密院也随之建立，当时外出担任监军的宦官，回朝后便有机会升任枢密使，所以枢密使也被认为是全国监军的长官。

第四，随着枢密使权力的发展，在中晚唐时，两个枢密使与神策两军中尉并称"四贵"，权力可比肩宰相。虽然出任枢密使的宦官多为皇帝的心腹，但随着其权力的恶性膨胀，也会出现侵夺中枢权力乃至参与皇位争夺的情况。

那么到此，我们便可对中晚唐的枢密使做两点简单的总结：首先，枢密使初设时的工作内容类似机要秘书，其底色更靠近文职；其次，能够做这个职务的人必须是统治者的心腹宦官。

唐末时，宦官势力被消灭，枢密院曾被短暂废除。而在后梁太祖朱温灭唐进入五代之后，其设立的崇政院又将枢密院的职事全部纳入，而担任崇政院长官的也是朱温的心腹大臣，如士人出身的敬翔，其地位甚至在宰相之上，后来终后梁一朝，崇政使皆由士人出任。

后来李存勖攻灭后梁建立了后唐，李存勖不但废除崇政院恢复枢密院，还让宦官再次出任枢密使。文事归宰相，武事归枢密的格局可能也是自此开始。

那么是不是说武人的天堂就这么来临了？也不能这么说，首先五代的武人枢密使虽然不少，但士人出身的枢密使也很多。而这群枢密使不管是文人、武人还是宦官都有一个共同点——皇帝的心腹元从。

中唐自安史之乱以后，藩镇割据问题尾大不掉。牙兵反节度使、节度使反皇帝。出生在这样时代的皇帝，愚蠢至极了才会去鼓励此种时代氛围继续蔓延。之所以任用心腹武人做枢密使：一是他们做枢密使之前还是自己人，用着放心；二是自己确实需要借助他们的力量去对付权宦。所以在五代打破藩镇割据的平衡后，皇帝能马上聚拢重兵于京师，此即后来三衙禁军制度的由来。而为了管理这些禁军，便由枢密院掌握侍卫亲军司的统兵权，这样一来京师的兵力便足以压服全国各地藩镇。

但如果这一切架构真的可以长久维持的话，那五代也不至于平均每十年就换一个王朝了。为什么呢？因为随着枢密使权力的增大，这些心腹也会像宦官一样，野心膨胀、侵夺权力，所谓"本天下之兵柄，代天子之武威"。毕竟如果没有强有力的礼仪道德以教化人心，光搞制度改革也只是隔靴挠痒。

所以在此相当长的时间里，要么是枢密使成功被皇帝弄死，要么就是皇帝成功被手下人弄死。后晋高祖石敬瑭曾想废除枢密院以解除威胁，但最后也以失败告终。

后周太祖郭威和后周世宗郭荣（习称柴荣，因后周世宗为后周太祖养子，本姓柴）在罢免枢密使王峻后，都意识到了枢密使兵柄过重的问题。于是自此以后，后周再也没有任命武人出任过枢密使，这其实也是一种"崇文抑武"的必然趋势。但这样的改革又引发了新的问题，周世宗后期因为枢密使威慑力的下降，三衙禁军缺乏强有力的领导压制，威胁骤然上升。虽然周世宗临终做了尽可能稳妥的人事安排，但最后还是让禁军长官赵匡胤乘乱上位，由此后周灭亡，北宋建立。

说完了五代时期的枢密院和枢密使，那么宋代的枢密院和枢密使又是怎么样的呢？

宋太祖赵匡胤登基后，马上意识到了三衙禁军失控的问题，于是在将自己的心腹元从安插入三衙禁军后，又再次确立了枢密院对三衙的绝对权威。枢密院成了三衙的直接上级，三衙掌管军队的统兵权，而发兵权则归枢密院执掌。

虽然在宋代，枢密院若要调度三衙军队，必须先通过皇帝的许可，但在理论上，皇帝调动军队也需通过枢密院下达才能实行，后来虽然有皇帝违反过此规定，但这种情况并不算多见。同时，为了应对北方辽朝的重压以及尚未统一的中原腹地，宋初再次让大量武官进入枢密院担任枢密使，如宋太祖朝的吴廷祚、李崇矩、曹彬，宋太宗朝的曹彬、楚昭辅、王显、柴禹锡、赵镕、张逊、杨守一、弥德超，宋真宗朝的曹彬、周莹、王继英、马知节、曹利用等人。一直到澶渊之盟签订后，枢密院中武官的比重才开始逐渐下降。

而在此过程中所任用的武官，大部分仍然带有皇帝"心腹元从"的特点，但是宋初的皇帝还有了新的发展：敢于任用非自己元从出身的前朝或先帝的老将。

譬如吴廷祚、李崇矩之于宋太祖，曹彬、楚昭辅之于宋太宗，以及宋真宗朝时的大部分枢密使。这一方面体现了进入北宋后，枢密院制度与三衙禁军制度的日益规范与完备；另一方面更显示了"崇文抑武"绝非只重用文臣，全面打压武臣的偏颇政策，同样也谈不上所谓北宋尚未统一，便自废武功打压武人的奇葩论点。实际是自开国重塑意识形态的一系列政治方针已经大幅消减了武人的威胁。

再譬如说北方的辽朝，辽朝有大量制度模仿了唐朝，枢密院制度便是其中之一，只是农牧国情不同，大辽也演化出了带有契丹特色的枢密院制度。辽朝枢密院分南、北两院，也叫南北衙，南枢密院统领汉人之事，所以也叫汉人枢密院，北枢密院主管契丹人之事，两枢密院都是辽朝的政治中枢机构。只是随着时代演变，到头来权力最重的还是北枢密院。那么北枢密院选人，是武人还是文人呢？北枢密院基本清一色都是帝后家的贵族充任，唯一例外的就是韩德让。

所以总结下来，不管是文人、武人、宦官，从大唐到大辽，再到五代两宋，选枢密使，放心最重要。

时间来到宋仁宗朝，宋仁宗时的武官枢密使名单分别是：澶渊之盟的功臣、宋真宗的心腹曹利用，宋真宗与刘太后的绝对心腹张耆，刘太后送走寇準的心腹杨崇勋，宋真宗的心腹夏守赟，低调稳重的驸马爷、皇室自家人王贻永，宋太宗的心腹王超的儿子王德用，还有狄青。所以我们能看到，最重要的仍然是"放心"二字。

顺便一提，老好人张耆自从帮宋真宗金屋藏娇成功后，不但位极人臣，得赐七百余间屋宇的豪宅，还一直安享富贵到庆历八年才去世。即使张耆才能平平，也常有言官上疏弹劾于他，却始终没有动摇他在朝中的地位。

而当宋仁宗任命狄青为枢密使时，言官贾黯即反对道："国初武臣宿将，扶建大业，平定列国，有忠勋者不可胜数，然未有起兵伍，登帷幄者。"所以不管文人武人，说到底也都是分阶级的，而朝野中对狄青的排斥，固然有一些文武矛盾的因素，但主体始终是阶级矛盾。那么问题又来了，作为武人，如果没有成为皇帝心腹的机会，要怎样才能成为枢密使呢？这就要说到宋代武人晋升的另外一条道路——三衙。

不管是在讲宋夏战争,还是讲狄青的升迁时,我们都不时地提到一个名词——三衙管军。上文我们提到,五代时为了压制地方藩镇集禁军于京师,创立三衙禁军制度,后来同样也因为三衙军力过强,转而成了朝廷新的心腹之患。直到宋朝开国,才通过禁军改革消减了三衙的威胁,但三衙的重要性依然没有改变,毕竟直接管理军队的都是三衙长官。不管是拱卫京师,还是支持新君继位,三衙禁军始终扮演着举足轻重的角色。所以三衙长官虽然不能直接参政,但地位堪比龙图阁大学士这般的侍从官。而常为武臣显官的宣徽院使,其地位更是堪比枢密副使,待遇比之宰相和枢密使有过之无不及。

宰相与枢密使每月的工资是料钱约三百贯,衣赐两百匹,最珍贵的罗一匹,禄粟一百石。而做到节度使的三衙管军,料钱约四百贯,衣赐一千三百匹,罗二十匹,禄粟一百五十石。即使是寄禄官为节度观察留后的三衙管军,亦有料钱约三百贯,衣赐一百匹,罗一匹,禄粟一百石。而且若是武职,一旦遇上战争,立军功的机会自然也多,升官速度比熬资历的文官也快许多。工资这么高,待遇也不错,三衙管军的位置自然是全国武人都极度渴望的。

至于三衙的具体官职,至宋仁宗时常授的三衙管军名额为十一名,分别是殿前都指挥使、殿前副都指挥使、殿前都虞候、侍卫亲军马军都指挥使、侍卫亲军马军副都指挥使、侍卫亲军马军都虞候、侍卫亲军步军都指挥使、侍卫亲军步军副都指挥使、侍卫亲军步军都虞候、捧日天武四厢都指挥使、龙神卫四厢都指挥使。而至宋仁宗时,各军的正任都指挥使便不再常置,所以管军名额被限定为八名，和宰执一样一个萝卜一个坑，是极为珍贵的。

在宋仁宗皇祐年间以前，能够成为三衙管军的人要么是和武人枢密使一样，需要有过硬背景的，要么是在军中资历够老的，如宋仁宗庆历年间时一度多有任命外戚担任三衙管军的。但在皇祐年间以后，宋仁宗越发看重军队的建设，所以如狄青这样起于底层行伍的军官，可以无视其背景、资历，越级升任三衙管军。这股风气一直持续到了宋神宗朝之后，更衍生出了"非有边功，不得为三衙"的规定。

所以总的来说，在宋代的武职中，三衙管军才是为众多武人设置的权位巅峰，其地位和待遇亦足以光耀门楣。

枢密使虽然总管军政，但他的底色由始至终更贴近文人。举个不恰当的例子，三衙管军仿佛是一个公司的采购部经理，负责花钱；而枢密院则是财务部经理，负责管钱。两个职务虽然都和钱有关，职能却是冲突的，如果让某个管理者兼任两个职务，那必然使公司的财务监督荡然无存，即使是由采购部经理改任财务部经理，那往往也会招惹闲言碎语。

狄青在短短十年内从基层军官数度越级升迁，最后升任三衙管军已招惹非议，更遑论再跳过程序升任枢密使了。纵然在狄青之前，已有三衙管军升任枢密使的先例，但这些人中除了王德用，不管是张耆还是杨崇勋都属于不太得军心的武官，再加上他们皇帝心腹的身份，虽然也偶有言官反对，但总的来说问题不大。而王德用作为先狄青一步升任枢密使的三衙管军，却如狄青一样遭到了言官极其激烈的反对。

王德用的父亲是宋真宗朝"鼎鼎大名"的王超，因此在宋太宗朝时王德用就曾跟在老爹身边征讨李继迁。因为王超自中年起就开始懈怠，常常畏敌不前，儿子王德用为了替老爹挽尊，只有披挂上阵，所以王超一路的军功基本上是靠这个出色的儿子立下的。可惜后来澶渊之战时，王超以一己之力违抗命令，葬送了宋军的大好形势。后来因为王超当初的拥立之功，宋真宗不好意思杀他，把他丢到了青州，而王德用也因此跟着老爹被边缘化了许多年。直到大中祥符五年（1012）王超病死，宋真宗才想起王家，重新将王德用提拔了起来，到真宗朝末期，王德用终于做到了三衙管军。

王德用感念宋真宗的提拔，在宋真宗去世后，因大雪苦寒，刘太后赏赐禁军将士酒水暖身，王德用却这么回答："卫士荷先帝恩德厚矣，今率土崩心，安忍纵饮？矧嗣君尚少，未亲万机，不幸一夫酗酒，奋臂狂呼，得不动人心耶？"卫士承蒙先帝恩德甚厚，如何忍心在先帝崩逝时饮酒？如今新君年幼，国政未稳，如果有一士卒因酗酒而狂呼作乱，如何不会扰乱人心？刘太后听后，赞叹其为人。后来在刘太后摄政时期，王德用虽一再拒绝执行刘太后的命令，但刘太后不以为意，相反非常赞许他的稳重练达，对他也一再提拔重用。宋仁宗亲政后，更是直接将王德用升为枢密使。

只是我们知道，宋仁宗亲政后曾大力扶持台谏，以强化国家行政监督的权力。做宰相的都常常被言官弹劾得不敢出声，更何况是枢密使？那么自然提拔三衙管军做枢密使的阻力，也是可想而知的了。

宋代的言官可以"风闻言事"，弹劾王德用一度上升到了人身攻击，就因他脸长得黑说他像宋太祖，威胁很大，宋仁宗看了后倒没当真，付诸一笑。然不久后，享誉朝野内外的御史中丞孔道辅也弹劾起了王德用，中心思想很简单：王德用得人心，不宜久典机密。王德用的父亲王超，当年也是善于治军极得军心的，那后来他在澶渊之战时做了什么？差点使宋真宗身死国灭。而五代时的那一堆武人枢密使在权力稳固后又做了什么？让一个家族有前科又极得军心的人稳居这么重要的位置，真的可以吗？虑及这些，宋仁宗动摇了，不久后王德用即被贬官，他的家人也受到了波及。王德用毕竟能力出众，后来遍历天下为官，政绩显著。宋夏战争时，调任镇抚河北，防备契丹南下，职位也逐渐恢复到了节度使一职。皇祐年间，他先被拜为使相，又在狄青成为枢密使一年后，即至和元年（1054），再次回到朝廷同任枢密使。

那么狄青与他比起来又如何呢？一样才能出众，一样深得军心，不同的就是狄青不但资历浅得多，出身也是天差地别。

虽然在宋仁宗看来，自己一力提拔狄青，狄青早已是自己妥妥的心腹了，但从大臣的角度看呢？要知道那时的宰执大臣有不少都是从寒门子弟一路拼上来的。都是天子门生，狄青在武官系统里跳级快就算了，现在直接转到两府了，凭什么？而且狄青过去还有三次案底，人品也是一言难尽，这样的一个人如何能做天子心腹呢？这大概才是言官疯狂弹劾狄青的根本原因吧。

不说狄青，就算是当年的范仲淹、韩琦、富弼，都因为在军中深有威望而被言官疯狂弹劾，这也是庆历新政失败的原因之一。这几位在两府的日子都是压力山大，遑论狄青了。

庞籍或许正是看到了这点，才从提拔狄青的立场变成了反对狄青担任枢密使的立场。以狄青的能力，假以时日积累资历，何愁不能成为枢密使，何必非要急于一时呢？所谓木秀于林，风必摧之啊，然而庞籍的担忧，宋仁宗和狄青都没有领会到。

狄青成为枢密使后，宋仁宗曾劝说狄青将脸上的刺字洗去，狄青却这么回答："青若无此两行字，何由致身于此？断不敢去，要使天下健儿知国家有此名位待之也。"从这里可以看出，狄青并不会因脸上刺字而觉有何不便，这里的坦荡与《默记》中因刺字被嘲讽而暴打歌姬的记载天差地别。宋仁宗见狄青晓悟自己提拔他的深意，也甚感欣慰。这对君臣虽然造就了一段佳话，却并未意识到，巅峰越陡峭后面的悬崖便越深邃。

梁适即在这样的情况下走上了前台。为何在两府都反对狄青任命的情况下，位列参知政事的梁适却要支持狄青？原因很简单，参知政事属于副宰相，在他之上还有宰相和枢密使，梁适若要升任宰相，则必须把现任的宰相和枢密使都替换了，他才能顺利补上空缺。宰相庞籍因为反对宋仁宗的任命已忤逆了圣心，而枢密使呢？当时的枢密使是高若讷，是个有足够资历做宰相的文官，若是让他留在两府，那么即使庞籍罢相，也会由高若讷升任宰相。

论家世，梁适的祖父和父亲都是当朝状元，出身显赫；论能力，梁适也是通晓法令，久历地方为官的，不管是处理宋辽关系，还是破除冶铁制度上的弊病，都是政绩显著的。高若讷不过一个无功无过的庸人，凭什么能压他一头？梁适很不服气，所以他决定先支持狄青升任枢密使，挤掉高若讷的位子，再通过与庞籍的争斗，让庞籍失去圣心。一旦庞籍被罢相，枢密使狄青行伍出身，又是新晋东府，是做不了宰相的，而他梁适便是最合适的宰相人选。

计上心头，梁适便先是密奏宋仁宗，表达了支持任命狄青的态度，然后又派人密告狄青与内侍石全彬，将自己在御前与庞籍等人

二十四 枢密使风波：争斗从不只在文武　273

激辩的信息告诉二人，以作通气。石全彬曾跟随狄青讨伐侬智高，也是个颇有军功的宦官，见贵为参知政事的梁适支持，便也积极引为内助在禁中造势，散布朝廷对狄青、孙沔等人恩赏太薄的观点。

那么狄青是什么态度呢？史书没有给出任何记载，我想庞籍毕竟是狄青的恩师，纵使狄青不理解他的想法，以狄青中年后的涵养也定会有所保留，不至于完全撕破脸面。只是从后来事态的发展来看，对于出任枢密使的态度，狄青也是志在必得，没有任何的推诿。

事情的发展果然很顺利，在宋仁宗与梁适的内外配合下，顺利逼迫两府大臣认可了对狄青的任命，高若讷被无故罢职，从此结束了自己的政治仕途。庞籍因为这事落得非常难堪的处境，再加上他为相以来向来公正严明、敢言直谏，是以内外积怨颇多，不久后即因为外甥赵清贶打着他的旗号收受贿赂之事而遭到弹劾，就此罢相而去。

经过这番折腾，狄青升任枢密使，孙沔升任枢密副使，而梁适也如愿以偿地升任宰相。狄青虽然全程没有做任何表态，但对升任枢密使的默认，难免让许多人将他视为庞籍门下的背叛者、梁适的同党。加上曾经水洛城案的前科，狄青的风评自此时开始受到了严重的影响。偏偏支持他的梁适，又是个有才无德的人，不久后便因品行过于低劣而遭到言官的弹劾，宰相做了不过一年，便被罢相。

而孙沔的德行也向来为时人所诟病，不久后便因追册张贵妃为后一事的风波而求罢枢密副使，出知杭州。好在狄青有宋仁宗的大力支持，文官们就是再反对，他也能稳稳地入主枢密院。

三十年前在东华门外遇到的状元郎王尧臣，此时也在枢密院中担任枢密副使,狄青于西北带兵时,亦多得王尧臣的举荐和提拔,昔日需要仰视的人如今却成了自己的副手,不知二人再度相见又是何种心情?就这样,狄青又平平安安地在枢密使的位置上度过了三年,直到那一天的天灾与人祸再次到来,狄青终将直面他人生中最后的波澜。

嘉祐元年(1056)正月,宋仁宗再度不豫,朝野纷乱,弹劾狄青的奏疏也随之蜂拥而至。

二十五

狄青之死：
英雄传奇落下帷幕

在狄青因言官弹劾而被罢免枢密使时，宰相刘沆曾为狄青上言宋仁宗，他认为自庆历年间以后，台谏的言官引为朋党、气焰嚣张，每每听闻宰执的消息，不详加调查就上疏弹劾，使得两府重臣不敢得罪言官，因此言官的升官速度尤其迅速。像狄青这样的御前爱将竟然也因此被罢免，这相当于在剪除天子的爪牙，实在怀疑这些言官是不是有什么非分之想。

> 自庆历后，台谏官用事，朝廷命令之出，事无当否悉论之，必胜而后已，专务挟人阴私莫辨之事，以中伤士大夫。执政畏其言，进擢尤速……御史去陛下将相，削陛下爪牙，此曹所谋，臣莫测也。

这话说得很重，言官们因此深恨刘沆，以至刘沆死后，他的儿子都不敢为他请求谥号。

为何贵为宰相的刘沆要为狄青冒此风险挺身而出，狄青被罢免枢密使以致最后郁郁而终的结局又是如何发生的？这或许都要从嘉祐元年的那场政治危机开始说起。

至和三年（1056）除夕，开封城发生雪灾，大雪压垮了皇城宫殿的房架，这在封建时代属于非常明确的天谴。为了安定朝野内外的人心，宋仁宗于当夜跣足（光着脚）立于殿下，于漫天大雪中对天祈祷。宋仁宗一朝灾患频频，朝野内外又非常讲究天人感应之说，因此不管是庙堂还是民间，常常对此舆情汹涌。为了稳定局势，宋仁宗除了大力拨款赈济灾情，便常常跣足祈祷，也只有天子带头做出这般表率，才能真正安定内外人心。

可这大灾时节常常伴随异常天象，光脚站地上一两次就算了，但宋仁宗朝的灾患差不多快成周更"福利"了，宋仁宗几乎定期就要在酷暑严寒中光脚站着——毕竟封建时代大家都信这个。宋仁宗又是一国之君，所以从来都是加量不加价的，这身体自然受不了，于是一天不如一天。至和三年时宋仁宗已经四十七岁了，这对于大部分勤政的皇帝而言都是个很危险的年纪，如今又接连在大雪中光脚站立，这么下来，结果可想而知。

时间来到第二天早上，也即嘉祐元年正月初一，宋仁宗在大庆殿行朝会之礼时突感头晕目眩，经过左右照料才勉强行礼。之后在紫宸殿召见契丹使者时，宋仁宗精神恍惚，竟然当众大声疾呼、语无伦次。亏得宰相文彦博上前给台阶，说宋仁宗昨夜喝多了，酒意未解，最后左右连忙将宋仁宗搀回禁中，才算勉强过了关。

事后，文彦博与富弼再次召问大内宦官，询问宋仁宗的身体情况，宦官以禁中之事不可外泄为由予以拒绝，不想却被文彦博怒斥："主上暴得疾，系宗社安危，惟君辈得出入禁闼，岂可不令宰相知天子起居，欲何为耶？自今疾势小有增损，必一一见白！"主上骤得疾病，此系天下安危，只有你们这些人才能出入禁中，如今却要向宰相隐瞒天子的病情，意欲何为？从今日起，凡是关于天子的病情变化，都要一一告知我等！宦官被这么一震，再不敢托大，自此将所有情况都在第一时间告知宰相。富弼、文彦博、刘沆三位宰相干脆留宿内殿，以便随时应对突发情况，枢密副使王尧臣也随时待命，朝堂局势，因此回归平稳。

这四位大臣的名单中似乎少了谁？

富弼、文彦博、刘沆三位都是宰相，王尧臣是枢密副使，那么问题来了，枢密使呢？

当时的枢密使是王德用和狄青。枢密副使能临危受命，枢密使却不能？很明显，因为王、狄二人的特殊身份，被宰相们剔除出了这个名单。上文已经叙述过，二人虽然身居要职，但王德用与狄青的身份存在着极强的特殊性，再加上二人甚得军心的特点，坐在枢密使这样的位置上难免让人联想起五代十国那些前辈的"丰功伟绩"。宋仁宗在朝时可以给予狄青充分的支持与保护，但如果不在了呢？而事实上，在此乱局之中，大内禁军果然也不太稳定。

嘉祐元年正月二十四，正当宋仁宗仍处在昏迷之时，禁军之中有人向知开封府的王素告密，言称有禁军都虞候意图谋反。兹事体大，王素连夜前往宫中将此事告知宰相，正当众人准备按程序收捕被告发的都虞候时，文彦博劝阻住了众人。

他的理由很简单，如此非常之时这样招摇过市地抓人，容易扰乱人心。然后文彦博就招来了禁军统领许怀德，询问其关于被告发的都虞候的情况，不想许怀德直言此都虞候是军中最为严谨温良之人，绝不可能造反。许怀德起家自宋夏战争，乃是兼备资历与军功的军中宿将，所说之话自然是有分量的。经过一番调查，果然查明是军中有士卒怨愤这位都虞候，故而乘此乱局诬告上司。

了解情况之后，文彦博当下提议将此士卒当众处决以儆效尤，众臣皆以为然。当时富弼正巧生病在家休养，文彦博便打算自己写收尾判词，不想在旁的王尧臣却捏了一下他的膝盖，文彦博心中立刻领会，便改请刘沆判下状尾。

待到宋仁宗痊愈以后，刘沆果然暗中发难，直言宋仁宗不豫时有人告发禁军谋反，文彦博却擅自处决告密者，太像杀人灭口了，恐怕是别有居心。宋仁宗听闻大怒，立刻招来文彦博责问。文彦博则将刘沆当时书下的判状交给宋仁宗，表明是众臣经过共同商议才做出的决断，终于消了宋仁宗的怒意，洗清了自己的冤屈。

刘沆为什么要害文彦博，王尧臣又为何能料到刘沆的发难？联系起这次禁军变故以及文彦博刻意的持重举措，此番事件的内幕，实在是扑朔迷离。

文彦博和刘沆二人都曾是宋仁宗的宠妃张贵妃最为倚重的外朝大臣，二人又都与富弼私交甚佳，照理来说应该不至于这般你死我活的。而若是以张贵妃为中心，我们会发现曾经追随狄青平南的宦官石全彬是张贵妃最为亲信的内侍，后来为狄青说话的刘沆也是张贵妃的外朝依仗，而在皇祐五年授予狄青枢密使时，后面还跟着两个与张贵妃相关的任命：以石全彬为代理观察使，以张贵妃的叔叔张尧佐为地位尊崇的宣徽院使。张尧佐的任命与狄青的任命之间有没有联系？已经很难说清了。

不管是曾经支持狄青做枢密使的前任宰相梁适，还是如今的宰相刘沆,他们都有个共同特点——才能出众,却德行不修,常常纵容家人贪污腐败。而在极其讲究德才兼备的庆历旧臣面前,他们毫无疑问都是典型的佞臣。曾经打压庆历旧臣最狠的重臣贾昌朝与夏竦,也皆是有名的有才无德,又偏偏他们和张贵妃之间也有合作关系,即使是与富弼等人交好的文彦博,本质上也是和庆历旧臣保持着相当距离的。

如此看来,曾经被庆历旧臣们提拔起来的狄青,如今却与庆历旧臣的敌人们走得如此靠近,再加上他曾经与范仲淹、庞籍等人发生的纠葛,那么随之而来的政见敌对,也是在所难免的。再加上三衙禁军的事端,狄青不但甚得军心,又常年担任三衙管军,他在旁人眼中的威胁指数直线上升。或许,这一切都不是狄青的本意,但站在权力中心的他已无可避免地被卷入了政争的旋涡之中。

宋仁宗此番病情尤其严重,直到当年三月才重新有能力过问政事,一直到当年七月,才恢复身体上朝理政。

在此过程中,老天爷也完全没有消停,一会儿雪灾,一会儿雨灾,从河东、河北、京东西,一直到陕西、湖北、两川,到处都上报水灾;而在天上,更有一颗彗星很会挑日子地破空而出,"彗出紫微,历七星,其色白,长丈余"。在天上愣是持续了一个月的时间,联系起宋真宗末期的太白昼现,以及宋仁宗朝至和元年的那次蟹状星云,一辈子能看三次这么奇特的天象,也不知道宋仁宗算不算赚了。紧接着彗星的,是天谴意味浓厚的日食,这么多天灾异象扎堆出现,就算放到现代,都得怀疑是不是外星人要入侵了。

群臣对此天象给出的解释大致有两点:第一,日食代表君权受损,彗星出紫微而历七星代表有臣下暗藏叛乱之嫌,其中矛头自然指向了狄青与王德用;第二,水灾代表水不润下,此说出自《尚书·洪范》,即指本该滋润万物的水不再造福苍生,而成了一种警示人间的征兆。言官范镇以此引出汉儒所著的《洪范五行传》曰:"简宗庙,不祷祠,废祭祀,逆天时,则水不润下。"他认为宋仁宗在这些条件中,只有一项做得不好,即简宗庙。为什么这点做得不好呢?因为宋仁宗始终没有指定自己的继承人,这即是对宗庙的忽视。

这样一来狄青所面对的政治危机更与储君问题牵扯上了关系。现在很多人认为宋仁宗没有生育能力,这种观点其实并不正确,宋仁宗是有很多孩子的,只是长大的都是女儿,儿子却全部夭折了。在重男轻女的封建时代,只有儿子才能做皇位继承人,因此宋仁宗始终没有得到一个心仪的储君。

然而自景祐年间宋仁宗首次不豫以来,他自己也察觉到其中的不妥,便选宗室之子赵宗实养于宫中,以为储君备选。但宋仁宗毕竟还是想传位给自己的亲儿子,所以在皇次子赵昕出生后,宋仁宗便马上把已经养到八岁的赵宗实送出了皇宫,其后宋仁宗的儿子虽接连夭折,却再未将赵宗实接回宫内。至嘉祐元年宋仁宗再度不豫,身体明显衰弱了许多,若是再不立储君,自然会造成更大的政治危机。所以范镇、赵抃、司马光等言官想尽办法让宋仁宗马上立嗣,以备不患。

这借天人感应给皇帝施压的套路便是他们的撒手锏,毕竟一两次天灾异象还好说,但这接连的天灾异象,请问官家何故逆天?

然而宋仁宗明显对立亲生儿子为储这事更关注,对于这些建言,宋仁宗全部视而不见。为了堵住言官的口,顺手还给范镇升了官,所谓朕知道爱卿公忠体国,但朕就是不改。

就这么一来二去,很多言官也被皇帝的任性给折腾生气了,毕竟不是所有人都像范镇、赵抃、司马光这样持身以正的,对于其他大臣而言,立储这事没下文怎么办?折腾不了你皇帝,我还不能折腾你的下属吗!本就在风口浪尖的狄青就这样再次被拿出来挡箭了。于是水灾、彗星这些事,全都变成了狄青的责任,毕竟古代宰执大臣为天灾承担责任也不是什么新鲜事,现在给皇帝施压,再弄掉你一个也不嫌多。什么狄青每次出街,士卒间都是前呼后拥,夸赞不绝,人气比皇帝还高;什么狄青本是胡人,隐藏身份做到枢密使,是为了图谋不轨云云。范镇看了也要不住摇头。唐初的李君羡便是因谣言被杀,如今这些话语也是用心歹毒,基本都是想置狄青于死地。

偏偏狄青自己对这方面的事也是警惕性不够。开封发大水时,他带着全家前往大相国寺避水,当时寺里有很多军民看到狄青来了,纷纷簇拥围观、交口称赞,狄青这么一直被夸,也不自禁地就露出了自得之色。所以休息时,狄青竟然直接坐在了大殿之中,简直是给政敌们送去了弹劾的素材——僭越之名是洗不干净了。

这种舆论形势之下,两府大臣继续保持与狄青、王德用之间的距离,文彦博、富弼、刘沆、王尧臣这些大臣在共同商议立储之事时,再次把狄青和王德用排除在外了。这下连向来稳重的王德用也受不了,实在是太目中无人了,他大手一拍额头,吐槽道:"置此一尊菩萨何地?"欧阳修听闻后却笑着说:"老衙官何所知?"在这个政治纷乱的特殊时节,王德用与狄青深得军心这一点,最终还是激起了波澜,庞籍当年所顾虑的隐患——显现。

不久后,向来正直的大臣刘敞竟然也上疏弹劾狄青,所用理由也是十分荒唐，什么狄青家里的狗头上长角，身上会冒出奇异的光彩之类的；还有半夜三更，全开封城禁火，只有狄青家冒火光，等到别人去救火，却发觉火光已灭，云云；又联想到这样的事情昔年在后梁太祖朱温的家里也发生过。诸如此类，弄得民间议论纷纷。那刘敞也是要诬告狄青谋反吗？却也不是。他接着就说这些谣传并不足信，然已经潜藏隐患，希望朝廷外放狄青，以保全狄青有用之身。

曾经在水洛城案和公使钱案中数度保护狄青的欧阳修也再次上疏谈论狄青之事，他认为：

> 枢密使狄青出自行伍，遂掌枢密。始初议者以为不可，今三四年间，外虽未见过失，而不幸有得军情之名。且武臣掌国机密而得军情，岂是国家之利？臣前有封奏，其说甚详，具述青未是奇材，但于今世将帅中稍可称尔，虽其心不为恶，而不幸为军士所喜，深恐以此陷青以祸，而为国家生事。欲乞且罢青枢务，任以一州，既以保全青，亦为国家消未萌之患。

然后欧阳修又笔锋一转，谈及宋仁宗不立储君之事可能才是引发问题的主因，而水灾属于阴，兵事属阴，武臣亦属阴，加在一块儿自然会引发天遣水患。

> 《五行传》曰："简宗庙则水为灾。"陛下严奉祭祀，可谓至矣，惟未立储二。《易》曰："主器莫若长子。"殆此之警戒乎？至于水者，阴也，兵亦阴也，武臣亦阴也，此类推而易见者，天之谴告，苟不虚发，惟陛下

二十五 狄青之死：英雄传奇落下帷幕 283

深思而早决，庶几可以消弭灾患，而转为福应也。

欧阳修的核心思想说到底还是两个：一、外放保全狄青；二、立储君。

宋仁宗看完欧阳修的奏疏后，并没有立刻给出答复，他将刘敞、欧阳修等人的奏疏全部留中不发，储君他要立，狄青他也要保住。然而在成年人的世界里，所谓"全都要"永远只是美好的幻想，大部分情况下，想要的太多反而会导致全都失去。

嘉祐元年八月，面对接连的天灾异象，宋仁宗再也按捺不住了，他终于意识到继续留狄青在朝堂只会是害了狄青，于是罢免了狄青枢密使之职，让他出知陈州。

十一月，王德用亦被罢去枢密使之职。根据《续资治通鉴长编》的作者李焘考证，王德用是因为反对立储，而遭到了赵抃等言官的弹劾被罢免。那么由此看来，宰相们在商议建言立储时没有知会他，实则有更深的政斗内幕，而狄青作为宋仁宗绝对的心腹爱将，自然也可能因此遭到牵连。

只是两宋的宰执大臣被外放实在是非常频繁的事情，像宋真宗朝的寇準一生在朝堂中五进五出，得罪的人车载斗量，每次回来都是该做什么继续做什么。王德用也是两进两出。但轮到狄青，宋仁宗有点放心不下，所以哪怕出知陈州，依然为他加上了同平章事的使相衔以示恩宠，等于是又升官又加工资，尽可能地表达了安抚，但很可惜这并未让狄青的心情有所好转。

在狄青离开之时，曾有一本名为《野老纪闻》的笔记中记载了这样一则故事，其中提到狄青做了枢密使后日益跋扈，就连他手下的士卒得赐衣粮，也只知是"狄家爷爷所赐"。文彦博察觉到了隐患，便希望以加两镇节度使的优礼将狄青外放，宋仁宗却认为狄青是忠臣不必如此。文彦博却冒犯地直言，太祖皇帝岂非周世宗的忠臣吗？就因为太祖甚得军心，才会有陈桥兵变的故事啊！宋仁宗因此默然。狄青并不知晓此关节，又特地询问文彦博调任缘故，文彦博便再次直言道："无他，朝廷疑尔。"狄青听后惊怖不语，连退了数步。

这个故事被引用的次数差不多和《默记》里"东华门外"的那篇不相上下，所以一直以来，文彦博与韩琦都是宋朝重文轻武的"罪魁祸首"。在这篇文字里，也如《默记》一样，狄青才是反面人物。狄青又是跋扈，又是将朝廷公器作为私恩下放于士卒。到了狄青这样的官职级别还这样明晃晃地"跋扈"，这是典型的政治白痴才干的事。了解狄青的故事后，我们应该能感受到这种评价是有多么主观臆断。

那么在其他史料中，文彦博对狄青外放一事是什么态度呢？

在《续资治通鉴长编》中，言及刘敞数度建言外放狄青都为宋仁宗所无视，直到刘敞自己要被外放扬州了这事还没推进，于是刘敞接着到中书极言狄青可能造成的隐患，那么中书宰相们是什么反应呢？宰相应对唯唯，继续当刘敞是空气。

文彦博便是当时的宰相之一，以他的脾气，如果想要弄狄青，是不会这么不置可否的。

而在《宋史·吕景初传》中是这么说的："文彦博以青忠谨有素，外言皆小人为之，不足置意。"明确表达态度，文彦博认为狄青忠诚严谨，外面造谣的都是小人，有什么可放在心上的，他是反对罢免狄青枢密使之职的。吕景初是一个支持外放狄青的言官，在知道文彦博的态度后，两人直接就争了起来，因为文彦博与狄青是同乡，吕景初甚至指斥文彦博是在包庇乡党。

然而不管哪一条史料是真，文彦博与宰执们对狄青的防备并不假，《野老纪闻》中关于狄青可能行宋太祖故事的猜测亦符合当时人的恐惧。

所以狄青最后仍然被外放，虽然去的地方是富裕的内地州城陈州，但狄青的心情却差到了极点。毕竟不管是彗星出紫微的上天启示，还是常年身处权力斗争的风口浪尖，都已经严重消耗了这位名将的心力。当他联想起与庆历旧臣们渐行渐远，联想起与恩师庞籍的关系惨淡收场，又联想起在枢密使位置上招惹的那些暗流汹涌，这位自社会底层一路拼搏而至高位的当世名将，迷失在了前往陈州的路途上。于是他自言陈州出一梨子，号"青沙烂"，今去本州，代表着狄青必烂死。当时他身边的随从听了后皆不以为意，然到达陈州半年后，狄青的身体状况果然因毒疮发作而急转直下。

嘉祐二年（1057）二月，一代名将狄青与世长辞，享年五十岁。宋仁宗得知后，为其发哀苑中，追赠其中书令，赐谥"武襄"。韩琦为其书写祭文，余靖为其书写墓志铭。

在狄青被罢免后没多久，刘沆便上言为狄青鸣不平，然而他这样做纯粹是替狄青说话吗？贵为宰相的他紧接着就出台了御史调任迁官的新制度，要求言官做满一定时间就必须外放地方，于是赵抃、吴充、冯京等一批与刘沆敌对的言官，先后被强制外放地方，国家的监察体制受到了冲击。狄青本人虽然走了，但仍有政客利用他作为政治斗争的筹码。有些人看着是在害他，却是在帮他；而有些人看着是帮他，却未必安着好心。

随着狄青被罢免，老天爷也很神奇地真就停止了那些天象，彗星消失，天灾缓和，宋仁宗的身体也得到了恢复。即使言官们想再借着天人感应之说给宋仁宗施压也没了由头，建言立储之事因此作罢。仿佛一切的问题真的是因为狄青的离去才得到缓解，不得不说老天爷又开了一次恶意的玩笑。

然而在嘉祐六年底，宋仁宗终于还是承认了自己再也生不出儿子的事实，在韩琦、范镇、欧阳修、司马光等大臣的影响下，决定再次指定赵宗实为自己的继承人。嘉祐七年（1062），宋仁宗下诏立赵宗实为皇太子，赐名赵曙，他就是后来的宋英宗。

经过前面的讲述，我们对狄青已经有了一个相对全面的了解。他早年因逃罪而被迫参军，于军中基层蹉跎十年，在西北时又因触犯军法几被斩首。是老臣范雍宽恕了他，给予了狄青新生的机会；是韩琦与范仲淹提拔培养了他，让他接触到了学识兵法，有机会从斗将蜕变为一代帅将，更进而为宋仁宗所看中。

此后的狄青在士大夫们的提拔下一再升迁，而他也一改早年的游侠作风，开始学习礼仪、重视军纪，在平定侬智高时，真正从一个不良少年成长为新秩序的重铸者。

欧阳修虽然对狄青的评价持保留态度，但欧阳修的老师尹洙在与狄青谈兵后，直言其为古将良才。以欧阳修和尹洙的关系，又加之他一再为狄青上疏辩护的本心，那奏疏中的轻薄之语，除欧阳永叔一如既往地心直口快外，可能也未必全出自真心。

狄青在受到士大夫们提拔的同时，也一直在学习他们这些"心口不一"的政治表演，他虽然乘着大势成功攀爬至武将的巅峰，但毕竟这些政客的弯弯绕绕实在不适合他，他终于还是迷路跌倒了。

自古以来，政治斗争从来都是残酷血腥的，不是你死就是我亡。

狄青的人生既是一个小混混的自我救赎与登天逆袭之路，亦充满着大部分人在阶级上升后，面对看似华丽却陌生冰冷的新环境的迷茫与彷徨。这或许也是狄青的爱将贾逵虽然也位至节度使，却始终不愿入主枢密院的原因，这条路或许荣耀，却并不适合所有人。

对狄青饱含恶意的那些笔记，常将他形容为一个跋扈的人，然狄青中年后的为将记载又白纸黑字地写着他的谨慎持重，他的温良与求真。

都是士大夫写的，该信哪边呢？

在狄青位至枢密使后，有人曾劝他推唐代名臣梁国公狄仁杰为远祖，狄青却笑曰，"某出田家，少为兵，安敢祖唐之忠臣梁公者"，此谓不忘本；宋仁宗劝他去除脸上刺字，被他拒绝，此谓傲骨；范仲淹去世后，狄青始终记着他的恩情，"赙赠倍腆于诸公，复然有古风概，悠悠之交，非其比也"，此谓知恩图报。《宋史》即认为狄青"畏慎保全始终"。

然而不管历史真相如何，狄青一生的奋斗终在宋代历史中留下了一个阶级上升的励志典范。他的南征北战维护了国家的领土完整，他的将星闪耀激励了无数军中后辈奋发图强。在他身后，曾经追随过他的将佐，大都晋升至军中高位，北宋西军的武力大大增强，范仲淹昔日提出的横山之策终于有了得以实施的机会，这也为日后的英、神、哲、徽四朝的全面西拓打下了坚实的基础。

胜元昊，平两广，立军制，明赏罚，宁失智高，不欺朝廷。容狂生叫怒，不祖狄梁公门下。拜韩魏公庙庭，记范文正恩遇。南宋学者黄震评价狄青曰："虽古名将不及矣。"

二十六

群星璀璨：
欧阳修的科举改革与两宋第一榜

武则天时期的宰相苏味道是苏东坡的先祖，苏味道后来因政治斗争失败被贬官到了四川眉山，于是苏家便在四川眉山留下了一脉后代。

时间来到北宋初年，宋初的武人基本都是五代乱世兵匪的接替，当他们率军占领天府之国的蜀中后，自然便如同老鼠掉进了米缸里，把各种烧杀劫掠的缺德事都给干了一遍。

宋初时，眉山苏家已经传到了苏轼的爷爷苏序这一辈，那时的苏家经过五代十国的洗礼，家道已然衰落，不复往日荣光。苏序倒是个实在人，并不以此为意，他觉着与其费尽心思保护那些随时可能被兵匪抢走的土地，倒不如花更多时间培养下一代，投资拥有无限可能的未来。于是在他的悉心教育下，大儿子苏澹和二儿子苏涣都高中进士，光耀门楣。奈何到了三儿子这却换了一种画风，这老三看着非常聪明，但偏偏三次科考全部落了榜，这老三便是苏东坡的父亲，唐宋八大家之一的苏洵。

苏洵十九岁时，科考第一次落榜，他心态倒是很平和，也不接着发奋苦读，而是四处游历，及时行乐。一晃眼，苏洵也差不多二十七岁了，依然是一事无成。

虽然苏洵事业线比较不顺，但婚姻线却堪比买到了乐透头奖，他的妻子程氏出身眉山首富程家，虽来自豪门却从来不介意夫君的这副懒散模样。直到有一天，苏洵发觉家里的积蓄被自己挥霍得差不多了，连他自己都觉得混得太过分了，以致现在要老婆孩子陪着一起受穷挨饿，不禁感到羞愧。

程氏看夫君觉醒，心下宽慰，二话不说，竟然转手就把自己陪嫁带来的奁田也给卖了，并用换来的钱财支持苏洵的学业。在宋代，奁田不但代表了妻子在婆家的地位，如果夫君去世了更是维持家庭生计的来源。程氏为了支持苏洵的学业而转卖奁田，那就是在燃烧生命支持苏洵啊。

苏洵感念夫人此举，自此便痛下决心开始了他的励志求学之路。经过多年苦读，苏洵的文学造诣可谓一日千里，眼看着学养日积月累已成大家风范，然后他就再次参加了科考，结果又落榜了两次。

这其实也不能全怪苏洵，毕竟他擅长的文章风格是唐代韩愈那一脉的古文路数，言辞讲究通俗易懂，要作不可不为之文章。而当时的科考却比较推崇以四六骈文为特征的西昆体，西昆体的特点就是辞藻华丽，讲究声律。偏偏苏洵在声律方面的天赋无限接近零，每次读他自学声律的记载，我都不由得想起初见高数时的自己，这数学不会就是不会，骈文看着也差不多，时间久了也只能认命。虽然不甘心，但苏洵最终还是放弃了科考之路，转而把精力投向了培养自己的两个儿子上。他这两个儿子都是为大家所熟知的，长子名为苏轼,次子名为苏辙。他一方面将二子送去名师处学习声律,另一方面自己亦亲传二子古文之道,让他们阅读当世古文名家欧阳修的作品。因为他始终相信,比起过度清谈的骈文诗赋,注重务实的古文策论才是未来科考的必然选择。事实证明,这一次苏洵把握住了时代的脉搏。

嘉祐元年,苏洵携二子赴京参加嘉祐二年的科举。谒见翰林学士欧阳修的时候,苏洵将自己的文章拿给欧阳修看,欧阳修看后盛赞苏洵可与刘向、贾谊相媲美,并把苏洵推荐给了朝廷,苏洵由是文名大盛。而咱们本篇的主角苏东坡与当世文宗欧阳修的初次相会即以此次科考为始。

嘉祐二年这一届的进士榜在中国科举史上的地位极高,因为其中涌现出了相当数量的人才,历来被认为是两宋第一榜。而作为这一榜主考官的欧阳修,自然也是绕不开的话题,嘉祐二年的这一次科举也正是欧阳修试图改革宋代科举的一次伟大尝试。

其实比起苏洵的三次落榜,欧阳修也曾有过两次落榜,落榜原因和苏洵大差不差,都和这西昆体有关。欧阳修原本也是推崇韩愈一脉古文风格的,却为了参加科考而不得不写西昆体。比起少时还有些家底的苏洵,那欧阳修差不多就是赤贫出身了。

欧阳修四岁丧父,虽家贫而好学。他小时候读书识字,家里买不起笔墨纸砚,就靠母亲在沙地里教他写字完成了启蒙。长到少年时,家里没有足够的钱财供他读书,欧阳修就通过借书并快速抄录完成阅读。饶是在这样艰苦的环境下,欧阳修在经历两次落榜后,还是在二十三岁时考中了进士,从此改变了人生。只是多年的科考生活虽然给了欧阳修学养,却也消磨了他的理想,他后来也自嘲,说他当时的最大理想不过就是"干禄以养亲"而已。虽然现在我们不觉得赚大钱养家这种理想有什么太大问题，但放在庆历君子那批理想者的大环境中，也确实画风不太一样。

当初入官场的欧阳修来到洛阳任职后，他马上就遇到了一位重要的人生导师——豪情万丈的尹洙尹师鲁。尹洙才堪文武，虽未出将入相，一辈子倒也风风火火，不但与范仲淹、韩琦、狄青等人皆引为至交，更在人生志向与古文写作上都给予了欧阳修极大的提点。

尹洙和范仲淹虽然都是敢言直谏的诤臣，但范仲淹在教导别人时永远会先劝他们"要以确保自己安全为前提"，而尹洙则激烈得多，不管对自己还是对别人，他都认为只要是面对国家大事，没有必要顾忌惜身。这有点愤青的做事风格，很快就影响到了欧阳修。于是在洛阳待了三年后，欧阳修不但从尹洙、梅尧臣、钱惟演等文学大家的身上学得了宝贵的文学技法，更重燃了自己奋身报国、复兴古文的志向。

后来随着庆历新政的实施，范仲淹在"精贡举"这一条中，便提出了对科举进行改革的想法。事实上，科举考试自隋唐时期开办以来，到宋仁宗时已经发生了天翻地覆的变化。

唐代时一场科考的参与人数不过千人，当时的考卷也不会隐藏考生的名字，所以考官很容易便可以对关系户加以优拔。唐代科考发展到后来，一些富有才名的考生在考试之前，都会先拜谒主考官以得到认可，然后便可在科考中拔得头筹。

所以当时如李泌这些出身名门的有才之士，甚至都以参加科考做官为耻辱之事。

但是到了宋代，科举考试的性质发生了惊人的变化。因为经过唐末五代纷争，世家大族基本被消灭干净，那种士族从内部家族中推荐人才从而垄断权位的制度已经行不通了，科举成了国家取士最为主要的方式。为此，朝廷必须大量放宽寒门阶层上升的渠道，从而为国家选拔足够的人才。

经过宋太宗和宋真宗两朝的制度完善之后，宋代科举的防作弊制度基本做到了相对公平。

第一是锁院制度。凡是主持科考的主考官，都要被锁在贡院五十天左右，以隔绝他们对外的一切交流，确保考题不会泄漏。第二是弥封制度。简单概括就是把考生的名字隐去，防止主考官对自己的学生或者关系户特别优容。但问题来了，名字隐去了字迹怎么办呢，做记号又怎么办呢？于是就有了第三，誊录制度。能认笔迹是吧？好的，那我们就派一批人把考生的答卷誊抄下来，再转给主考官批阅，不就解决问题了吗？第四，别试制度。如果是主考官的家人来考试怎么办？那就再设个考场，任命另一批主考官主考。如果这些人中有不幸生在了权贵之家的，那就再加一场复试，加一层审核你我都放心。

于是在这样的严防死守下，天下学子感到了前所未有的安全感，所以自宋真宗朝起，每次科考参加的人数都不下一万人。

那么制度都严密成这样了，为什么范仲淹还要改革呢？

第一，毕竟制度是死的人是活的，即使在严密的制度下，作弊的问题仍然存在。第二，范仲淹的改革更多的还是针对考试内容上的调整。北宋初年的科举考试内容继承了唐代，首重诗赋和墨义，相对轻视策论。范仲淹认为诗赋于治理国家无益，策论才能看出考生的才能，所以建议提高策论的重要性。宋仁宗虽然接受了他的建议，但这次改革并不顺利。原因很无奈，因为这一项改革并不符合实际情况，范仲淹虽然看到了诗赋清谈的一面，但策论也是可以清谈的。

参加科考的考生大部分都是没什么社会阅历的年轻人，即使是大龄考生大部分也都是一生埋首案牍，社会阅历也非常有限。让这批人写策论，要么就是模仿先人的成功之作，要么就是纯粹胡诌，真正能做到行万里路加读万卷书的考生，少之又少。所以如果不对写作文风进行大的变革，而只是单纯加大策论比重，最后也只是徒劳无功。

唐代先考诗赋固然有其历史局限性，但科举考试本来就是以评测考生的知识储备和智力为优先的。毕竟做了官之后，这些萌新是决计不缺官场磨砺和社会毒打的，有的是帮他们真正成才的机会，所以这么考仍然是存在其合理性的。因此没过几年，宋朝又改回了以诗赋为主的考试方式。

但范仲淹的这次改革还是取得了极大的成果，首先是全国各地兴学之风日盛，到处都有新开办的学校，以致有说法认为，因为其他城市的学校开办过于兴盛，导致京城太学一度出现了萧条；其次是西昆体终于不再被推崇，复古之风得到了推广，只是这次复古一不小心又复过了头，形成了一种叫"太学体"的考试文风。

至于什么是太学体，鉴于这类文章一篇都没有得到流传，所以今天学界对它的定义仍然存在争议。诸葛忆兵老师根据张方平对太学体"怪诞诋讪、流荡猥烦、逾越规矩"等的描述，认为这是当时的考生为了标新立异，博得考官关注的一种专门为科举考试而创造的文体。毕竟太学说到底就是个教人考科举的地方，历朝历代到了最后，学校除了传授学生知识，也就是开发各种神奇的应试技巧了，太学体的风靡即是来自庆历名臣石介的推广，石介本人就是太学里最有人气的老师，那么这种文风以"太学"命名也就顺理成章了。

一两个考生写写太学体还好说，这对要阅读大量试卷的主考官来讲就好比一些猎奇小趣味，不但提神醒脑，还能激发灵感。如果所有的考生都这么写呢？不知是给考官提神还是想给考官超度呢？当时被誉为"国学第一"的太学生刘几（和狄青麾下那位同名），就是以精通太学体而闻名的。不过这种文章为了剑走偏锋，常常偏离考试主题，到头来却完全违背了考试选拔人才的本意。

所以当欧阳修在嘉祐二年担任知贡举（主考官）时，他一方面继承了范仲淹以策论为先的志向，另一方面在其基础上提出了打击西昆体和太学体，推崇古文写作的优化方案。毕竟韩愈留下的古文风格，更接近于选拔人才的本意，可以最大限度地避免泛泛而谈的情况。当时与欧阳修共同担任主考官的王珪、范镇、梅尧臣、梅挚、韩绛等人都予以支持，于是，在这批考官的带领下，一场兼具重要意义的科考拉开了帷幕。

嘉祐元年，苏洵在好友张方平与雷简夫的举荐下，带着两个儿子前往京城。或许是两人都推崇韩愈的缘故，欧阳修虽然跟张方平是庆历党争时的死对头，却对苏洵十分推崇。他认为以苏洵的文章而论，汉代的贾谊和刘向与他相比亦不过如此，而较之同时代的尹洙和梅尧臣亦有独到之处。欧阳修当时已是天下文宗，这样的赞誉，自然使得名不见经传的苏洵名扬天下。而欧阳修推崇韩愈，力求改革时代文风的壮志也同时显现。

嘉祐二年,在陪考家长苏洵的目送下,苏轼和苏辙进入了考场。这一次考试,宋仁宗接受了欧阳修的提议,加重了策论的比重,于是将此次考试分为四场,分别考察策、论、诗赋和墨义。

苏辙在为其兄苏轼所写的墓志铭上,却记载了这么一桩流传甚广的故事。话说在第二场《论刑赏》的考试中,梅尧臣在阅卷的时候,发现了一篇非常不错的文章,便拿去给欧阳修鉴赏,欧阳修看后大为惊异,便认为这文章一定是自己的弟子曾巩所作,为了避嫌欧阳修只能忍痛让这篇文章屈居第二,不承想这篇文章竟是苏轼所作。于是这则故事衍生到影视剧和一些小说中,苏轼竟然因此沦为榜眼,而原本的第二名曾巩则反倒升作了状元,欧阳修更因此被时论非议云云。

但事实上,那一年的状元并不是曾巩,苏轼也不是榜眼。因为论只是四场考试中的一场,而科举的最终排名不但要综合四场考试的成绩,还要受到更后面的殿试的影响。那么苏轼最后的成绩是什么呢?实际是乙科四甲,属于中等偏下的成绩。

那么为什么会这样呢?根据苏轼留下的那篇《刑赏忠厚之至论》答卷所载,苏轼是直接杜撰了一个上古贤君尧劝说主管刑法的重臣皋陶以宽恕为重的典故,以苏大文豪敢在科举考试里杜撰典故的胆子,我们很有理由相信他在其他三场考试里也很可能放飞自我了。所以他的四场考试成绩,除了第一场策没有留下记载,第二场论因为杜撰典故让原本的阅卷老师梅尧臣感到了为难,却在欧阳修赞赏下排到了第二,第三场诗赋估计也是接着放飞,是不及格的,而第四场墨义可能正常发挥,排到了第一。鉴于一场第二、一场第

一、一场不及格,最后的总排名却仍然不高,所以很可能第一场写策文的考试中,苏轼的成绩也不太好。

而关于苏辙所谓的欧阳修误把苏轼的文章当作曾巩的文章这种说法就越发无厘头了。曾巩那年已然三十九岁,因屡次科考落第,已然是性情成熟,颇具考场经验的,相较于初出茅庐的苏轼与苏辙,完全就是两种不同的文章风格。而且曾巩行文向来中正淳厚,时常在文章中强调君德与士德需要进行互补,通过教化民心表现谦卑以便于施政,可以说他的观点已不单单是少年人过度理想化的比喻,而是已然着眼于切实可行的方案之上了。这些见解不管比之苏辙"舍有罪而从无罪"的理想主义,还是比之苏轼"待天下之以君子长者之道"的才情飞扬,都是截然不同的第三种风格。以欧阳修的见识,应该不会把苏轼的文章看成曾巩的文章。想来多是苏辙对兄长的敬佩之情多些,由是有此一无厘头之故事耳。

而苏轼在考卷中所杜撰的典故也实在让欧阳修和梅尧臣一头雾水,所以后来,当三苏上门拜谢二人时,梅尧臣跟欧阳修实在忍不住,于是向他们询问了这个典故的出处。两位当代一流文豪向当时还是小萌新的苏轼求教文学问题,可以说很给面子了,结果苏大文豪直接给了个石破天惊的回答:"想当然耳!"史载梅尧臣的反应是大骇,估计是被苏轼这不知天高地厚的小得意给震撼到了。而欧阳修却很淡定,还很有风范地评价了苏轼一番。当然也可能是欧阳永叔在此时意气风发的苏轼身上看到了曾经的自己,故而生出了一种别样的亲切感吧。

事实证明,欧阳修的眼光是极其独到的。日后,苏轼与他的父亲苏洵、弟弟苏辙都被列入唐宋八大家之中,而苏轼本人虽在诗赋考试中不及格，但他后来的诗词造诣被誉为华夏千年文坛的巅峰之一，他的文章和欧阳修的文章一起成了中小学生语文课本中最美最好的背诵篇章。那么除了对"三苏"的慧眼识人，嘉祐二年科考的取士结果又如何呢？

这一榜的进士名单，可算是宋仁宗朝数十年养士之集大成者。

首先是曾巩这位文学家，同样位列唐宋八大家之中。这一年王安石也在京城为官，宋代在唐宋八大家中占据名额的五位尽皆会聚一堂，古文复兴之风已然成势；其次是吕惠卿、曾布这两位政治家，他们日后是辅佐王安石变法的左膀右臂，后来都位列宰执；然后是王韶这位军事家，日后全面开启宋神宗朝拓边西北征途的一代名将；再就是程颢这位哲学家，他与弟弟程颐一同开创了洛学，为日后的程朱理学打下了基础；最后是张载这位哲学家，昔年追随范仲淹守边西北，如今开创气学，并留下千古名句"为天地立心，为生民立命，为往圣继绝学，为万世开太平"（另有说法为"为天地立志，为生民立道，为去圣继绝学，为万世开太平"）。

还有章惇这位政治家，原本他应该算是这一届的进士，但因为自己的名次低于侄子章衡，心高气傲的他愤然放弃了功名，而章衡就是这一届的状元，他虽是章惇的侄子，实际年龄却比章惇大了十岁。两年后，章惇二度赴考，再次高中，荣登一甲第五名。后来章惇开拓湖南位至宰相，他也是王安石变法时的核心骨干。他还有一个堂兄名唤章楶（jié），后来由章楶主持的对夏战事，完成了宋对西夏的战略反攻。

至于其他的一些人才，譬如朱光庭、吕大钧、蒋之奇、林希、张璪、刘庠、刘元瑜、郑雍、梁焘、邓绾等，虽然他们的历史成就也颇高，但一是不出名，二是这一届实在是人才辈出，所以就不详细展开了。

时间来到嘉祐四年（1059）的进士榜，虽是擅长西昆体的胡宿与刘敞担任主考官，但他们仍然延续了重视策论与古文写作的风气。而其后自嘉祐八年（1063）至宋英宗治平四年（1067）的各榜科考，皆是范镇、司马光、王安石等擅长古文并赞同以策论为重的文豪陆续担任主考官。自此之后，宋代的科举改革终于大致完成，这也为日后的王安石变法打下了基础。

然而在科举改革的过程之中，受伤最深的莫过于那些苦练多年太学体的太学生了，毕竟刷了多年题，临考了竟然告诉我考纲换了，就连"国学第一"的刘几都被刷了下来，这换谁都受不了。因此大量落榜的太学生就跑去堵欧阳修等主考官的家门，气势汹汹，连巡逻的士卒看了都只能退避三舍。好在欧阳修等人还是顶住了压力，终于没有让这次改革半途而废。

而这些太学生到底还是接受了历史大势，如刘几，之后还是花了两年的时间重修古文，于嘉祐四年再度赴考，最后直接高中了状元，果然对于学神而言，西昆体、太学体、扁桃体什么的都是虚的，掌握好的学习方法才是真的。

当然，对于我们这样的绝大多数普通人而言，还是要发自内心地感谢欧阳修等人发起的古文复兴运动，毕竟若不是他们把骈文给边缘化了，万一骈文成了现代语文写作的考点，那轮到我们答卷的时候，就不只是为高数苦恼了，而是高数和骈文双倍的挑战了。

二十七

宋仁宗的一生：
为人君，止于仁

讲起宋仁宗，基本都会谈到他私生活中的一些小故事，譬如宋仁宗办公到半夜突然饿了想喝羊肉汤，但怕内侍为了奉承上意大张旗鼓地浪费羊肉，所以就忍着饿什么也不说；又譬如散步到一半渴了想喝水，却怕说了之后随侍之人会被认为服侍皇帝不周而遭到责骂，所以又忍着什么也不说。

这类有些暖心又有些天然呆的小故事，基本成了讨论宋仁宗的重要组成部分。因此有些观点会以此得出结论，认为皇帝品格这么好，手底下能臣忠直之士又那么多，那么宋仁宗朝一定是个黄金盛世吧？然而对这段历史有些了解的读者，或者将本书前文都读完的读者，应该是不太能认可这个评价的。不管是三冗、对外战争还是民间起义等各方面，宋仁宗朝无论如何是谈不上盛世的。但是"黄金盛世"这四个字还是逐渐把宋仁宗这位各方面都很中庸的皇帝推向了争论的风口浪尖，并呈现出越来越两极分化的态势。

谈到这里，我想再讲一则小故事，或许更能表现出宋仁宗朝的气质。

话说宋仁宗朝有一个四川老秀才，因为科考不中心生怨愤，干脆写了一首反诗送给四川长官，其中的"把断剑门烧栈道，成都别是一乾坤"一句，差不多就是明白直接地劝人造反。收到反诗的四川长官也不含糊，反手就把老秀才当叛贼抓了起来，械送京师听从发落。结果等宋仁宗了解情况后，只是云淡风轻地说："此乃老秀才急于仕宦而为之，不足治也，可授以司户参军。"不从重处罚，却给了他官职，天下竟然有这样的好事。

文字狱这事在封建王朝历来都是敏感话题，这写反诗直接送给地方长官的事，就是直接把犯人送菜市口都不为过，但宋仁宗却选择了宽恕，在这方面他表现出的大度不是一般君主所能做到的。所以很多地方在讲述这个故事时，为了表达宋朝言论自由，讲到这就结束了，然后掐掉了最终的结局。

那最后结局是什么呢？老秀才突然就得了一个官做，应该很开心吧？并没有，他的结局是："其人到任不一年，惭恚而死。"只做了一年官，就死了。有人说，老秀才为自己落榜而写反诗攻击政府，说明他心高气傲，如今被怜悯施舍，心里过不去也是可能的。但也有人说，宋仁宗描述老秀才时用了一个"老"字和一个"急"字，老秀才很可能是屡试不中，那么历经社会磨砺和毒打，如今苦尽甘来，又如何会这般脆弱呢，他会不会是被人害死的？当然，不管选择哪个观点，结局都是一样的，老秀才死了，他的死来自社会评价的排斥。

老秀才写反诗给官员这事固然透着荒谬，但在宋代，公开写反诗虽然少，相似的事却不少。文人批评国政，言官弹劾宰相，宰相指责皇帝，当时的读书人为了引起上位者的重视，用词往往都是极其尖锐夸张的,很少有所谓"莫谈国事"的忌讳。然而四川官员还是把老秀才抓了起来,这代表着宋朝政府的底线:文人可以批评但得有度,而且对造反这种大事,官员虽然没有裁定权,却有扼杀火苗的职责,所以他必须要把老秀才抓起来。何况这事还容易牵连到他自己,也需要用实际行动来避嫌。而宋仁宗在了解情况后选择了宽恕,因为他体谅民情,也拥有最终裁定权,宋代文人敢说话的根源,还是来自皇帝开创的这种政风。

但是这种政风仍然是有局限的,它能得到一批文人的拥护,但毕竟不能和封建时代的大趋势相违背。老秀才或许能出语惊人,也能活下去,但是用这种方式做官就是破坏了规矩,侵占了有限的资源。皇帝能原谅他,但社会不能,所以他不久后便死了,他仍然是被那个时代给杀死了。

文人的直言,皇帝的宽和,这些元素再如何抢眼,他们始终都绕不开一个东西——封建社会的局限性。离开了这个基础点,任何对宋仁宗与其时代的评价,便都无从谈起。

宋仁宗至和二年,也即1055年,北宋名臣晏殊去世,享年六十五岁。

晏殊当年提拔了范仲淹,范仲淹继而开启庆历新政,如今二人与那些保守派骨干先后离世,往事随风而去,带走了曾经的理想,也带走了过往的积怨。

在这种氛围中,经过庞籍、包拯等大臣的推动,宋仁宗朝的朝堂逐渐重新接纳庆历旧臣们。富弼、韩琦、欧阳修、蔡襄等大臣先后得以回归朝廷,执掌中枢大权。尹洙、苏舜钦等已经故去的庆历旧臣也先后被恢复名誉,得到官职追认。

富弼与文彦博二人共同为相时，朝野上下赞誉良久，宋仁宗亦以自己用人得当而颇为自矜。外放的庞籍回朝述职时，还被宋仁宗特地拉到御前，询问其对于二相的评价，庞籍回道："二臣皆朝廷高选，陛下拔而用之，甚副天下之望。"然后庞籍又针对宋仁宗频繁更换宰相的做法给出了谏言，他认为既然皇帝信任两位大臣的贤能，便要信之坚、任之久，然后才能评判施政成功与否。若是只因个人言论而产生猜忌怀疑，继而更换人选，如何能让政策长久运作？当时宋仁宗的权术手腕已然成熟，也确实不再需要通过频繁更换宰相来稳固皇权，所以他接受了庞籍的谏言，这也为日后的嘉祐之治奠定了基础。

朝堂氛围改善，宰相也不再频繁更换，这一切仿佛预示着一个新阶段的来临。1056年，宋仁宗改元"嘉祐"。这是他人生中最后一个年号，也是他执政过程中，普遍被后世评价最高的一个时期。

虽然在历朝历代中，多有对嘉祐之治的赞誉，但对于这个时代的定性，如今仍然还是存在极大争议的。因为嘉祐之治常被日后的旧党拿来对新党施压，所以多有学者认为，所谓的嘉祐之治，有相当一部分赞誉来自后世的人为塑造，目的是否定后来的新法。

自宋夏战争开启后，宋朝身陷财政危机之中。频繁发生的自然灾害，庞大的军费和赈灾费用竟然致使中央财政出现了赤字。虽然自庆历新政起，宋仁宗花费了将近二十年时间来解决这个问题，但始终收效甚微，赤字还在不断扩大，这个问题直到后来宋神宗任用王安石进行变法时才得以解决。那么显而易见，嘉祐年间的中央财政应该是近乎破产的状态，宋仁宗在此期间所尝试的一切财政改革，应该是全部失败的。

但是从目前可知的史料而言，宋仁宗朝最危急的时候仍然是庆历年间。不管是从对外战争的角度还是从内部起义兵变数量的角度来说，高峰期都发生在庆历年间，这在我们此前的篇目中已经有所叙述，在此便不再赘述了。

之后经过庆历新政的调整，皇祐年间的挣扎过渡，到至和年间，国家不管从外部、内部还是朝堂环境而言，都是趋于稳定的。虽然中央的财政赤字越来越大，自然灾害也是继续高发，但长达十余年的政局安定也是不争的事实。

宋史学者张邦炜先生虽然曾针对过度吹捧宋仁宗朝，写过一篇名为《"嘉祐之治"：一个叫不响的命题》的文章，但同时他又是纠正宋朝"积贫积弱"说法的最早倡议者。在针对积贫说的问题中，他曾引用过程民生先生的观点，认为大部分宋代记载的语境中，宋朝所谓的中央收入应该是专指主管财政的三司的收入。而除三司之外，宋朝中央还另有皇帝管理的内藏库，这部分钱一直是作为国家备用金来使用的，而且从来都没有表现出匮乏的迹象。宋真宗、宋仁宗两朝为了赈灾，从内藏库中拨出费用的次数多达一百零八次。到了宋哲宗朝，时为宰相的苏辙为财政问题所困扰，直到衙中吏员提醒他内藏库的储备时，一切问题便马上迎刃而解。

而在宋代史料《文献通考·国用》中，则记载了宋英宗治平二年（1065）的财政收入和支出的细节："入一亿一千六百一十三万八千四百五，出一亿二千三十四万三千一百七十四，非常出者又一千一百二十五万一千二百七十八。"鉴于宋英宗治平二年只与宋仁宗朝隔了两年，且宋英宗继位后一直在折腾认亲爹还是认干爹的相关事宜，也即濮议之争，所以国家的状态整体应该是和宋仁宗朝没什么区别的。

从上面的数字来看，支出比收入高，那么仍然是妥妥的财务赤字了。但是《文献通考》后面还接着一句话"诸路积一亿六千二十九万二千九十三"。李裕民先生认为，这笔钱代表着宋朝地方的财政收入，也就是说，如果把三司、内藏库和地方财政的总收入加在一块儿，那么宋仁宗朝国家每年的总收入仍然是远远大于支出的。而王安石变法之所以可以在短短的几年便把财政转亏为盈，也并不是因为宋朝在生产力上有何革命性的突破，而是他在全国物资的分配上作了重新的调整，也即把原本属于地方财政的收入收归国有，这样自然中央财政的问题便得到了解决。

现在关于宋代财政的研究有一个很神奇的情况，很多人为了彻底否定宋初的制度，把王安石以前的宋朝制度定性为畸形吸血，又提出所谓的"一国养一城"的观点，而因为王安石自近代以来改革家的定性，直接把王安石变法定义成打破吸血路径的唯一机会，不得不说这种历史发明实在是荒唐至极。从各方面而言，宋神宗朝以前的税收都远不如宋神宗朝以后，王安石变法怎么就成吸血制度的打破者了？当然也不是说王安石变法是所谓的"一国养一城"。宋朝首都开封城的繁荣完全是建立在漕运交通基础上的，事实上当时漕运沿岸的城市、市镇都是物资充盈、发展迅速的，城市如苏州、真州（治所在今江苏仪征）、扬州、楚州（今江苏淮安）、泗州、泰州；市镇如扬州瓜洲镇、蕲州蕲口镇、舒州（今安徽潜山）皖口镇等。

王安石为集中物资而开展的运输也加快了物资在全国各地交通枢纽的流通，即使到了今天，交通依然是一个城市兴盛与否的重要因素。王安石的变法固然让地方的财权周转能力下降，却提高了全国商业贸易的活力。宋朝的一切制度运行，一切变革都是基于现有制度上的调整。

所以说来说去还是那句老话，千万别总把历史人物、历史事件都极端化，很少有历史人物是能脱离历史环境而被凭空塑造出来的，也很少有制度能在被凭空制定后还能长期执行的。关于所谓宋朝制度是否畸形，是否"一国养一城"的争论，显然又是种"二极管"思维的泛滥。

时间再回到宋仁宗朝。

嘉祐三年（1058）六月，在归朝三年多后韩琦升任宰相，与富弼共掌政事堂，在同为庆历旧臣的欧阳修、蔡襄等人的辅佐下，再次开启了曾经的施政蓝图。恩荫、榷茶、榷盐、科举、牧马、方田均税法、官僚制度、冗兵、冗费等问题都是他们的施政对象，只是比起庆历年间的雷厉风行，如今皆已年过半百的他们，施政风格变得更稳健保守了。这固然导致改革的内容难以完全贯彻，却也回避了很多不必要的矛盾。

其中调整比较成功、收效最显著的除了科举，便是恩荫、榷茶和榷盐三项了。恩荫名额继庆历新政后再次得到缩减，"每岁减入流者，无虑三百员"。而在茶法上，朝廷取消了偏向国家垄断的榷茶法，而改用允许茶民与商人直接交流的通商法，这无疑有利于茶叶的流通和生产。漆侠先生即认为，这一举措适应了客观发展的要求。而比之前二者，关于榷盐法的改革，则无疑是更为成功的。

这里我们就不得不再介绍一位虽然少有人知，却影响深远的能臣。

范祥，陕西邠州（今陕西彬州）三水人，和大部分的宋朝官员一样，进士及第后，范祥遍历地方各州县为官，积累了大量应对民情、财政利计等方面的行政经验，但是他最先被史书瞩目的领域，不是民政，而是军事。

宋仁宗朝中期，宋夏战争打得如火如荼，正巧那时的范祥已经做到了西北重镇——镇戎军的通判，很凑巧地碰上了李元昊率军围城。作为陕西本地人的范祥不但率军击退了李元昊，还接着上疏请求朝廷修建了边境堡寨刘璠堡和定川寨。后来定川寨一战，李元昊虽然大败宋军葛怀敏部，但拼得伤亡惨重也拿不下定川寨，这都得益于范祥的上疏。

随着宋夏战事日趋白热化，范祥意识到战争对北宋国内的经济产生的剧烈冲击，而其中受波及最深的便是盐政。

宋朝建立之初，因为要同时面对各地分裂的割据政权以及关外辽朝的军事重压，连年战事导致财政的负担极大，于是朝廷便继承了唐末五代以来的经济制度，垄断大量产业，实行官营，这些产业的贸易和税收皆由政府机构榷货务进行管理。

到北宋中叶，榷货务每年的总收入常常高达数千万贯，而盐税所得又占了其中的三分之二，可谓重中之重。

在盐政中，以江淮的海盐与河东解池的解盐最资国用。解盐因为产地靠近宋夏前线，所以收入中相当一部分往往不用上交朝廷，而是直接成了支援前线的战略物资，这无疑节省了大量的运输花费。那么从朝廷的角度来说，也是如此，不管你卖盐换了多少物资，总归是要把物资运到前线的，那么这些物资由谁来运呢？还是得朝廷自己来。但是对于封建时代的管理能力而言，这种组织方式不但效率低下，而且损耗民力。

顾及对民力的损耗，宋太宗在宋辽战争时一度调整盐政，对局部地区开放了通商法以鼓励商人自发运输物资到前线，这就是史书上所说的"入中"。所谓入中，便是商人在交付物资后，便可获得相关收据，拿着它回京城领取换盐文券，再以此去盐产地换盐，最后运到指定的通商区进行贩卖。这基本上就是国家为了物资调配上的灵活度主动让利，允许部分地区的食盐私营了。可惜当时的宋朝刚刚开国，在商贸管理上有很多问题，于是被商人们钻了空子。最后一合计，朝廷竟然损失了一百多万贯钱，宋太宗大怒之下，再次取缔商人的私盐贩卖，恢复国家专卖。

到了宋仁宗朝，虽然朝廷在天圣年间一度再次于盐政上实施通商法并实现了盈利，但很快又因为管理问题导致税收损失严重。朝廷不得不再次收紧政策，让大量地区恢复了食盐官营。只是在宋夏战争进入白热化后，前线对于物资的需求与日俱增，除了粮草外，其他各种杂物也需要后方支援。商人向前线运输物资有利可图，不论从组织度还是积极性上来说都远强于被强征服役的民夫，自然在后勤上扮演着重要角色。

若是商人可以运输粮草到前线，则可以直接去京城兑换金、银和食盐；但若运输的是其他杂物，那只能换得盐券，要拿着它再去解池换得解盐。这多跑一段路，意味着成本增加、利润下降。于是很多商人干脆买通官吏，用掺杂次品的物资乃至潮湿腐败的粮草前去入中，然后让官吏虚估价格，交换食盐以作贩卖。

久而久之，国家财政损失严重，前线后勤受到影响，许多士卒被迫逃逸，进而引起社会治安问题。大量食盐被奸商、贪吏以非法手段换得，盐价也受到影响。到头来利润全都被那些贪官污吏和大商人赚去，大部分小商人也是收入惨淡乃至濒临破产。而西夏那边的青白盐不但味道比解盐好,连价格也低得丧心病狂,这更加打击了解盐的销售。

庆历四年,范祥在韩琦与田况两位庆历新党成员的推荐下,曾一度参与到陕西盐政的改革中,但因为与上司有矛盾而被调任。庆历八年,范祥被任命为陕西提点刑狱兼制置解盐事,专管盐政,所以他再度进行了盐政的改革,此次改革的力度可谓大刀阔斧。

其一,停止陕西地方官府的专卖,全面开放通商法;其二,虽然实行通商法,但不再接受商人入中粮草和杂物,商人所上交物资一律改为实钱,凭实钱交换盐钞,以换解盐私卖;其三,按每年的需求定量发行盐钞,联合管理盐务的机构都盐院,随时调剂市场盐价,并根据盐价规定盐钞定额,让其符合市场需求;其四,停止军民劳役,将物资运输事宜完全交由商人负责;其五,全面禁止青白盐私售,其销售改由政府控制;其六,开放解盐对四川的销售,以增加收入。

这样一来,从商人的角度而言,不用再于前线和京城间来回奔波,带着钱和物资去前线领取盐钞换盐后直接贩卖即可。盐钞经过限制,稳定了市场上的盐价,让商人感到安心,积极性自然更高。而他们运输的物资又都代表着自家收益,肯定也格外上心,现买现卖,弄虚作假的难度自然也更高。朝廷这边现在改收实钱后,物资管理难度明显下降,朝廷也更加容易控制。士卒和百姓也从各种劳役中得到了解放,这些改革条例除了对贪官、奸商有害,不管从什么人的立场来看,于国于民都是极为有利的。

可是现实永远和理想不一样,再完美的计划都有一个磨合的过程。

盐政改革是从庆历八年开始的。而陕西解盐在此前的岁收,分别是庆历六年的一百四十七万贯和庆历七年的一百九十五万贯，到了改革一年后的皇祐年间，从皇祐元年直到皇祐二年，两年共计岁收只有二百八十九万贯，据言官何郯弹劾范祥的奏疏所言，改革盐法后的第一年陕西即亏损一百余万贯。

为了了解详情，宋仁宗派遣包拯前往前线调查。包拯绕了一圈，得出结论。他称过去的盐法是先利后害，范祥的改革则是先害后利，只需过个一两年，必然收效丰厚。他请求朝廷不要为了眼前的蝇头小利而忽视未来的大计。宋仁宗接受了包拯的上言，将范祥升为陕西转运副使，给予了盐政改革全面的支持。

果然，他们的等待得到了回报。皇祐三年，岁收达到二百二十一万贯；皇祐四年，岁收达到二百一十五万贯，比之庆历年间有了大幅增长。而在此前，榷货务为了支援前线布置劳役，每年的花费高达五六百万贯，在范祥推行商运、商卖后，这笔支出便全部没有了。只是在皇祐五年，范祥因为应对青唐吐蕃的战事失利，遭到了贬官。他走之后，继任者部分恢复了盐法旧制，又执行不力，导致陕西解盐岁入又下降到了一百七十万贯左右。

好在嘉祐三年曾经支持范祥的韩琦担任宰相，包拯担任御史中丞，而三司使张方平也非常欣赏范祥。于是在这些大臣的支持下，范祥再次负责解盐相关事宜。他重新废除旧制，全面推行当年的改革，并且要求都盐院蓄钱二十万贯，以平衡市场盐价，盐税收入再次增长。两年后范祥去世，继任的薛向完全认可范祥的改革，由此盐法改制得以长期地持续下去。

就如同范祥这位被后世拿来与唐代名臣刘晏齐名的盐政改革家一般，嘉祐年间的许多重要职位，皆是任用得当，欧阳修以翰林学士的身份先是权知开封府，又升枢密副使，包拯任御史中丞，教书育人多年的胡瑗为天章阁侍讲，再加上宰相富弼，四人被百姓誉为"四真"。

而另一位宰相韩琦则被誉为少数能折服欧阳修的能臣，富弼回乡丁忧后，他成了主导朝政的关键，不但很好地维持住了嘉祐年间的平稳局面，更在其后的宋英宗、宋神宗两朝皇位更替中建有册立之功，被称为"相三朝，立二帝"。

敢言直谏的范镇先知谏院，后又以翰林学士加知制诰，他与欧阳修、宋祁、曾公亮、王畴等人一同编纂了《新唐书》，而曾公亮与丁度又曾受宋仁宗任命，主持编纂了影响深远的《武经总要》。

宋祁和宋庠这对状元兄弟当年虽然因吕夷简的绝地反击而被外放，如今也先后回归朝廷。宋祁和庆历旧臣蔡襄先后执掌三司，宋庠与庆历旧臣田况共为枢密使。庆历旧臣余靖则留在了岭南，在平定侬智高后，全面恢复了当地的经济生产。被誉为"铁面御史"，曾经怒劾陈执中、王拱辰、王德用等宰执重臣并导致他们外放的赵抃再度调任言官，他的救民传奇将在宋神宗朝继续下去。王安石与司马光这对日后的宿敌先后担任为天子执笔的知制诰，在政治上也日渐成熟。

经过这么一批朝里朝外大臣的努力，宋仁宗朝的各方面数据都回归到了正常水准。就像我们曾经引用过的这则数据一般：

宋仁宗天圣九年，主户有五百九十七万户左右，客户则有三百四十万户左右。没有田产的客户占总比例的百分之三十六点二九。

景祐四年，主户变成了六百二十万户，客户变成了四百四十万户，客户比例提高到了百分之四十一点五一。

嘉祐六年，主户增加到了七百二十五万户，客户变成了三百八十万户，客户比例下降至了百分之三十四点三九。

到了宋哲宗元符二年，主户一千三百二十七万户，客户六百四十三万户，客户比例下降到百分之三十二点六四。在平稳了边境战事后，至嘉祐年间宋仁宗朝已经能在应对连年大灾的同时保持人口增长，并让客户比例回归正常。

而土地开垦面积，虽一度从宋真宗朝的五亿余亩锐减到了宋仁宗朝的两亿余亩，在过去的说法中也常认为，终北宋一朝也只恢复到四亿余亩。然经过中国科学院地理科学与资源研究所、中国科学院陆地表层格局与模拟重点实验室和中国科学院大学于2016年对北宋耕地面积的再估算，算上隐田的数目，宋神宗熙宁五年（1072）后的北宋，开垦土地面积超过了七亿亩。熙宁五年距离宋仁宗朝不足十年，增加的数量别说翻三倍，翻两倍都不可能。可见，宋仁宗时期的土地数目锐减主要在于民间对土地面积的隐匿，而在长期的休养生息之后，经再次清点得出的数据应该是较为真实的了，国家的恢复政策确是卓有成效。

在军事方面，贾逵、张玉、和斌等狄青的部将逐渐升任高位，终可独当一面；而郭逵、种谔等西军新锐也逐渐走到了历史前台，他们将继承范仲淹的横山战略，重启拓边之路。宋仁宗为了激励三军而提拔狄青，虽然狄青没有避开政治斗争的旋涡，但是他留下的逆袭传说，确实足以激励更多的健儿。

宋仁宗朝后期虽然在屈野河事件，与西夏的争执中落了下风，但同样收复了曾被占据的丰州城。而西北在多年的经营下，番兵和番部弓箭手已然成了主要的军事力量之一，陕西四路番兵总兵力有十余万人，这都成了日后英、神、哲、徽四朝用兵的资本。

在互联网上有很多人一直批评宋仁宗拥有这么多能臣，坐拥宋朝最好的时期却不思进取，没有任何的军事扩张，而且耳根子软，没有主见，所以才让大臣们有了表现自己的机会，这宋仁宗确实是废物。这种观点当然有自己的道理，从我个人的看法而言，宋仁宗本身的治国能力确实谈不上有多出色，因为早年大权旁落，导致他患得患失，制定政策很少自己拿主意，常常被大臣们牵着鼻子走。而且从宋夏战争中也可以看出，宋仁宗的军事能力也很一般，他在一开始其实是主战派，并三番五次地要求韩琦出兵，直到后来所有想法都被范仲淹劝了回去才作罢。当然这也是封建时代君主世袭制度的局限，出一个明君实在是很难得的一件事。

这种明君不是单指个人素养，这方面宋仁宗其实很优秀，因为大部分皇帝接受的教育其实很好，宋徽宗在这方面更是堪称皇帝中的天花板，但没人会觉得宋徽宗是好皇帝。所以对于好皇帝的要求，应该是更高的。

这种明君大致分为两种：第一种是从底层打拼上来，读万卷书、行万里路的，而且受尽磨砺，譬如说明太祖朱元璋。但这种皇帝大部分是开国君主，如汉宣帝那种朝代中叶还能从底层上来的案例实在太少了。第二种就是天赋奇才，譬如汉武帝刘彻，当然也有出差错的，譬如隋炀帝杨广。

但明君乃至所谓的千古一帝在所有皇帝的比例里才多少呀？从概率上来讲，指望皇帝代代优秀实在希望渺茫。我们如果只图消遣，当然可以只挑历史里想看的内容来看，但历史的主体永远不会只有好的一面，如何在平静到枯燥的氛围中，制定出适合所有人的制度才是关键。

而宋仁宗最大的特点就是自我定位非常清楚，他在经验不足的时候或许会尝试冒进，但在他充分了解自己的能力后便会马上选择放权，让真正有能力的人负责重要的岗位。就如同他自己曾说过的那般："屡有人言朕少断。非不欲处分，盖缘国家动有祖宗故事，苟或出令，未合宪度，便成过失。以此须经大臣论议而行，台谏官见有未便，但言来，不惮追改也。"

虽然宋仁宗朝那些名臣的敢言直谏容易让人产生一种宋仁宗软弱的感觉，但事实上宋仁宗一辈子里强硬的事也没少做。如他任命狄青做枢密使，直接把两府重臣软禁在皇宫内，逼他们做出决断。而在宋仁宗故去后，神、哲、徽三帝都在一个劲儿地收回下放的权力，恰恰这才算是人性的常态。

正因为有宋仁宗的刻意忍让，刻意广开言路，才营造出了大臣们敢于直言的朝堂氛围，包拯才敢直谏宋仁宗。而任何时代，权力者的自我约束都是很难得的，更遑论封建时代的统治者。正因为有这么个皇帝知道自己的局限性，知道去信任该信任的人，所以范仲淹屡次语出惊人也能安得始终。而尹洙、石介这些人为何被收拾得这么惨？这就是有没有宋仁宗保护的区别。范仲淹有了宋仁宗的保护，才能顺利过关。

所以为什么说宋仁宗的政治理念受到后世的大力推崇，虽然他的能力远不如汉文帝，却被拿来与汉文帝并举，毕竟汉文帝这样的明君少见，宋仁宗这样有自知之明还有识人眼光的皇帝同样少见。如果宋仁宗是个敢于进取的皇帝，以他此前表现出的军事决策力，我们很难确保他不会提前来个五路伐夏，搭配上那个年头的频繁天灾，宋仁宗的祸国业绩或许能比肩隋炀帝。对后人而言，古代动辄数十万上百万的伤亡不过是个数字，而对当时的人来说，那可是真真切切消逝在身边的生灵。很明显宋仁宗和他任用的这批大臣，并没有打造出所谓的"黄金盛世"，但同样地，因为他们的励精图治，也让原本可能发生的末世灾难消弭于无形。

国家的工商业在这个时期发展迅速，国家的帛绢收入达到八百七十多万匹，老百姓的就业选择激增，不再被束缚于土地之上。

宋初时本想继承唐代把住宅区和交易区分割开的坊市制度，在当时，国家可以减少城市管理的难度，白天开放交易区供老百姓购物，晚上实行宵禁，百姓回归住宅不许出门。但是因为工商业和市井文化的发展，宋朝的坊市已然容纳不下这么多商店了，越来越多的商铺开到了街边，这种现象被称为"侵街"。

至宋仁宗时，朝廷最终选择顺应时代趋势，彻底取消了坊市制度，允许百姓在衙门的管理下沿街开办商店，中国人从此有了在大街小巷购物的生活习惯，很多宋代城市因此发展迅速，人口达到数十万乃至上百万的规模。经济的发展带动人口增长的同时也促进了市民文化的发展。勾栏瓦舍里说书、演传奇等这类游艺戏曲文化在市井间走向火热，朝廷干脆取消了部分城市的宵禁管理，《东京梦华录》中的"梦华"二字也自此伊始。

当时的人对于这样的社会发展更多持以肯定的态度，所以才能塑造出开封市井间通宵达旦，灯火通明，而宋仁宗独处冷清的深宫中处理政务，却能遥相而望。

当然宋代各地区的发展毕竟仍存在着极大的差异，大量的乡村民户仍然生活在困苦之中。宋代民户有田二十亩以下便被认作贫困下户，而这样的百姓占了全国人口的六七成之多。所以这个时代的风俗文化固然有值得学习的地方，但就像我们前边所言，作为封建王朝，宋朝永远都有着自己的局限。

司马光曾在他的奏疏中言道："四民之中，惟农最苦。农夫寒耕热耘，沾体涂足，戴星而作，戴星而息；蚕妇育蚕治茧，绩麻纺纬，缕缕而积之，寸寸而成之，其勤极矣！"

宋代一个拥有二十亩到五十亩左右田地的四等户，每年所需承担的税收在五贯以上，而扣除此项后能得到的结余钱财可能只有二十贯左右，更有甚者入不敷出，大部分人最后也只能勉强温饱度日，那些美妙的风雅燕集、锦衣玉食和他们是完全没有关系的。所以每逢灾乱，这批百姓一旦掏光了家底，往往只能沦落为难民，悲惨不堪，这也是促成宋仁宗朝荒政急速发展的一个原因。史载嘉祐以后，用来救助灾民的粮仓，也即"诸路常平、广惠仓钱谷，略计贯石可及千五百万以上"。

除了设立粮仓，据范祖禹所言，宋仁宗于京师又设立东、西福田院以收养老幼废疾，至嘉祐八年十二月，又增置南、北福田，共四院，每院以三百人为限额。然而亦如范祖禹所言，整个京城的老幼废疾并不止一千两百人，而朝廷所能拯救之人却始终有限。

虽然朝廷对各路的赈灾力度极强，却还是有偏远乡区之人难以得到救助，这些问题导致底层百姓的生活始终脱不开"贫寒"二字。当然这也是封建时代的常态，这也是宋史学者王曾瑜先生向来反对将封建时代的某个时期称为"盛世"的原因。

而在宋仁宗朝的刑法上，也存在着让人刺眼的记载，"凌迟"

二字即出现在了宋仁宗的诏书中。凌迟一刑起于五代,入宋后为朝廷所不取。然而在宋仁宗天圣九年,荆湖地方有杀人以祭鬼者,杀人者的罪名上报朝廷后引起了众怒,毕竟这又是草菅人命又是传播邪教的,变态凶残至极。

当时的掌权者是刘太后,联系起刘太后早年出身底层的背景,或许这也是她对杀人祭鬼深恶痛绝的一个原因。可能是在她的影响下,宋仁宗下达的诏书中明言将犯人处以凌迟极刑,自此之后,凌迟被列为国法之刑。这种刑罚多被用于处决劫盗和兵变者身上,这也让宋仁宗朝被后世评为重刑时代。然比之对待凶恶之人的严厉处置,对于那些灾年无奈落盗者,朝廷则多是从宽处理。宋仁宗朝的名臣刘敞曾言:"衣食不足,盗之源也……(民)非不畏死也,念无以生,以谓坐而待死,不若起而图生也。"所以朝廷对待饥民落盗者的处置态度是"故饥民可悯而不可疾,可济而不可杀"。常常收编他们入军队或者减死发配,再加上宋代判决案件注重反复审理,这也让宋仁宗时代在"重刑"的同时,也被称为"慎刑"时代。

宋徽宗朝,蔡京为了支持宋徽宗开疆拓土的大业,在货币政策上大做文章,因此朝廷赚得盆满钵满,而北宋中叶的武功也在宋徽宗时期达到了巅峰。宋徽宗享有的君权远高于宋仁宗,宋徽宗朝的政策远比宋仁宗朝更进取,但这一切都是建立在百姓被严酷剥削的基础上的,而不久后随之而来的更是将千万生灵推入悲惨深渊的靖康之变。

相较之下,宋仁宗朝虽然在庆历和至和年间,为了挽救财政危机,一度也铸造过"偷工减料"的铜钱,然由于随之而来的通货膨胀与民间私铸货币之风的兴起便马上叫停了相关政策的执行。正是因为庆历以来，为了渡过战乱和天灾的危机，朝廷被迫实行的种种"夺利于民"的政策，才让嘉祐年间的宋仁宗和他的执政大臣们，把国策改向了让权于地方、让利于民的方向，恢复民生安定才是施政的关键。

这些政策虽然被后世评价为过于保守，却也记录着中国古代商品经济在空前高速发展之际，国家在此过程中对管理方式所表现出的种种艰难的摸索。虽然没有成功，但是国家仍回归了正向的发展。所以文弱的宋仁宗朝完成了平稳过渡，而穷兵黩武的宋徽宗朝却走向了毁灭。

嘉祐八年三月二十九日，宋仁宗赵祯病逝，享年五十四岁。

他的一生有着太多的求而不得。他想孝顺母亲却终生未与生母相认；他想珍惜身边人，挚爱的张贵妃却早早地香消玉殒；他想儿女幸福，最宠爱的福康公主却所嫁非人，他的儿子们更在出生后接连夭折；他想实施变法，重用范仲淹，但是庆历新政却在严峻的历史环境中早早流产；他一力提拔狄青，想与他结成君臣佳话，结果狄青也折损在了政治斗争之中；他想维持中庸，爱护百姓，却为了应对种种危机，不得不加重税赋。

在政治和军事上他有过不少失误，却因为容人和开明，让国家维持住了安定。在私德上，宋仁宗虽然心地善良，却也有花心好色的毛病，虽然对待大臣他能持之以礼，却也有不少他派遣宦官监视朝野内外的记载，当然这本也是封建社会的常态。

《宋史》评其曰："为人君，止于仁。"宋仁宗的"仁"并不纯粹，但世上也从来没有完全纯粹的东西。在他去世之后，北宋王朝将迎来翻天覆地的变化。

二十八

宋英宗继位：
事关皇位继承的权力博弈

一直以来，我们谈到宋朝的变法，第一个想到的往往是宋神宗与王安石主导的熙宁变法，然早在宋神宗继位之前，他的父亲宋英宗便曾急切地寻求过变法之道。只是宋英宗这个皇帝放在整个宋代都没什么存在感，所以对他有所了解的人并不多。要说其中原因：一是他在位时间短；二是如果真要问他干过什么知名度很高的事，可能也就只有濮议之争了。但偏偏就是这样的皇帝，史书上对他的评价却不低。

事实上，作为一个皇室宗家出身的皇子，宋英宗原本并不想做皇位的继承人，直至他意识到这一切权力博弈，已然危及他的妻子、他的孩子们，他才终于拖着病体，走入了政争的旋涡中心。

曹太后、韩琦、富弼，这些宋仁宗朝留下的人物每一个都是他难以逾越的高峰。宋英宗是如何在极度缺乏政治根基的情况下，以病弱之身完成皇权的收回，进而保护了家人的？他的这一系列政治动作又为何会被评价为开启日后王安石变法序曲的？北宋与西夏间的战事又是如何在宋英宗年间重新燃起的呢？

嘉祐八年三月二十九日，宋仁宗赵祯驾崩，他的养子赵曙（赵宗实）继承皇位，是为宋英宗。宋英宗虽然入继大统，但发现自己的权力根基非常浅。作为新君，宋英宗直到宋仁宗死前一年才被确立为皇太子，所以当宋仁宗驾崩时，皇室中一些比较有名望的宗亲，譬如说北海郡王赵允弼便直接质疑宋英宗的法统不正，想要争夺皇位。多亏曹太后居中调度，召见韩琦等辅臣控制形势，才保障了宋英宗顺利继位。

韩琦、欧阳修等两府大臣不少都自庆历新政时便名传天下，威望卓著。曹太后又与宋仁宗朝旧臣相熟，即使是远在家乡丁忧的重臣富弼亦对她非常尊重，现在这两边又沾上了册立之功，这威望叠加之下，宋英宗想不觉得自己是傀儡，也比较困难。

历史上对于宋英宗这个皇帝的评价，有两条比较具有代表性：一是他早年做亲王时，被评为"恭俭好学，礼下师友，甚得名誉"。这说明宋英宗本身就具备一定能力，且重视名誉，懂得自律，这样的人一旦登上权位，往往是不愿受制于人的。二是《宋史》中给他的评价是"明哲之资"，再联系起他后来深谙权谋的执政风格，让这样一个皇帝受到朝堂内外的牵制，他必然是非常痛苦的。

那么宋仁宗为何不早点册立宋英宗做储君呢？其中原因我们便要从宋英宗的家世说起。

宋英宗一家虽非皇室大宗，却连着三代人都和储君之位产生过联系。他爷爷赵元份本是宋真宗的弟弟。宋真宗景德年间，连续二十五年的宋辽战争进入最后的决战阶段，坐拥八万大军的河北大将王超却阵前违抗命令，眼睁睁看着辽军主力南下到了靠近北宋首都开封的澶州城，逼得宋真宗只能在极度逆境中御驾亲征，以弱势兵力直面契丹军主力。那时宋真宗不确定王超会不会像五代军阀杜重威那样阵前叛变,临走时便留了赵宗实的爷爷赵元份做东京留守,并嘱咐在旁辅佐的王旦,万一前线有事便另立新君,这基本就是做好了回不来的准备。危难之际,国赖长君,宋真宗当时并没有健康长大的儿子,作为东京留守的赵元份自然与皇位更靠近了一些。

好在澶渊之战虚惊一场,王超并未反水,只是单纯地不想出兵罢了。而宋军这边又有三朝老将李继隆挡住了辽军,辽朝萧太后进退失据,选择了与北宋签订澶渊之盟,才将一切化险为夷。尘埃落定,赵元份自然也就退出历史舞台,回归逍遥亲王的生活。只是之后的很多年,宋真宗依旧没有儿子长大,无奈之下便又将赵元份的儿子赵允让养入禁中作为储君备选,而这位赵允让便是日后的濮王,宋英宗的亲生父亲。

直至宋真宗的亲子赵受益,也即未来的宋仁宗出生,赵允让才又被送回了王府。不想宋仁宗继位后,也面临着和父皇宋真宗相似的问题:生出的儿子养不大。

而隔壁的赵允让虽然错过了皇位,却天赋异禀,子孙众多。宋仁宗无奈之下跟杨太后一合计,赵允让的第十三子赵宗实就很荣幸地又被养进皇宫,成了储君备胎第三代。

只是赵宗实这一次在宫中被收养只持续了四年,在宋仁宗的亲子赵昕出生后,养到八岁的赵宗实便被送回了王府,但这段经历让赵宗实在宗室的年轻一辈中拥有了不一样的分量。当然,这种分量并不一定是好事,作为曾经可能的储君人选,若是日后宋仁宗的亲子继位,那赵宗实的处境必然极其尴尬。好在赵宗实的父亲赵允让也曾有过同样的经历,或许是这位被史书记载为"外庄内宽"的父亲给予赵宗实的温暖，这让父子二人间的情感非常深厚。

然而赵宗实被送回王府后不过一年多的时间，宋仁宗的亲子赵昕便夭折了。其后数十年间，宋仁宗的儿子也始终未有养大成人的。直至嘉祐六年，宋仁宗面对着自己日益衰弱的身体和满朝大臣的压力，无奈再次挑选养子接入宫中以为储君之选。

宋仁宗曾经将赵宗实和八大王赵元俨之子赵允初养在宫中作为备选。然而宫中很多人可能顾忌赵宗实的贤明，觉得不易控制，便在禁中造势提出不同意见，意图影响宋仁宗的判断。宋仁宗认为赵允初不慧，于是力排众议，仍然选中了赵宗实。只是宋仁宗的垂爱，赵宗实并不领情。赵宗实知道宋仁宗对生儿子这事有着极强的执念，他担忧宋仁宗万一再生出男孩，又会将自己置于进退失据的境地。加之赵宗实与他老爹濮王的深厚感情。这种种思虑，竟然让赵宗实下定决心拒绝了宋仁宗的诏命。

宋仁宗见诏命下达了二十日，赵宗实都不肯奉诏，便又让同判大宗正事的赵从古等皇室长辈前往劝说，但赵宗实先后推辞四次，依旧称病不出。赵宗实的态度让宋仁宗感到非常恼怒，宋仁宗虽然执念生子，但对赵宗实始终保留着别样的亲近感，平日会称呼赵宗实为"十三"，又让曹皇后为赵宗实与高滔滔的婚姻牵线。而且从皇帝的立场来看，力排众议选你做继承人，这是多大的恩典！现在竟然敢当着全国百姓的面拒绝皇帝，换作其他皇帝，赵宗实都不知道死几回了。

好脾气如宋仁宗，碰了这一鼻子灰，火气也噌噌地长，一度打算收回诏命，亏得韩琦苦劝，才勉强作罢。

而赵宗实这边，也有明眼人看出了问题。他的亲信周孟阳就直言，他理解赵宗实推辞诏命是担心连累家人，但如今天下人都以为赵宗实视皇帝和皇后如父母，现在却坚持拒绝朝廷的诏命，这不但得罪朝廷，还会丧失天下人心，那到头来即使不进宫也会留下隐患，家人到最后还是保不住。赵宗实被他点醒，但心里这关还是过不去，直至跑去亡父濮王的影堂前痛哭一场后，才终于说服自己接受了诏命成为皇太子，从此改名赵曙。只是经此一事，宋仁宗对赵曙的态度也降至冰点。父子二人自此在公开场合竟从未有过吟诗唱和，平日里也很少单独见面。

皇帝的意志在宫中蔓延，宫人们也都刻意怠慢，连赵曙的日常饮食都无法正常保障。赵曙的家人虽然很担心，但这个时候去探望的话，只会更加引起朝廷的怀疑，于是两边也只能断绝了来往，最后还是曹皇后在私下里偷偷为赵曙送食物。

储君问题解决了，宋仁宗则重新开始拖着病体日理万机。到了嘉祐八年正月，宫中传出消息，有个叫韩虫儿的宫女怀上了龙嗣，这无疑让本就缺乏安全感的赵曙更加绝望。只是这剧情反转没多久，又连着第二次反转。同年三月底，宋仁宗突然驾崩，朝野上下不少人觉得赵曙根基不稳，于是频频发难。先有宗室赵允弼争位，后有禁军将士乘乱邀赏，就连赵曙自己都大呼："某不敢为！"逃避继位。

亏得曹太后与韩琦控制住了形势。宋仁宗的表弟、时任殿帅的李璋又弹压了喧哗的禁军，两府大臣最后才顺利地将逃避的赵曙劝住，帮他披上御服，戴上头冠，让他坐上了宝座，赵曙终于还是成了宋朝的第五位皇帝，是为宋英宗。

坐上龙椅的宋英宗，意识到自己再没有了退路，就如同周孟阳所言，若是继续逃避，那么别说自己，就连家人也无法保护。那么他要怎样做，才能摆脱成为傀儡皇帝的困境收回皇权呢？

第一步，宋英宗使出了他最擅长的那招——装病。

说是装病，但宋英宗身体确实不好，毕竟常年被迫处在权力斗争的中心，他自己也不是什么庸碌之人，就这么一直如履薄冰，是个人都容易精神崩溃的，继位前又经过这么一轮折腾，身体哪里受得了。只是这时间点实在太巧，嘉祐八年四月继位，四日后便告不豫。宋仁宗大殓时，宋英宗又在灵前"号呼狂走，不能成礼"。

这明确透露出一个信息，宋仁宗之后的丧葬典礼，宋英宗也很难主持了，而宋英宗本来就是对宋仁宗存有敌意的。

无奈之下，韩琦等两府大臣提议，恭请曹太后执掌皇帝玉玺，垂帘听政。这宋英宗本来就势弱，这么一装病，皇帝玉玺都交了出去，还怎么收回皇权，这傀儡皇帝是要坐实了。这里我们就需要解释一个概念，那便是实际掌握权力与名义上掌握权力是两回事。

以宋英宗继位初的情况来看，两府重臣统合外朝，曹太后聚拢内朝，两边根基都比宋英宗深。宋英宗即使手握玉玺，但孤家寡人，即使有想法政令也很难执行。

古往今来皇帝收权的事，基础在于两点：第一，培植个人势力；第二，挑拨朝堂各势力间的关系，以寻求突破口。

对于培植个人势力倒还好说，宋英宗再怎么样也是个皇帝，周孟阳、王广渊、蔡抗、王猎、李受这些潜邸旧人，还是可以安插进两府的，军中如杨遂，宫中如石全育、甘昭吉等都是可以拉拢和提拔的。可是朝野内外的那些真正的掌权者，如韩琦、富弼跟曹太后等人都是非常四平八稳的，以宋英宗的身体状况，如果想静待时机,那亲政只能等下辈子了。

反正本来就没什么势力,还不如让出主动权,把曹太后推到风口浪尖。自己一来可以保全,二来一旦出了事,还有曹太后顶着。不管宋英宗生病有多少是真多少是假,然历史的车轮已然因此转动了。

在之后的时间里,宋英宗开始了第二步计划,挑拨各派势力以寻求突破口。所以宋英宗在之后的操作上,也表现出了极强的针对性。对韩琦所代表的外朝大臣,宋英宗礼贤下士,极尽拉拢;而对于曹太后代表的内朝势力,则敌对排斥,严厉苛刻,毕竟很多宫人都在宋仁宗朝晚期虐待过宋英宗,如今遭到报复,也只能说是因果循环。

只是曹太后看在眼里非常不忿,毕竟她作为宋英宗的养母,自认从未对不起宋英宗,宋英宗与相爱一生的高皇后婚配也是她牵的线;宋英宗落难禁中时,更只有她挺身而出,为他偷送食物;就连宋英宗入继大统,也多赖她的扶持,为何到了现在,宋英宗却对自己没有半点恩情,百般刁难?

事实上,曹太后确实做过让宋英宗反感的事。

第一,宋英宗即位后,曹太后认为官家身边需要多些服侍的人,便提议让宋英宗纳妃,不想宋英宗与高皇后夫妻情深,并不领曹太后的情,高皇后更对曹太后直言:"新妇嫁十三团练尔,即不曾嫁他官家。"我嫁的从来只是十三团练(英宗未即位时曾任团练使,"十三"是他在兄弟中的排行),绝非什么官家。高皇后作为曹太后的外甥女兼养女,原本当是亲密无间的,却因此事生出了嫌隙。

第二，韩虫儿怀有宋仁宗遗腹子之事始终是宋英宗的心病，曹太后虽然选择了宋英宗继位，却仍对韩虫儿多加照顾。但是十月怀胎后，韩虫儿并未诞下皇嗣。史书给出的解释是韩虫儿为了摆脱宫女的生活，以腹部肿胀为由，假称怀上了宋仁宗的皇嗣。

这等于是把朝野内外的所有人都给戏弄了，宰相们震怒，想直接将韩虫儿处死，曹太后却觉得若是擅杀韩虫儿，那民间可能真的认为韩虫儿怀孕之事牵扯到了皇位之争。为了避免谣言，曹太后降低了对韩虫儿的处罚，将她杖责了二十，遣送承天寺。

按照以上的叙述，曹太后的处理是很明智的。她照顾韩虫儿是为了宋仁宗的血脉，饶恕韩虫儿又是顾及了宋英宗的名声。但是一细想就能察觉当中的蹊跷，韩虫儿若是假孕，为何朝中医官竟完全诊断不出？一两个人被贿赂尚有可能，但照顾即将诞育皇子的韩虫儿，光医官就需要十余人参与，能让这么多人同时闭嘴的，大概也就只能是宫中掌权之人了，所以宋仁宗与曹太后都逃不开嫌疑。宋英宗看在眼里，心中了然，对于宋仁宗的怨念，自然就蔓延到了曹太后的身上。

第三，宋仁宗朝的旧臣大多敬重曹太后，曹太后本人也生活节俭、懂得分寸，处理政务从不自己发表意见，多是以群臣意见为主。如此固然很好地维持了宋仁宗朝晚期的共治局面，却对想要收回君权的宋英宗极为不利。

所以不管是出于历史遗留问题，还是利益间的冲突，宋英宗与曹太后都难免走向决裂。

虽然曹太后对于权位表现出了绝对的克制，甚至一度打算提前还政，却遭到了宋英宗的拒绝，毕竟火候未到，米饭出锅也不香。

联系起后来的濮议之争，已经亲政的宋英宗即使得到中书支持，尚自头疼于曹太后的反对，更别说刚刚继位时羽翼未丰的宋英宗了，"权力"二字果然不是一纸书面文件便可简单囊括的。

宋英宗的无理压迫最终让曹太后再难忍受，这种来自养子的背叛让她丧失了理智，曹太后甚至对两府重臣直言皇帝的不孝，希望这批老臣替她做主，已然透出废立君主之意。那两府诸公的回答是什么呢？韩琦和欧阳修明确表示支持宋英宗的立场，枢密使富弼虽同情曹太后，却也没有任何表态。

事实证明，经过宋初四代君王的秩序重铸，加之昔日刘太后摄政的前车之鉴，当皇帝与皇太后再次发生矛盾，大臣们将毫不犹豫地支持皇帝。而熟读经史的宋英宗，或许正是看到了这点才开始了布局。当矛盾无法避免，那就将矛盾彻底激化、公开化，如此一来，诸方势力才能被迫选边站队。大臣们选择了宋英宗，昔日的朝堂格局就此被打破。

至嘉祐八年七月，宋英宗的身体好转，逐渐恢复了日常理政的能力，到了年底，他也终于定下了属于自己的年号——治平。

朝野上下希望宋英宗亲政的声音越来越大，但此时的曹太后没有了早先的淡泊姿态，她否决了还政的提议，选择继续垂帘听政。韩琦、欧阳修等人虽然尽力调和两宫的关系，但当这些矛盾危及国家最高权力的平稳过渡时，一切便再没有了退路。

韩琦作为宰相，自认为该承担起一切，他对曾公亮、欧阳修等中书宰执表达了自求退位的想法，曾公亮出言挽留，但韩琦早已打定了主意。治平元年（1064）五月，韩琦便以自求外放为由头，求得了与曹太后单独交流的机会。

曹太后自然知道韩琦的意思，但是客气话还是要讲的，便故作挽留之姿地说："相公安可求退？老身合居深宫，却每日在此，甚非得已，且容老身先退。"这种自求先退的话属于非常套路的客气话，别说曹太后，曹阿瞒都推辞过加九锡，但也没谁会当真，久历宦海的韩相公自然一听便明。

但韩琦今日却一反常态，来了个将计就计，竟然当即应承了曹太后的求退之语，并称赞曹太后之贤能谦退远过于东汉的邓太后与马太后，连连恭贺还政大喜。

然后，韩琦在曹太后的一脸失措中，厉声命令负责宫廷陈设布置的仪鸾司撤下垂帘，强硬逼迫曹太后撤帘还政。曹太后慌乱之下，连忙站起身躲到一旁的屏风之后，她断难想到向来老成持重的韩琦竟会如此。然而即使回过神来也为时已晚，纵然千般不愿，曹太后也只得承认了眼前的既定事实。

不久，宋英宗开始亲政。

韩琦此举，稍有不慎便会万劫不复，宋英宗也感念其恩德，不但否决了他自请外放的要求，更除其为尚书右仆射，继续担任宰相。后来的宋神宗赵顼也明白韩琦对他们家的恩情之重，待他始终荣宠不断。只是在此过程中，韩琦的挚友富弼却和他生了嫌隙，北宋朝当时最为重要的两位重臣，由此走向了决裂。

宋英宗终于平稳地接掌了皇权，虽然当时皇帝的玉玺还在曹太后手中，宋仁宗遗留下的影响力也仍然阻碍着宋英宗未来的施政蓝图。但他早已制订好了下一步计划，一次足以让他走出宋仁宗的阴影，重新加强皇权并证明濮王一系足堪帝位法统的政治运动。

此即为濮议之争。

二十九

濮议之争：
皇权与相权的攻防战

宋代的濮议之争和明代的大礼议之争有点类似。宋英宗和明世宗都是宗王继位，初登皇位时根基浅，却都试图通过确定亲生父亲的名分这方面的礼制争论，激化士大夫之间的矛盾，继而收回皇权以支持他们未来的施政蓝图。如果再联系起宋英宗继位时，北宋三司部门窘迫的中央财政收入，那两位皇帝可能就更像了。

每一次礼制改革事实上都会关联到天下秩序的塑造与稳定，就好比历朝历代皇帝都爱造祥瑞，离了祥瑞，国家长期管理的成本反而会更高，说到底还是为了得民心。

比起明世宗四十多年的在位时间，执政时间不足四年的宋英宗可谓妥妥的"中道崩殂"了。可不管是宋代的濮议，还是明代的大礼议，最后引起的历史变革都是非常剧烈的，它不只局限在思想层面，更蔓延到了国家政治、经济乃至军事方面。明嘉靖朝之后留下了以张居正为代表的隆万大改革，而宋英宗朝的遗产便是以王安石变法为代表的神、哲、徽三朝的新政。

经过继位后一年多的精心布局，宋英宗终于让以韩琦为首的中书大臣们做出了表态，最后强行逼迫曹太后撤帘还政，退居幕后。宋英宗感念韩琦恩德，除其为尚书右仆射。从当年下半年间韩琦再次连上五表，自请罢相的情况来看，韩琦应该是真的想要退休了，可是宋英宗当时初定大势，自然是不能放他离开的。

韩琦明白宋英宗的意思，于是在曹太后撤帘还政后不久，即治平元年五月，便首先提议，希望朝廷重新确定对宋英宗生父濮王赵允让的尊号及相关典礼的制定，此即为濮议之争的开端。

每每到太平时节，人们便会逐渐对统治者形成极高的要求，早在战国时的《荀子》中即明言："志意致修，德行致厚，智虑致明，是天子之所以取天下也。"作为天子不但要胸有大志、睿智贤明，还需要有高尚的德行才能御极天下。宋朝向来以孝治国，那么宋英宗的孝行自然便成了他作为天子德行中非常重要的一部分。

宋英宗作为一个从小宗过继到大宗的皇帝，怎么安排他的生父和养父的名誉问题，便成了一个绕不开的话题。万一没处理好这事，便会对代表国家秩序的天下礼制形成冲击，所谓上梁不正下梁歪，进而重回五代的礼崩乐坏。

宋英宗反感养父宋仁宗，敬爱生父濮王，韩琦也是知道的。但如果过于尊崇濮王，那么从礼教的角度而言也是对宋仁宗的不孝。该怎么调和其中的矛盾？这便是韩琦需要面对的难题。所以他一边自请罢相，一边又首倡濮议，心情复杂地再次挑起了这份重担。而宋英宗的回答是什么？他很机智地来了个以退为进。

他认为宋仁宗当时去世尚不足两年整，也即大祥未过，只有等到大祥之后，才能商议此事。宋英宗一方面认可了对生父上尊号的提议，另一方面又表达了对养父宋仁宗的孝心，顺带留任韩琦做挡箭牌，简直美滋滋。一顿盘算之后，宋英宗开始了自己回收皇权的道路。

御史中丞王畴曾数度明确表态支持宋英宗亲政。治平元年十二月，宋英宗便想将王畴超迁为枢密副使，扩充羽翼。不想此举却遭到了知制诰钱公辅的反对，宋英宗一怒之下，直接将钱公辅贬官出京。如此举动大反宋仁宗朝政风，不断有大臣激烈抗议，宋英宗却毫不在意，他还将替钱公辅说情的祖无择罚了薪俸。

而那些没在宋英宗亲政问题上明确表态的大臣，宋英宗也开始了打压。三司使蔡襄是庆历新政以来的名臣，政绩显赫、名望卓著，却因为站队问题遭到了宋英宗的猜忌。治平二年二月，面对满朝流言蜚语，蔡襄无奈之下只得自请外放，宋英宗当即允准。

按照常例，对于这种重臣自请外放的请求，皇帝都会拒绝数次后再行允准，宋英宗答应得这么干脆，态度显而易见。等到韩琦和欧阳修等庆历旧臣劝阻之时，却为时已晚。离京赴任的蔡襄回想起同为庆历旧臣的好友余靖，不禁感慨万分。余靖早在治平元年六月便已在回京的路上去世，如今挚友离世自己又仕途受挫，终于让蔡襄心灰意冷，他在为余靖写完墓志铭的两年后也郁郁而终，享年五十六岁。作为庆历旧臣领袖的韩琦，看着旧友们一一离去，不知作何感想。然而在不久后，这连番变局惊荡激起的水花也将会波及他的身上，并最终使得他与挚友富弼决裂了。

昔日富弼为宰相时，每有大事常会找担任枢密使的韩琦事先商议。如今二人位置对调，韩琦却常常瞒着富弼独断行事。如逼迫曹太后撤帘还政这样的大事，韩琦也没有事先告知富弼。或许从韩琦的角度来说，行大事需极度谨慎，万一行事不成，告诉富弼反而会连累挚友。何况富弼敬重曹太后，宋英宗与曹太后决裂时他又丁忧在家，很多事的内幕富弼未必知晓，轻易告之，难说会出现什么新的变数。

然而从富弼的角度而言，韩、富二人的关系天下共知，何况逼迫太后还政之事动静极大。万一失败，就算韩琦独自担当，他富弼也是撇不清关系的。在同时代的司马光和邵伯温的笔记中，甚至说富弼直言韩琦是要置自己于族灭之地（李焘对此说表示怀疑）。何况如此对待宋仁宗的遗孀，富弼也实在无法理解韩琦为何这么选择。心灰意冷的他开始长期告病在家，并坚决推辞掉宋英宗的一切擢升与封赏，终于在治平二年七月五日，经过连上二十多道自请外放的奏疏后，富弼得以出判河阳军。

事后，韩琦一直想要修复二人间的关系。每逢富弼生辰，韩琦不论远近，都会送上贺词与贺礼，然而富弼尽皆不理。直至韩琦去世，富弼也再未有任何表态。

范仲淹曾对杜衍说，天下始终不变者，仲淹唯敢保韩、富二公而已。如今沧海桑田，范仲淹早已远去，而留下的韩、富二公，却自此形同陌路。

两宫与两府间生出的这许多波澜，让作为官场晚辈的司马光感到了深深的担忧，其实早在宋英宗与曹太后不和时，身为谏官的司马光便屡上奏疏，试图调和两宫关系。台谏中如王畴、吕诲等大臣也和司马光站在同一战线，时常规正宋英宗。曹太后撤帘后不愿归还玉玺，言官们则连上奏表，终于让曹太后交出玉玺。

最终，两宫间的矛盾以宋仁宗朝的大太监任守忠承担责任被外放而告一段落。宋英宗虽然得以重掌玉玺，再不用通过曹太后盖印才能颁发诏命，但其间台谏所蕴藏的能量也让他感到深深的恐惧。

台谏的监督之权正是宋仁宗朝所遗留下来的最大成果。虽然宋初设台谏是为了制衡朝野、异论相搅。但在宋仁宗朝"共治氛围"的滋养下，台谏的作用早已蜕变为能同时监督相权乃至皇权的存在，宋仁宗也正是凭此建制才让宋朝度过了频繁天灾与战乱的共同压迫。表面上看，宋仁宗一朝的功业远称不上盛世，但这种于内中实实在在挽救末世危机的执政理念却足以让朝中百官视之为信仰。这种信仰被宋英宗看在眼里，竟然让宋仁宗那弱不禁风的背影变得更加高大而难以逾越。

治平二年四月宋仁宗大祥已过，宰相韩琦再次上言，要求礼官以及待制以上大臣讨论关于尊崇濮安懿王典礼的问题。以王珪为首的翰林学士与以范镇为首的太常礼院都感到这事实在是个烫手山芋，他们明白皇帝想要尊崇生父濮王的意思，但这么做势必引起天下公论的反感，两边都不好得罪。

关键时刻还是司马光最果断，大笔一挥，在诸公面前明确书下意思。所谓宋英宗的皇位法统皆来自宋仁宗的认可，所以宋英宗的父亲只能是宋仁宗，而濮王虽然诞育了宋英宗，但是濮王属于小宗，若是尊其为父，则皇帝便有两个父亲。所谓天无二日，尊无二上，这不但违反礼制，而且更有把皇室小宗跟大宗合并的嫌疑，这样一来必将动摇天下秩序。所以司马光建议，基于"礼"的需要，宋英宗应该称呼濮王为"皇伯"。于是两制与台谏官员直接拿着司马光的这篇文章当作共同的想法上交朝廷。

大臣们这样的回答，宋英宗肯定是不满意的，中书宰执们也明白事态的严重，必须下场了。韩琦和欧阳修认为，虽然司马光所讲的"礼"代表着天下秩序，但"礼"的根本乃是来自"情"，如果皇帝连孝顺亲生父母这样的人情都做不到，又如何奢谈礼制？所以他们的观点是，应该称呼濮王为"皇考"（"考"特指亡父）。这即代表着濮王一系的地位将会极大提升。

中书诸公说得有道理吗？当然有道理了。但在台谏们看来，这完全是宰执们为了讨好新君在破坏礼制，再加之宋英宗继位以来的一系列做法，最后直接演变成了台谏与中书之间的论战。

宋英宗没想到下面的反应这么大，顿时慌了手脚，而曹太后那边也找准了时机，递了份手书到宰相那边，指责韩琦他们提出的"皇考"称呼极为不当。台谏们有了曹太后的支持，战意更加旺盛。宋英宗和宰执们有些顶不住，最后只得下诏权罢议题。

但御史吕诲继续不依不饶，他直言议礼这样关乎天下秩序的大事，怎么能说罢议就罢议。贾黯、司马光、吕大防、范纯仁等言官看到队友这么给力，纷纷又跟着一起上疏，中书宰执直接被他们定义成了"豺狼奸邪"。

中书受到这样的指责，也适时做出了反击。参政欧阳修作为皇考派的最强战斗力，当年即是靠做言官弹劾宰相吕夷简起的家，不想时过境迁，现在轮到他被言官喷成小人了。欧阳修盛怒之下，连上几封奏疏抨击台谏。事实上，如果只是为了讨好现任皇帝，以欧阳修的脾气何必要做到这一步呢？

欧阳修对待礼制，其实一直有着自己独到的看法。譬如他编《新五代史》时，看到前人因后梁篡唐而在五代中独把后梁排除在正统之外，便觉不妥。欧阳修认为五代几个乱世王朝半斤八两，本质上都是一样的。他认为历代王朝只要在"德"与"功"中占了一项，或者达到了一定标准，即可被承认地位。那么以此类推，宋英宗虽然在功上有欠缺，但是在德上却向来恭俭，再加上其直系曾祖父亦是太宗皇帝，两相叠加，如何不能将家族纳入正统，尊濮王为皇考？

从我们后世的角度来看，欧阳修的这套论点确实能够解决乱世中一大堆未统一王朝的法统传承问题，是有其历史意义的。但若放在宋英宗朝，欧阳修这明显带着政治立场的礼制发明，实在不合时宜。事实上在整场濮议之争中，就连他的弟子苏轼也站在了欧阳修的对立面。

正巧治平二年八月，开封城又天降大雨，从而引发水灾。于是言官们再次借题发挥，直指是因为奸臣当道才水不润下。当年范镇用"水不润下"来劝谏宋仁宗立宋英宗做太子，现在又被大臣拿来劝宋英宗不要尊亲父做皇考，真是莫名地讽刺。

而说到天灾，过去的王曾、张士逊、陈执中、狄青等宰执都曾因天灾问题被弹劾外放。狄青当年尚有欧阳修上疏保全他，如今轮到欧阳修被天谴启示了，满朝可再没人说外放他是保全他，而是一边倒地骂他作奸臣。

相较之下，韩琦则比欧阳修好得多。作为首提濮议的宰相，他本来应该是被骂得最惨的那个。但韩琦心态好，不管怎么被骂都能坦然受之，既不回骂也不用权势压人，就连上朝时跟言官们迎面碰上，也是儒雅随和看不出一点怒色，久而久之，言官们觉得骂他没意思，就把矛头全转移到了欧阳修那边。

不得不说，虽然宋仁宗朝和宋英宗朝的士大夫们常常内斗，但总的来说还是有底线的。前任宰相吕夷简当年被范仲淹、欧阳修等人骂作奸臣,虽然会用外放贬官这种手段打压政敌,但从不置人于死地。如果皇帝有心保护,有些外放还会变成带薪度假。等到真的国家危难之时,吕相公也会再次推荐范仲淹等人出山救急。

如今韩琦执政则比吕夷简更加大度,别说外放政敌,连回骂都没有。他虽然有着力求最高皇权平稳过渡的坚定立场,但同样认可台谏官员们的理念,毕竟这也是他与宋仁宗当年共同守护的理念。只是在这铺天盖地的弹劾中,终于还是有一个人的奏疏,动摇了韩琦的心境,范仲淹之子范纯仁也参与到了弹劾之中。韩琦得闻后,纵是沉稳如他,也不由得发出感叹:"琦与希文(范仲淹)恩如兄弟,视纯仁如子侄,乃忍如此相攻乎?"

而在宋英宗这边,情况也不比宰相们好多少,当年被他提拔的王猎、蔡抗等潜邸旧臣竟然也在濮议之中跳反,站在了皇伯派那边。宋英宗可没韩琦的好脾气,不久就将这两位"背叛者"罢免外放。但是身边人反水,仍然对羽翼未丰的宋英宗打击极大,再加之满朝大臣的敌对情绪,宋英宗面对着宋仁宗朝留下的遗产,只觉得被压得喘不过气来,那么,他还有什么办法逆转乾坤呢?

剧情果然有了新的反转。

治平三年(1066)正月二十一,原本应该是作为皇伯派坚实后盾的曹太后突然再次下发手书,称允许宋英宗称呼濮王为皇考,并且还要尊濮王为"濮安懿皇"。第二日,宋英宗便效率很高地下诏谨遵太后训示,从此称濮王为皇考,但仍然不敢尊其为皇,算是对群臣的抗议表达了部分妥协。

以此结果来看,宋英宗与中书获得了胜利。

但这件事实在太离谱,向来敌对宋英宗的曹太后,缘何会在优势局中突然改变立场，改为支持皇考一派？历来史家都觉得当中藏着蹊跷。

南宋理学家朱熹即在《三朝名臣言行录》中记录了内臣高居简趁着曹太后酒醉，骗她在事先拟好的手书上押字，继而假借其名义支持皇考一派的故事。而在吕诲弹劾韩琦的奏疏中，也确有言明韩琦秘密结交高居简、苏利涉等内臣算计曹太后之事。两相联系之下，宋英宗与中书安排内臣暗中操作之事也是极有可能的。

看出其中蹊跷的吕诲、吕大防、范纯仁三人只觉奸臣当道、朝纲崩坏，干脆直接居家待罪。他们言明如果朝廷不将中书大臣尽皆罢免，那么就请求辞官，从此再不上朝。这一下矛盾又进一步激化到了不可调和的地步。

虽然史书上记载了宋英宗三番五次出言挽留台谏官员的记载，然而最后的结果仍是宋英宗选择了中书，将吕诲、吕大防、范纯仁三位言官罢免外放。而在他们离去后，吴申、刘庠、蒋之奇等皇考派官员被选为言官，宋英宗的政治根基进一步深入台谏。

知制诰韩维与吕诲政见相近，中书便干脆绕开他下达诏命，韩维盛怒之下与司马光一样同请外放。而傅尧俞、吕公著、赵鼎、赵瞻这些刚出使契丹归来的大臣见到吕诲等人落难，竟然也自求一同贬黜外放。

当年吕夷简贬黜范仲淹与欧阳修，仗义的尹洙便上疏请求同甘共苦。如今欧阳修又将这相似的画面看在眼里，不知作何感想。终于，宋英宗还是将除司马光以外的其余众人全部外放出朝，皇考派算是获得了阶段性的胜利。

在宋英宗看来，经此一役，台谏彻底清洗，宰相们受此非议威

二十九　濮议之争：皇权与相权的攻防战　337

望大损，这对于宋英宗的皇权回收皆是极为有利的事，所谓鹬蚌相争，独皇帝这渔翁获利耳。

正因如此，宋仁宗留下的皇权、相权、谏权相互监督制衡的权力结构也遭到了破坏，虽然宋仁宗朝的这种共治氛围本来就是极为脆弱的，但宋英宗的濮议之争无疑加快了这种氛围的崩坏。而之后宋神宗从任用王安石变法直至后来的元丰改制加强君权，无疑也采用了相似的套路。

那么宋英宗算不算濮议之争中最大的赢家呢？可能也未必。

在整场斗争中，还有一位没有官身的儒者也上疏了自己关于濮王一事的看法，此即为洛学的开创者——程颐。程颐认为不管是司马光提出的"礼"，还是欧阳修提出的"情"，都是非常重要的，然处理濮议之事绝不能偏向单一方面，只有将两者兼顾，一起统摄于"天理"之下，才能在满足宋英宗私人孝心的同时又不损害法统。

程颐给出的具体建议是，仍然称濮王为皇伯，但加其尊号为濮国太王。这种符合情理的折中方案，虽一度将宋英宗说动，奈何当时朝野内外早已争论不休，皇伯派和皇考派双方最终都没有支持程颐的奏疏。

然而谁都没想到的是，在百年之后继承洛学衣钵的朱熹同样认可程颐对于濮议的看法。随着程朱理学在后世的发展和影响，程颐的建议才是最终被普遍认可的礼制之议。直到明代的大礼议时，内阁首辅杨廷和等仍会援引程颐的先例以作论据。

事实上，欧阳修的"六经注"虽然显得超脱，但自宋学开创者之一的胡瑗提出"明体达用"的思想后，有相当数量的宋儒对于古代经典的解读确实越发趋于实用化、主观化乃至个性化。司马光的朔学，王安石的新学，苏轼的蜀学，张载的关学，还有程颐、程颢兄弟的洛学皆在此种氛围中诞生，学界认为北宋中叶由此迸发的活跃的思想碰撞，绝不下于战国时的百家争鸣。至宋徽宗朝时，名儒陈瓘即将此概括为"稽古之学"。

时间再回到宋英宗这边，收拾完了台谏后，他的君权越发强大，以至宋英宗对宰执们也生出了一丝轻视之心，这位皇帝终于要开始自己的作为了。

他一方面对司马光编写的《资治通鉴》给予了极大的支持，另一方面也开始积极寻求变法强国之道。然而老天爷给他的时间已经不多了，只一年后，他的生命便将走到尽头。同时，西边的党项人也再次不安分了起来，西夏毅宗李谅祚正准备调遣大军，与宋朝全面开战。

三十

烽烟再起：
李谅祚再挑宋夏战争

说到第二次宋夏战争，这一次由西夏毅宗李谅祚发起的战争可以说让西北大地重回连年战乱的时期。李谅祚十五岁发动政变夺权，二十岁不到即亲率大军慑服青唐吐蕃，之后又攻打宋朝，可谓天才一般的少年君主。然而就是这样的人物，却在二十一岁的年纪便早早去世，他的人生仿佛流星一般短暂而绚烂，是什么原因造成了他的英年早逝？而为了抗击李谅祚的来袭，范仲淹和狄青所留下的西军骨干们，又会以一种怎样的方式击退西夏大军？

一切故事，我们还是要从西夏毅宗李谅祚的母亲没藏太后开始说起。

夏景宗李元昊去世时，继承他皇位的幼子李谅祚才刚出生，于是朝政大权全掌握在了太后没藏氏与相国没藏讹庞的手中，兄妹俩一时权倾朝野，尤其当老一辈西夏勋贵逐渐凋零后，没藏家族的权势更是达到了巅峰。只是当一个家族权势太大时，内部便很容易发生问题。

首先是没藏太后自己。在不到十年的时间里，她连续丧夫两次，实在是空虚寂寞冷，不久后便和前夫野利遇乞的下属李守贵互生情愫。然而没过几年，太后娘娘又移情别恋，跟侍从官宝保吃多已也开始了深入交流。李守贵得知后，仇恨的种子自此开始萌芽。

其次是没藏皇后的哥哥没藏讹庞也不消停。又是派兵劫掠宋朝边境，又是南下去招惹唃厮啰，偏偏这几仗还都打输了。打输了偏偏他还不认命，接着把眼光投向了屈野河西地。屈野河西地处于宋夏两国的边境，离辽朝也不太远，位置尴尬，处理稍有不慎就会引起外交矛盾。宋朝边地长官嫌麻烦，就干脆把这里划成了禁地，没藏讹庞自觉找到了一雪前耻的机会，侵耕起来更加肆无忌惮，却不巧撞上了狄青部将贾逵调到这里做长官，于是两国军队便在这里发生了冲突。

当时西夏刚刚从连年战争中缓过气来，尤其在两次辽夏战争后，西夏更是通过没藏兄妹亲往各部族安抚人心、训练兵马，才算稳定了局势。没想这才过了几年，就又闹起了边境纠纷。没藏太后立刻派人到前线去调查情况，查清了是没藏讹庞无理取闹，便要他归还所占土地，这件事才算解决了。

然而没过多久，没藏太后和他的幸臣宝保吃多已突然被她之前的姘夫李守贵给刺杀了。而李守贵因为之前和没藏讹庞就有矛盾，这次又杀死了没藏太后，所以没藏讹庞正好借着为妹妹报仇的名义将他捕杀，并夷灭全族。

在替妹妹报完仇后，没藏讹庞"强忍着悲痛"，跟着就撕毁了没藏太后关于归还土地的诏命，再发大军数万进驻屈野河西地。这次没藏讹庞很幸运，宋朝刚把贾逵调走，换了武将郭恩主事。郭恩初来乍到，面对西夏来袭，禁不住宦官黄道元以怯懦之名的言语讥讽，便带着一千余人去突袭西夏军大阵，果然中了埋伏，不但阵亡三百八十七名将士，自己也被西夏军俘虏，最后悲愤自杀。

没藏讹庞侵扰宋朝多年，经此一战终于有了些收获，再加上没藏太后被杀后，权势尽归其手，不由得更加膨胀了起来。不想宋朝在屈野河这边损兵折将，转手就把宋夏间的边境贸易全给停了。这一下直接弄得西夏经济差点崩溃，没藏讹庞无奈，只能请求归还二十里屈野河西地，但是宋仁宗不准，两国贸易继续叫停。

宋朝使臣张宗道对此还特地来了一句"水可无鱼，鱼不可无水"。这一下直接把没藏讹庞送到了西夏国内政治的旋涡中心。毕竟就算占据屈野河西地，收入最后也只是进了没藏家族的腰包，而宋夏两国停止贸易，却损害了整个西夏的利益。

原本，没藏讹庞为了加强权势，已经把自己的女儿嫁给了西夏国君李谅祚，却不想这位年轻的皇帝也正在积蓄力量，准备夺权。李谅祚一方面通过拉拢不满没藏讹庞执政的西夏贵族以强化自己的势力，另一方面又选择推行汉化来加强君主集权。没藏讹庞很快就察觉到了皇帝的意图，当即便将李谅祚的心腹高怀正与毛惟昌二人灭族，接着又和儿子密谋，策划弑君政变。但是年轻的李谅祚那边竟然早就凭借个人魅力，勾搭上了没藏讹庞的儿媳妇梁氏。

后来的历史也证明，这位梁氏也是个刚毅果决的狠角色，如今为了情郎，更是二话不说当起了间谍，将没藏讹庞策划政变的一切秘密告知了李谅祚。年方十五岁的李谅祚决定先下手为强，统合愿意支持自己的军队，将没藏讹庞父子骗入皇宫，就地捕杀，没藏讹庞全族也遭到灭族。

李谅祚重夺大权后，将原来的没藏皇后废杀，然后不顾众大臣的劝阻，坚持改立梁氏为后。而梁氏的弟弟梁乙埋，也被封为国相，自此走到了历史前台。

没藏讹庞生前推崇蕃制，李谅祚为了摆脱他的影响，亲政后也始终如一地推行之前拟定的汉化政策，还招募汉人为官。

事实上夏州李氏自五代李彝兴时，便非常重视对汉人官员的重用。

即使在推崇蕃制的李元昊时期，虽然在政治上打压汉人，却对汉官的才能极为看重，并愿意给予权力加以任用，如汉人张元甚至做到了国相。李谅祚相比其父李元昊则做得更加彻底，凡有汉人才俊投靠西夏，李谅祚甚至愿意和他们共同起居，谈论国事。北宋景询富有才学，便因投奔西夏而被任命为枢密使。如此一来，当地的各族人民，都争相归附李谅祚。这位尚不满二十岁的皇帝，只在短短数年间便夯实了自己的执政基础，并且仿效宋制，将西夏官制进一步完善。

而对待宋朝的态度，李谅祚也在边境问题上做出了一定的让步。进献马匹，请求宋朝下赐汉文典籍，恢复边境贸易。李谅祚这样的做法固然有其亲睦汉化的一面，但同样也是基于距离辽夏战争结束没多久，面对宋辽两个大国的外交重压，李谅祚力求维持边境安定，恢复贸易来往以复兴国家经济。

当时宋朝的皇帝，已经换成了宋英宗，宋英宗虽然部分同意了李谅祚的要求，却始终不肯开放两国边境的商贸往来。毕竟有着宋真宗朝中后期亲近救济李德明的前车之鉴，李谅祚固然能做李德明，但谁能保证李谅祚的儿子不再来个李元昊呢。正巧那时西夏又经历大饥荒，宋朝继续禁绝两国贸易，那就是在伤口上撒青白盐，李谅祚终于还是没有忍住。

治平元年九月，李谅祚即以西夏使臣受到宋朝羞辱为由，亲率大军劫掠北宋边地。第二次宋夏战争自此爆发。

那么北宋朝廷对此的态度是什么呢？

当年庆历年间的宋夏战争，在经历了最初的三川口、好水川、定川寨三场战败后，宋军靠着范仲淹、韩琦、张亢等人的经营，终于在两次兔毛川之战、渭州之战、青塞堡之战中重创西夏军，适应了战场节奏，进而摸索出了反攻西夏的横山战略。只是当时困于国内天灾、经济和政治危机，横山战略出台没多久，宋夏战事便以议和结束。

如今宋朝休养生息多年，国内才俊进取之心日盛。欧阳修直言，如今宋朝的边防武备，已然和庆历年间相比有了质的飞跃。今非昔比，这次有足够的时间和空间布置计划，便可以乘着西夏还没有全面入寇的机会，宋朝先行出击。不说抓住李谅祚君臣献俘于庙社，至少能夺取山界之地的险要关口，以驱逐西夏于黄河之北。

韩琦也不紧不慢地掏出他当年和范仲淹共同制定的《御戎四策》上呈宋英宗，对用兵表达了支持的态度。

宋英宗本身确想在宋夏问题上有所作为，但奈何他的身体实在太差，此前大量精力又被濮议之争牵制，于是在任命冯京出为陕西安抚使后没多久，宋英宗便又不豫，很多决策便因此拖延了下来。

治平三年九月，李谅祚再次亲率步骑数万入侵宋朝环庆路，只是这一回他的战略目标不再只局限于劫掠边地，而是开始准备占领宋朝边防堡寨重镇——大顺城（今甘肃庆阳华池县东北）。

大顺城当年在范仲淹的主持下，由其子范纯祐和番人勇将赵明共同筑造，其与宋真宗年间修筑的柔远寨，以及蔡挺在宋英宗年间修筑的荔原堡共同形成了坚实的堡寨防御体系。蔡挺本是宋仁宗景祐年间的进士，凭才学得到范仲淹和富弼的提拔而得以出任要职。不想在庆历新政之际，蔡挺自觉新党不能长久，便果断把新党的机密出卖给了吕夷简一派，靠做"二五仔"撑过了危机。

治平三年九月时，蔡挺正为环庆路安抚使，面对李谅祚的大举入寇，身为文臣的他竟然赶赴第一线的大顺城，亲自指挥作战。蔡挺的人品虽向来为后世所诟病，但其守御边关时所表现出的才干与担当却也值得称赞。

当时，狄青昔年的部将张玉正是蔡挺麾下的副都总管，蔡挺调他前往守备比较薄弱的柔远寨布置防务，而让勇将林广留在身边伺机破敌。林广也是个投笔从戎的狠角色，他喜欢读《左氏春秋》，用兵擅长料敌先机，更能通过自己的见解对《八阵图》进行增补修改。

番人老将赵明也在同一时刻接到蔡挺的调令赶赴前线。当年，他追随范仲淹修筑大顺城，与范纯祐并肩作战抗击西夏军。如今斯人已去，而昔年留下的这座边防重镇，却仿佛纽带一般又将来自各个不同政治阵营的文臣武将聚于一地，共同为"保家卫国"这个信念而战。遥想范仲淹那瘦弱却挺拔的背影，已入暮年的赵明重穿戎装，整军出战。

李谅祚很快就感到了这次出兵的反常，环庆路边防的堡寨尽皆坚壁清野，严阵以待。西夏军行至大顺城旁的河道处，河中竟然布满了铁蒺藜，西夏军很多士卒受伤，但他们也不认为是蔡挺提前使诈，还觉得是有神灵暗自相助宋朝。李谅祚莫名其妙就被打击了一波，不由得感叹一番。但本着来都来了的想法，怎么样也得把大顺城给拿下来。于是李谅祚令旗一挥，全军攻城。

攻城战持续了整整三日，结果大顺城纹丝未动。

蔡挺早在布置守备时就准备好了大量强弩，现在居高临下对西夏军就是一顿猛射。李谅祚为了振奋士气，干脆穿上银甲，冒着漫天箭雨，亲自走到阵前指挥战斗，这位少年君主不但有着异于常人的天赋，更有着传承自其父李元昊的勇悍霸气。奈何李元昊能成事，除霸气外，还有十足的好运，而李谅祚就没有那么幸运了。

早就埋伏在濠外的赵明所部瞅准时机，以八百强弩强袭西夏军，这一轮齐射，打得西夏军猝不及防，阵形出现了破绽。身在赵明军中的内殿崇班林广抓住空隙，及时锁定李谅祚的位置，一箭命中，直接洞穿其盔甲。李谅祚重伤之下，血流如注，只得引军撤退。李谅祚心有不甘，仍想着捞点战功再回去，便又转攻柔远寨，不想宋将张玉抢先一步，率领三千甲士，趁着夜色突袭西夏军大阵，李谅祚再次大败，退守金汤城。

不久后李谅祚即上表大宋请罪，希望重新履行盟约，两国关系再次恢复正常。

只是经过此战，西夏的狼子野心已让宋朝再次燃起了战心，请战之声此起彼伏。

治平三年末，陕西转运使薛向上了一道论及横山战略的奏疏给宋英宗，只是当时的宋英宗已经日薄西山，代替他处理政务的是侍疾在宋英宗左右的皇子赵顼，对于薛向以浅攻谋取横山的战略规划，赵顼"见而奇之"。当时谁也没有想到，这位年轻的皇子将会开启未来数十年拓边西北的战略大计。

而在西夏这边,只比赵顼大一岁的李谅祚虽然安全退回了国内,却因大顺城下的那一箭重创,正消耗着他那短暂的生命,此时的他寿元已然不足一年的时间。

在范纯仁的笔记中,即认为李谅祚的英年早逝便全因此次箭伤。然而即使在李谅祚这所剩不多的时间里,老天爷仍然没打算让他消停。一个在未来宋夏战争中极度活跃的战将,正在走上历史前台,他将以非常特别的方式给予西夏一个难忘的"惊喜"。这员战将即是北宋名将种世衡之子——种谔。

三十一

继承拓边的遗志：
韩琦的横山战略与宋神宗继位

宋英宗实际在位时间不足四年，其中将近两年的时间属于病危状态，韩琦看在眼里，自然知道要早做准备。于是在曹太后垂帘听政时，韩琦便冒着招惹君主猜忌的风险，提议曹太后要多多照管宋英宗的长子赵顼，以备储君人选。果然，这刚到治平三年底，宋英宗又病危了。于是大臣们请求宋英宗早定太子，却惹来了宋英宗的不悦。

当时赵顼一直在宋英宗旁照顾父亲服药，可能也被迁怒。直至再遇到韩琦，赵顼不由得向韩琦求助。韩琦告诫他千万不要离开宋英宗的左右，赵顼回答说照顾病重的父亲，乃是人子的本分。韩琦却摇摇头道："非为此也。"

韩琦的意思很明确，宋英宗所代表的濮王一系根基浅，赵顼又有个亲弟弟东阳郡王赵颢，也拥有继位的资格。万一宋英宗宾天了，赵顼必须马上在他身边承接诏命，继承皇位，不然就可能被旁人乘虚而入了。赵顼明白了韩琦言语的分量，感悟而去。

至宋英宗病情再次加剧，韩琦也再次上奏，希望宋英宗马上册立太子。宋英宗才终于认命，颤颤巍巍地书下"立大王为皇太子"的诏命，颖王赵顼和东阳郡王赵颢都可称作大王，韩琦觉得言语模糊恐会引起误会，竟然再次直言，希望宋英宗明确写下传位给颖王赵顼。宋英宗无奈，只得再吃力地将"颖王顼"三个字加上，写完他已经泪流满面。这位少负贤名的皇帝，为储君时如履薄冰多年，凭借自己的政治手腕收回皇权之后，正欲励精图治，开创属于自己的治世，却不料天意弄人，事情还没做，身体却撑不住了，心中实在有着太多的不甘。

此情此景，就连久经风浪的老臣文彦博看在眼里，亦于心不忍，不由得对韩琦道："你可见陛下流泪？人生至此，虽父子亦不能无动也。"韩琦却也只得叹息道："如此皆是为了国事，我也无可奈何。"

当年，韩琦先是强迫曹太后撤帘还政，又不惜与天下士林敌对而支持宋英宗发起濮议之争，如此皆是为了确保皇权的平稳过渡。如今他不顾宋英宗的心情，直白地上奏册立储君的相关事宜，同样是为了皇权的平稳过渡。

自庆历新政以后，历经挫折的韩琦与欧阳修等人，早已明了国家的平稳发展高于一切，即使冒犯了宋仁宗的遗孀及病危的宋英宗，他们也绝不会再有半分犹疑。一如嘉祐年间，宋仁宗即使知晓地方政府有着大量财政结余，也拒绝了他们主动额外加税一般，韩琦等人所推崇的早已不单单是宋仁宗和他的嘉祐之治，而是嘉祐以来，一切以安定为优先的政治理念，若是没有皇权的平稳传承，那么一切国家安定便都是空话。

治平四年正月，宋英宗赵曙驾崩，年三十六岁。他的儿子赵顼继位，是为宋神宗，时年二十岁。

这位年少天子只比西夏皇帝李谅祚小一岁，回想起数年来李谅祚的屡屡入寇，宋神宗夜不能寐。他自少年时的仁孝贤名便不下于其父宋英宗，而英武之气更有过之而无不及，开疆拓土正是他的内心所向。

同年六月，陕西转运使薛向再次上疏，力赞种世衡之子、知清涧城的种谔，善于招抚横山酋长，乞求给予封赏。宋神宗当即给予积极回应，并开始直接指挥薛向和种谔关于招抚横山部落，夺取西夏边关重镇绥州城的相关事宜。这样的做法固然敢于进取，却属于越级指挥，容易对制度造成极其恶劣的影响。

文彦博、司马光等大臣听闻后反应激烈，坚决不认同宋神宗的做法。两府之中唯有曾公亮对宋神宗表示支持。而此时此刻，正在主管修建宋英宗陵墓的宰相韩琦，是什么想法呢？我相信，当薛向所写的方略呈到他的案前，韩琦必然是百感交集的。因为其中内容，正与韩琦当年跟范仲淹共同制定的横山战略大体吻合。如今方略还是当年那个方略，宋神宗也远比宋仁宗更为进取，然而这位年轻的天子，却隐约透出轻视制度的想法，这到底是福是祸呢？夺取绥州乃是启动横山战略的关键一步，韩琦到底该不该支持前线的薛向和种谔呢？

如果要正儿八经地探讨宋夏战争，"横山战略"四个字是绕不开的话题。

横山即今天陕西省西部的桥山，宋人横山战略所指的横山，其范围大致相当于桥山的北边部分，西夏重镇夏州、银州、宥州都在这一范围内。这一地区水利发达、民风彪悍，既适合种地也出产战马、盐和铁，横山主峰海拔约四百米，打起防守战来也是居高临下、占尽优势的。所谓攻可作天险，守可撑后勤。要出击有战马，要吃饭有食粮，要兵器能产铁，简直是割据一方之绝佳资源宝地。李元昊从李德明手里继承了这片宝地后，也开展了大量建设工程，沿着边境山险之处修了三百余座堡寨。

宋仁宗朝的宋夏战争自1034年李元昊的小规模袭扰开始，至1040年日趋白热化，再至1042年宋朝略占据优势，打了将近十年。宋朝在前期的三川口、好水川等战损兵折将后，一度进入较为盲目的进攻状态。1040年，宋将葛怀敏曾经率军深入到西夏的洪州地界，却因无法攻下堡寨无奈撤退。

事实上宋夏边界遍布大片沙漠，缺乏战马的宋军在当地行军既容易后勤断绝又容易迷路，就算能进入西夏国内，一旦遇到在横山高地以逸待劳的西夏军据险而守，基本等于白白送死。

直到宋军在兔毛川、渭州、青塞堡等战役陆续击败西夏军后，范仲淹、韩琦、姚嗣宗等人才逐渐摸索出了以横山地区作为重点对象的战略计划，此即庆历四年正式提出的横山战略。对于缺乏远征能力的北宋而言，灭夏将会是个长期的战略，如能先占据被称为"西夏右臂"的横山一带，必然是这长期战略中的第一步。

战略大致分为三个部分：首先，挑选西军精锐编成三支新军，每军分配一万步兵、三千骑兵，各由骁勇善战的大将率领，作为日常袭扰横山，打击横山野外羌民部落的主要力量。其次，当展示过兵威后，便开始招抚横山当地的羌人，愿意归降的给予优厚待遇，不愿归降的就武力压服。最后，加快修碉堡的速度，一步步蚕食横山地区，直到能控制宥州和绥州，不但可以断绝金汤城、白豹城等几个西夏国前沿据点的后勤补给，更能跨过沙漠直接把兵营驻扎到西夏国门口。

虽然横山战略刚提出没多久，便在宋夏首次议和的大环境中遭到搁置，但议和只说不能明面上扩张，但我操练我自家军队总没问题吧？于是宋朝这边大力修武备、招番人、筑堡寨这三个核心思想在陕西地区全得到了实施。

庆历新政之后，韩琦被调到河北定州，当他主持修建阅古堂时，仍不忘昔年与范仲淹共同立下的经略西夏之志，他将古代名将的事迹逐一刻于壁上，以此表明心迹。作为天下官员表率，韩琦这样的举动无疑激励着许多人。狄青、郭逵、杨文广这些为韩琦所提拔的军中新锐自不必说，北宋国内相当数量的书生亦受到影响，喜谈兵事之风遍及全国各地，期望投笔从戎以军功封妻荫子者更是数不胜数。其中固然冒出了沈起、刘彝、徐禧这般贻误国事的庸人，却也培养出了王韶、章惇、章楶、苏缄等军功显于两宋的文臣。

当范仲淹得知阅古堂之事时，亦寄信勉励韩琦，范仲淹早已将韩琦视为能托付其拓边西北大志的继承者。自从好水川之战失败后，韩琦希冀攻灭西夏，洗刷耻辱的心愿，并不比范仲淹等人弱。虽然现在一些戏说历史的人聊及韩琦与宋夏战争，似乎只剩下了张元嘲讽韩琦的诗句和《默记》里韩琦压迫狄青的杜撰历史，然而事实上韩琦在确保北宋西北边境的安宁、提拔新锐将帅、重铸国家武备等方面无一不是功绩显著的。

经过宋仁宗朝中后期数十年的整军修武，宋朝在陕西一带的武备早已非庆历年间可比，所以当西夏李谅祚再次来袭，韩琦也只将他视作无知狂童，并向新继位的宋英宗直言，这正是雪前耻、收后功的好机会。

> 臣谓可因此时，雪前耻，收后功，但顾人谋如何尔。

奈何这次韩琦的运气不太好，一方面宋英宗日常病危，另一方面李谅祚也不争气，攻大顺城时被一箭射成重伤，西夏还没等北宋调兵就撤退了。直到宋神宗继位，宋神宗感念韩琦对他们父子的册立大恩，加拜韩琦为"极高之品""罕曾兼拜"的司空兼侍中。这也意味着"相三朝，立二帝"的韩琦，功业达到了巅峰。

那么这样的身份，再去带兵建功就未免有些不合适了。果然不久后，韩琦的权势便遭到了朝野上下的非议，言官以专权为由弹劾韩琦与曾公亮二相跋扈。韩琦也自感权威过重乃是引祸上身，再加之他逐渐衰老，自觉也到了功成身退的时候，便再度上疏辞相。

但宋神宗是发自内心地感激和信重韩琦，所以并不允准，直至韩琦一再坚辞，宋神宗再也没有办法，终于答应了他，但还是让韩琦衣锦还乡，出判相州，可以说是给予了最高的恩宠。只是韩琦这次休息也并没有持续多久，因为到头来，边关还是离不开他。

我们前面提到，宋神宗刚继位的时候便被薛向上奏的横山战略给吸引，打算任用种谔攻略西夏边关重镇——绥州。

种谔，名将种世衡之子，种家将第二代中军功最卓著者。如果说宋代中叶的文官武将都热衷于开疆拓土，那么种谔对功名的诉求，就相当于这两种身份的叠加，因为他既是武将又是文人家族出身，早年还当过文官。作为范仲淹好友种世衡的儿子，种谔自然也是非常推崇横山战略的，他镇守其父所修筑的清涧城多年，正是为了有朝一日子承父业，振兴家门。

当时李谅祚连年用兵，又碰上了西夏国内饥荒，所以边境的羌民忠诚度都是直线下降的。北宋陕西的边臣们便纷纷使足了劲儿薅羊毛，招抚了不少西夏边民。李谅祚无奈，就以议和为名向种谔索要这些羌民，种谔直接回复说，要换就拿从宋朝叛逃至西夏的枢密使景询来换。李谅祚无计可施。

正巧，北宋河东那边的折家将也有要出兵西夏的想法，于是出身折家将的折继世派儿子来拜访种谔，告诉了他一个重要的消息：西夏绥州城的主将嵬名山不满意李谅祚的统治很久了，或许可以策反。于是种谔和折继世一顿操作，虽然没有直接接触上嵬名山，却把他身边的心腹都给买通了。

种谔将夺取绥州的计划交与朝廷，结果以曾公亮为代表的中书支持种谔，而以文彦博为首的枢密院反而不赞同计划。两府间的斗争越来越厉害，以至边将郭逵和赵明建立了军功，中书选择褒奖，枢密院却坚决反对。

宋神宗的内心当然是想要进取的，但他毕竟刚继位，摆不平下面这帮老臣，那该怎么办呢？所以宋神宗干脆绕过两府，由出身将门的舅公高遵裕带着密旨，直接下命令给鄜延路经略使陆诜、薛向和种谔，要他们执行夺取绥州的计划。

陆诜作为种谔的顶头上司，对于出兵是持保留态度的，但是碍于皇帝的面子，他也不敢明确反对。种谔看出了上司的意思，知道事情拖下去一定会延误时机。

于是种谔干脆绕开这个阻力，擅自和折继世约定出兵，夺取绥州城。

要说他们这前期工作确实做得好，直到种谔和折继世的军队包围了嵬名山的营帐，嵬名山才知道手下都跳反了。嵬名山本来也已经对西夏产生了二心，如今见大势已去，便也选择了归顺。只是这绥州的地理位置深入西夏腹心之地，李谅祚得闻消息后，连忙派遣四万大军出击，想要夺回绥州城。不想种谔早已料敌先机，他打开城门，以部将燕达、刘甫为两翼，自己为中军，据险要列阵而战。

新归附的嵬名山为了交投名状，干脆率先迎击西夏军，种谔也紧随其后，两支军队一阵合击，西夏军大败，宋军追击二十里而还。随后，折继世率领一万军队深入与绥州相连的银州一带，将嵬名山所部的一万三千余户百姓全部救出，转移至大理河一带定居。

北宋名将郭逵曾在大理河划分耕地，修建堡寨以庇护来此定居的羌民，一旦让折继世转移成功，那西夏就真的赔了夫人又折兵。李谅祚于是再度派兵来争夺，可惜西夏野战实在不如宋军，几次攻势皆被折继世击败。由此，宋朝的绥州攻防战大获成功，重启横山战略的第一步顺利完成。

那么种谔立下了这样的大功，朝廷应该怎么奖励他呢？事实上，两府诸公连杀他的心都有了。种谔竟然敢以一线军官的身份擅自发兵，还是在宋夏两国刚刚签订和议没多久之后。当时毕竟不是乱世，比起弱肉强食的丛林法则，维持一个大国的稳定是非常需要秩序与大义的。种谔这么一搞，说轻点是违法乱纪，说重了就是想重演唐末五代藩镇割据的故事。果然有不少边关将领有样学样，真就大呼着擅自率军攻入了西夏境内，因为管理混乱，不少心向宋朝的羌民也无辜被杀。

向来有威名的狄青故将贾逵看不下去了，于是上疏弹劾种谔。

他说种谔虽然上报朝廷招抚了一万多户羌民,但实际上只有一千多户人,其中还有四百户在途中逃跑了。而且绥州城孤悬在外,后勤支援也非常困难,需要花费大量钱粮才能维持小股军队的驻扎,为了一座根本守不住的城妄开边事,既破坏朝廷的制度,又破坏了议和大局,根本得不偿失。

满朝大臣固然知道种谔敢擅自用兵,都是得了宋神宗的密旨,但宋神宗毕竟是皇帝,总要留点面子。于是以枢密使文彦博、翰林学士郑獬、知谏院杨绘为首的大臣自然把矛头指向了种谔和负责传话的高遵裕。最后高遵裕被贬官,而种谔更被贬秩四等,逮捕下狱。

然而处理完种谔和高遵裕,文彦博还觉得不过瘾,他接着带领文武百官要求宋神宗将绥州城归还给西夏,以扼杀边将擅起事端的苗头。宋神宗这才意识到自己的举动是多么冒失。但是放弃绥州城他又不舍得,那该怎么办呢?于是他想起了韩琦。

中书原本是支持种谔用兵的,但是擅自调兵的举动实在危害太大,当边关的混乱局势造成后,中书也没了声音,韩琦也只得赞同放弃绥州。只是皇帝的请求,他无论如何也是不能推辞的。于是韩琦在出判相州不足三个月后,便又调任判永兴军兼陕西西路经略安抚使。要说韩琦出马,效率就是不一样。治平四年十二月刚到任,就言明"非主帅命举兵者,军法从事"。三军被他一震,全部安守本分了。

韩琦接着又把薛向、郭逵和贾逵这些文武边臣找来了解情况。薛向的态度当然是反对放弃绥州城的,而郭逵虽然讨厌种谔,但是同样也不赞成弃城。那么贾逵是什么态度呢?此时的贾逵竟然也开始反对放弃绥州城了。原因很简单，不久前，李谅祚为了报复宋朝，假借榷场贸易的名义把宋朝边将杨定和侍其臻骗入西夏，然后杀害。西夏如此举动，敌意已经十分明显，那么如果要平息纷争，就不是归还一座城池那么简单了。贾逵固然反感擅起边事的行为，但了解前线变局的他，也不会因此置国家利益于不顾。

了解众人的想法后，韩琦也有了自己的决断，绥州城对于横山战略的意义，他比谁都清楚，既然战事不可避免，那么绥州城这把刺入西夏心窝的尖刀，刀柄当然得死死握在自己的手里。韩琦当下再不管枢密院、台谏等大臣的激烈反对，毅然上疏反对放弃绥州，终于在他的坚持下，宋神宗有了足够的底气压制朝堂，绥州城从此改由折继世与嵬名山共同镇守。

种谔虽然一度替宋神宗背了锅，几乎被降以矫诏调兵的重罪，但好在宋神宗也是个厚道的皇帝，不久即将他官复原职，之后贯穿宋神宗一朝的拓边西北的战争，种谔的名字都是重中之重。

李谅祚虽然靠杀死宋将杨定找回了些面子，但这杨定其实在不久前刚愚弄过李谅祚一次。当时李谅祚送给杨定一笔钱，想让他代为转圜宋夏间的关系，结果杨定直接把李谅祚送的钱全部给私吞了，如今杀他固然泄愤，但李谅祚贵为一国之君的尊严总归还是碎了些。

事实上，为了在宋辽夏三国博弈的大环境中打开局面，李谅祚自大顺城撤兵后，又一度用兵青唐吐蕃。当时青唐部的一代雄主唃厮啰已经去世，他的子孙们逐渐分裂，如今又遭到西夏的进攻，也只得慑服于李谅祚的兵威之下。青唐吐蕃原本在唃厮啰的带领下向来奉行亲近宋朝的策略，如今转而亲睦西夏，自然对宋朝边境造成了威胁。

好在不久后,这个问题便会由一人予以解决。熙宁元年(1068),大臣王韶献《平戎策》三篇于宋神宗,围绕如何攻取西夏的问题,王韶把第一步战略指向了青唐吐蕃方向,而这也将是日后河湟开边的序曲。然而,当时的西夏毅宗李谅祚自然是不可能知道王韶这号人物的,因为他在不久之前,即北宋治平四年,西夏拱化五年(1067)十二月,已英年早逝,年二十一岁。

原本以这样的年纪,便能在战场和宫廷斗争中驰骋至此,已是非常难得了。然而大顺城下的那一箭实在是消耗了他太多生命,以至于让他再没有时间去实现更多的野心。他的皇后梁氏和国相梁乙埋扶立幼帝李秉常继位,是为西夏惠宗。

随着李谅祚的去世,宋夏边境又暂时回归了稳定。韩琦马上命令心腹爱将杨文广在边境多造堡寨,从而进一步稳定住了局势。在后世被用作象征杨家将功业的甘谷城,即是在此时顶着西夏军队的进攻而修筑完成的。

七个月后,见大势稳固,韩琦即以年老为由自求罢免,得到宋神宗允准。

有学者认为,当时西夏母寡子弱,本该是用兵的绝好时机,韩琦此时若是能凭借威望居中调度,定然能攻灭西夏。然而事实上早在二十多年前,李元昊刚去世时,西夏也是母寡子弱,辽朝凭借骑兵优势二度攻入西夏腹地,到头来却也是损兵折将、斩获有限。

如今西夏经过多年经营,国力比当时更强,而宋朝这边韩琦固然能镇住前线的诸将,但朝中以文彦博为首的大臣却都是反对开战的,韩琦曾经的挚友富弼也同样主张议和。宋神宗当时刚刚继位,连处理政务都不一定熟练，也很难统合朝堂资源支援前线。而陕西这边刚刚经历重大事端，韩琦虽然控制住了局面，但暗里的人心浮动还是存在隐患的，再加之韩琦年事已高又体弱多病，这怎么看都不是适合大举用兵的局面。

一代人能做的事已然做完，剩下的也只得交给下一代人继续来做了。即使这些继承者未必能够让韩琦足够满意，然世间诸般缘分，又何时成过定数！

熙宁元年七月，韩琦冒着大暑进京面圣，他神情憔悴，让宋神宗看了也深感不安。不久后，朝廷即任命韩琦出判大名府，充任河北路安抚使。不知这一次回到河北，韩琦有否再去定州游览昔年的阅古堂？看着那刻在墙上的前朝名将故事，可曾再忆起与范仲淹共守边陲的风霜，与富弼共抗权臣的过往？韶华易逝，故人难寻，即使如他韩琦一般位极人臣，荣宠到了极点，却也难逃高处不胜寒的孤寂。

赵祯、尹洙、狄青、欧阳修、富弼、范仲淹这些名字与韩琦相互扶持，陪伴着他一路成长。然到了山峰之巅，只剩下了他韩琦一人而已。或许那些名字早已远去，或许他们的时代已至终点，然当韩琦再次仰望夜空，以杯中薄酒遥敬那漫天银河时，他们也正倒映在韩琦的酒杯中，一同回味着历史的余香。

历史已成过往，历史正在继续。